21世纪高职高专精品系列规划教材 ◎ 电子商务专业

网络营销

WANGLUO YINGXIAO

（第二版）

主　编 ◎ 朱美虹　魏　佳
副主编 ◎ 李　曼　金　鑫　张翠英

首都经济贸易大学出版社
Capital University of Economics and Business Press
·北　京·

图书在版编目(CIP)数据

网络营销/朱美虹,魏佳主编.—2版.—北京:首都经济贸易大学出版社,2014.2
ISBN 978-7-5638-2188-4

Ⅰ.①网… Ⅱ.①朱… ②魏… Ⅲ.①网络营销 Ⅳ.F713.36

中国版本图书馆CIP数据核字(2014)第006696号

网络营销(第二版)
朱美虹 魏佳 主编
李曼 金鑫 张翠英 副主编

出版发行	首都经济贸易大学出版社
地　　址	北京市朝阳区红庙(邮编100026)
电　　话	(010)65976483 65065761 65071505(传真)
网　　址	http://www.sjmcb.com
E-mail	publish@cueb.edu.cn
经　　销	全国新华书店
照　　排	首都经济贸易大学出版社激光照排服务部
印　　刷	北京地泰德印刷有限责任公司
开　　本	787毫米×1092毫米 1/16
字　　数	409千字
印　　张	16
版　　次	2009年8月第1版 **2014年2月第2版** 2014年2月总第2次印刷
书　　号	ISBN 978-7-5638-2188-4/F·1247
定　　价	30.00元

出版说明

21世纪是信息化的时代,在全球信息化的大趋势下,各国电子商务在不断发展和完善。随着我国电子商务的蓬勃发展,培养多层次电子商务专业人才成为各界的迫切要求。

国内外教育学者都在积极探寻电子商务专业的教育教学模式,尤其是以培养应用型人才为主的高职高专的教学,更需要一套有别于本科层次的教学模式,那就是在保证基本理论教学的基础上增加实际应用部分的训练。相应地,高职高专教材的编写同过去相比也发生了较大变化,不再是本科教材的简写版,而是在讲解必备理论知识的基础上突出与实际相结合的特点。针对这一变化和要求,我们出版了这套颇具特色的高职高专电子商务专业规划教材。

本套教材有如下特点。

第一,为了让同学们对即将学习的内容有一个感性的认识,每一节都从"引导案例——打开知识的大门"开始,带着引导案例后的问题,展开对本节内容的讲述。

第二,在每一节正文内容讲完之后,设置了"本节内容图表化",用图表的形式将本节内容作一归纳总结,这样方便学生对本节所讲内容的脉络有一个清晰整体的把握。

第三,在"本节内容图表化"之后安排有"开阔视野——还有你所不知道的"。这一部分介绍与本节内容相关的最新知识或最新应用,尽可能拓展学生们的知识面和眼界。

第四,在"开阔视野"之后安排有"案例学习——看看你的分析能力"。这一部分主要选取现实中的企业案例,让学生在对实际案例的分析中领悟本节所讲的理论知识,并通过回答案例之后的问题来检验自己对本节知识的应用能力。

第五,在"案例学习"之后设置了"班级讨论——加深你的知识理解"。这一部分由几道讨论题组成,最好由老师在完成本节教学内容之后,有准备地组织大家在课堂上展开班级讨论,让学生在轮流发言的过程中加深并补充对知识的理解

第六,在"班级讨论"之后设置了"自己动手——锻炼你的实践能力"。这一部分向学生提出了实际操作的科目,可由老师指导,让学生将其作为课后实践作业来完成,也可以作为平时实践测评的内容。

第七,在每一小节的最后设置"小节复习——牢记本节主要内容"。这一部分归纳出学生应当掌握的重点内容,便于老师进行阶段性知识点考核。

当然,由于不同课程特点不同,有个别教材并不一定同时具备以上所有特点,不过这并不妨碍读者对教材的使用。

本套教材力求有所创新,以便更好地为教师和学生服务,但是由于时间有限、难度较大,疏漏之处在所难免,希望各位老师、同学以及各界同仁们在使用过程中,如有意见和建议随时与我们联系沟通。

·21世纪高职高专精品系列教材规划小组·

第二版前言

当前，随着网络发展的突飞猛进，网络营销作为先进的营销方式在企业营销竞争中起着越来越重要的作用。然而，比较权威和成熟的网络营销理论体系尚未形成，各行各业的学者和专家都在积极探索。

网络营销的理论与实务课程已经在市场营销专业、电子商务专业、企业管理等专业相继开设，学习掌握网络营销知识，提高高职高专相关专业人才的综合应用能力，成为人才培养的必然要求。为培养高质量的网络营销应用人才，高质量的教材建设是其中的关键因素之一。

本书根据我国高职高专学校的学生特点和专业培养目标，以网络营销的基本知识和基本操作技能为主，力求对网络营销的基本理论做较为全面、系统、科学的阐述，使学生对网络营销基本知识和业务流程有一个较为全面的认识。

本书以“理论＋实际案例应用”为编写的出发点，让学生在理解掌握基本理论知识的基础上，学会活学活用。

1. 在编写过程中力求用通俗的语言、简明的小资料、小案例等说明网络营销的基本理论与应用。每个知识点都以精心选择的案例作为切入点。

2. 内容丰富，便于学习。每个章节均以引导案例开始，每章节后面均配以班级讨论、思考练习、项目实训以及课外案例知识等，使学生学完每个知识点以后都能学会在现实企业与生活中的运用，从而开拓学生思维的新视野，调动读者学习的积极性和主动性，并增强实际应用能力。

3. 方便教师开展教学。把该书进行PPT教学光盘制作，其中把各章习题答案涵盖在内，便于教师备课、参考，节省了在使用多媒体教学中的文字输入的大量时间，同时也方便任课老师制作精品课程。

本书在第一版基础上进行了修订。本书第二版由朱美虹和魏佳任主编，主持修订编写及总纂等工作；李曼、金鑫、张翠英任副主编；许尤佳、叶正平、张海洋、罗湘萍承担了部分内容的校对、修改工作。全书共分九章，各章具体分工如下：第一章、第三章、第五章、第七章和第九章由朱美虹负责主持修订编写；第二章、第四章、第六章和第八章由魏佳负责修订编写；全书最后由朱美虹统稿。

本书在编写过程中参考、引用了许多文献，得到了有关部门和专家的大力支持，以及首都经济贸易大学出版社王玉荣编辑的热心帮助，在此一并表示衷心感谢！

网络营销是一门综合性较强的课程，目前还在发展中，由于受时间、经验所限，书中仍有不当之处，欢迎广大读者批评指正，以期待改进和完善。

编　者

2014 年 1 月 2 日

前　言

•PREFACE•

当前,随着网络的迅猛发展,网络营销作为先进的营销方式在企业营销竞争中起着越来越重要的作用。然而,网络营销理论却未形成有效且成熟的体系,基于此,许多学者和专家都在积极探索中。

网络营销的理论与实务课程已经在许多院校的市场营销专业、电子商务专业、企业管理等专业相继开设。学习掌握网络营销知识,提高高职高专相关专业人才的综合应用能力,成为高职高专院校对人才培养的必然要求。而要培养高质量的网络营销应用人才,高质量的教材建设是其中的关键因素之一。

本书根据我国高职高专学校的学生特点和专业培养目标,以网络营销的基本知识和基本操作技能为主,力求对网络营销的基本理论作较为全面、系统、科学的阐述,使学生对网络营销的基本知识和业务流程有一个较为全面的认识。

本书以"理论 + 实际案例应用"为编写的出发点,让学生在理解基本理论知识的基础上,掌握实践应用技能。本书有以下几个特点。

1. 在编写过程中,力求用通俗的语言、简明的小案例等说明网络营销的基本理论与应用。每一章都以精心选择的案例作为切入点。

2. 内容丰富,便于学习。每一章均以引导案例开始,各章后面均配以班级讨论、自己动手、本章复习等练习内容,使学生学完每个知识点以后都能在企业经营与现实生活中运用。

3. 方便教师开展教学。作者针对该书进行了 PPT 教学光盘制作,把各章习题答案涵盖在内,便于教师备课、参考,节省了在使用多媒体教学中文字输入的大量时间,同时,也方便任课老师制作课件。

本书由朱美虹和李曼任主编,主持编写、修改及总纂等工作;张翠英、金鑫、许尤佳任副主编;魏佳、叶正平、张海洋、罗湘萍承担了部分内容的校对、修改工作。全书共分九章,各章具体分工如下:第一章由朱美虹编写;第二章和第三章由金鑫编写;第四章和第七章由朱美虹、魏佳编写;第五章和第八章由李曼编写;第六章由张翠英编写;第九章由许尤佳编写。

本书在编写过程中参考、引用了许多文献,也得到了有关部门和专家的大力支持,以及首都经贸大学出版社王玉荣编辑的热心帮助,在此一并表示衷心感谢!

由于条件的限制、编写时间的仓促及作者经验的不足,书中难免有不当之处,恳请广大读者批评指正,以使本教材更加完善。

编　者

2009 年 4 月 13 日

目　录

• CONTENTS •

1

网络营销概论

【本章要点】

- ◆ 网络营销的概述
- ◆ 网络营销的四大理论
- ◆ 网络营销与传统营销
- ◆ 网络营销环境

【学习要求】

通过本章学习,能够理解网络营销的内涵,了解网络营销的相关基本理论;能够辨析网络营销与传统营销的异同之处;了解网络营销与电子商务的关系;同时还要了解网络营销环境。

引导案例——
打开知识的大门

亨氏公司的网络营销

● 背景介绍

亨氏公司是世界知名的食品生产企业,其主要产品包括:婴儿营养食品(营养米粉、奶粉)、调味品(各种色拉酱、调味酱、乳酪)、食品添加剂等。产品销售遍布世界各国,深受消费者的喜爱。

1996年电子商务在美国迅速崛起,亨氏公司立即投入大量的人力、物力建设自己企业的商务网站。经过多年的经营,亨氏公司已经将其网站发展成为英语国家中育龄青年和新生儿父母了解婴幼儿喂养知识必读的网站之一。其网站内容丰富,在科普宣传和促进销售方面都起到了很好的作用。

● 亨氏网站展示的内容

亨氏网站在宣传婴幼儿喂哺知识方面很有影响,如果读者访问亨氏公司的网站(http://www.heinzbaby.com),就会惊奇地发现:这个企业建设的电子商务网站自身并不出售任何产品,而且也没有去刻意强调、宣传和推销自己的产品,给人感觉这完全是一种科普宣传,更像是政府机构投资兴建的公益网站。

网站内容以宣传婴儿科学喂哺知识为主,也包含一些专业健康保健咨询活动等等。看完网站内容后,人们不禁要问:企业建设这样的网站目的何在?

● 引导消费理念,推广产品品牌,促进产品销售

亨氏网站这样做的目的是:首先通过这些类似于科普性的知识宣传来吸引大众。推动大众了解科学喂哺知识的同时,巧妙地将亨氏公司关于科学喂哺的理念植根于消费者的脑海里。一旦消费者接受了这种科学喂哺的理念,今后需要时就会主动到超市去购买这类产品。当消费者选择时,他们脑海里已经接受的观念必定会主导这个挑选和决策的过程。消费者在商场比较产品时会发现:只有亨氏的产品所强调的营养成分、说明问题的角度、产品的划分等与脑子里所期望的完全一致。因此,他们购买的产品肯定是亨氏的。

现在,亨氏公司通过网络展开营销,巧妙地宣传了企业的品牌,引导了公众的消费理念,在不经意间带来了本企业产品与其他企业产品之间的差异性。造成的事实是,表面上亨氏公司花巨资经营的商务网站,并没有直接为它创造效益,但在传统市场上消费者优先挑选了亨氏产品。结果亨氏产品在市场上的销量猛增、订货猛增,最终的受益者当然还是亨氏公司。

● 配套的营销措施

网站推出后,为了配合营销策略的展示,亨氏公司在传统营销手段上进行了一系列的改变。首先是在产品的包装上,亨氏产品的包装上印刷着该产品使用说明书和科学喂养宣传材料,没有太多的图案和画面,仅仅是放大字号的文字说明。亨氏公司这样做的目的非常明确:就是要将产品包装上的说明文字与网站上所强调的经营理念配套起来。使得那些已接受亨氏科学喂养理念的客户,顺其自然地去购买亨氏的产品。

随着网站的推出,亨氏改变了它所有的广告、产品外包装、宣传印刷材料等等。在这些宣传材料上都明显地印有亨氏的网址,还有800免费服务热线电话。新产品内设"科学育儿小锦囊"等知识点,如果涉及的问题过于复杂,一时难以说清,它们便会告诉你去看看网站中某一部分的内容,相信看过之后一定会有你满意的解答。

这样亨氏就通过条条途径把客户引到了公司的网站上,只要客户接触过任何一种亨氏的宣传媒体,就很容易找到亨氏公司的商务网站。一旦进入网站,就会被亨氏公司的宣传策略和营销技巧所吸引,记住了亨氏公司的系列产品和产品品牌。当客户决定购买这类商品时,首选必然是亨氏产品。

(资料来源:姜旭平.网络营销.北京:清华大学出版社.2003)

■ 总结亨氏公司的网络营销与传统营销是如何进行融合的?你又是如何理解网络营销的?

■ 网络营销是否就是网上销售呢?为什么?

何谓网络营销?网络营销主要包括哪些内容?网络营销与传统营销有何内在联系?网络营销与电子商务是不是一回事,两者之间到底有什么区别和联系?本章从研究网络营销的定义入手,澄清一些模糊的概念,介绍网络营销理论基础,并分析说明网络营销与电子商务两者之间的相互关系等,最后还对网络营销环境进行了论述。

1.1 网络营销的概述

1.1.1 网络营销的基本概念与内容

市场营销作为一门学科，于20世纪初诞生于美国，它经历了以生产为导向的营销观念，以产品为导向的营销观念、推销观念，以市场因特网技术为导向的营销观念以及社会营销观念五个阶段。20世纪90年代初以来，飞速发展的因特网技术促使网络在全球范围内被广泛应用，世界各地纷纷掀起应用因特网的热潮。营销理论又有了较大的发展，这主要表现为市场营销环境的改变对市场营销策略和理念产生了巨大的冲击。作为一种全新的信息沟通与产品销售渠道，网络改变了企业所面对的用户和消费者、虚拟市场的空间以及竞争对手，企业将在一个全新的营销环境下生存。网络营销正是在这一背景下产生的。

1.1.1.1 网络营销的基本概念

网络营销目前并没有统一的定义，与许多新兴学科一样，由于研究人员对网络营销的研究角度不同，对网络营销的理解和认识也有一定差异。因此，当看到不同图书中对网络营销的概念有不同的描述时也不足为怪。威柏认为网络营销最直观的认识就是以客户为中心，以网络为导向，为实现企业目的而进行的一系列企业活动。有其他学者认为，网络营销（On－line Marketing 或 E－Marketing）就是以互联网络为基础，利用数字化的信息和网络媒体的交互性来辅助营销目标实现的一种新型的市场营销方式。也可以说是指借助于互联网络、计算机通信技术和数字交互式媒体来实现营销目标的一种营销方式。从这两个定义来看，网络营销与传统的市场营销并没有根本的区别，它们都要实现其营销的目标，即将潜在的交换转化为现实的交换。本书理解，网络营销是企业利用网络媒体来开展的各类市场营销活动，是传统市场营销在网络时代的延伸和发展。网络营销不单纯是网络技术，而是市场营销；网络营销不单纯是网上销售，而是企业现有营销体系的有利补充；网络营销是4C营销理论的必然产物。

关于网络营销概念的理解，目前存在许多误区，最多见的误区就是将网络营销与网上销售、在线购物等同起来，这是影响网络营销在企业经营中推广、应用的关键障碍。

（1）认识营销（marketing）与销售（selling）。什么是营销？美国营销协会（American Marketing Association）的定义是：

“The process of planning and executing the conception, price, promotion, and distribution of ideas, goods and services to create exchanges that satisfy individual and organizational objectives.”

营销与销售之间的关系和区别：“Marketing is not just selling. It is strategy.”

"The focus of selling is on the needs of manufactures to turn their product into cash while the focus of marketing ultimately is consumer satisfaction, which is derived from an in depths as well as carefully thought out marketing strategy."

营销是为了促进产品销售而展开的一系列宣传、策划、包装、企业经营理念传播、公众消费趋势的引导、推销和促销等措施,其目的是要促进产品的销售。

(2)网络营销是企业整体营销战略的一个组成部分。网络营销不是孤立存在的,是为实现企业总体经营目标,以互联网为基本手段营造网上经营环境的各种活动。许多企业开展网络营销的随意性很大,往往是根据网络公司的建议方案,说做就做了,而网络营销方案中的活动内容几乎没有企业营销部门什么事,网络营销最终成了网络公司的表演秀。

事实上,网络营销应纳入企业整体营销战略规划之中。网络营销活动不能脱离一般营销环境而独立存在,要同各种营销形式协同作战,才能更好地发挥作用。网络营销是对企业网上经营环境的营造过程,也就是综合利用各种网络营销手段、方法和条件并协调其间的相互关系,从而更加有效地实现企业的营销目标。网络营销应看做是传统营销理论在互联网环境中的应用和发展。

(3)网站推广不等于网络营销。网站推广是网络营销中的一项重要内容,但它并不等于网络营销,它只是网络营销的基础性内容而已。当前,许多网络应用服务企业大举网络营销的旗帜,而推行的服务却仅仅是一些网站推广的服务,这给传统企业造成了网站推广就是网络营销的误解,使企业缺乏对网络营销的全面认识,不能科学制定网络营销目标与计划,这对于企业科学开展网络营销活动产生了诸多不利的影响。再者,单纯的网站推广的营销效果大打折扣,企业往往发现,虽然访问量上去了、搜索引擎都登录了却没有带来多少客户和订单,这是因为相关配套的网络营销措施与行动不到位造成的,就像企业针对地方市场投放大量电视广告,却在商场和街头难觅企业和产品的身影。

因而我们在开展网络营销的时候,首先要认识到网站推广不等于网络营销,要制定包括网站推广在内的系统、周密的网络营销计划,才能切实看到效果。

(4)电子商务与网络营销有共同点,但互不包含。许多企业往往将电子商务同网络营销等同起来,或者认为电子商务包含网络营销,或者网络营销包含了电子商务,事实上,电子商务同网络营销有共同点,但更多的是不同点,两者是互不包含的。

网络营销只是开展电子商务的基础。电子商务是利用互联网进行各种商务活动的总和,必须解决与之相关的法律、安全、技术、认证、支付和配送等问题。这些问题中,有些在中国遇到了瓶颈,而网络营销则对之要求不高。国际上实施网络营销有许多成功的范例,一些知名的企业都建有自己的网站,这些网站以自己各具特色的站点结构、功能特点、鲜明的主体立意和网页创意开展网络营销活动,给企业带来了巨大的财富。

网络营销的一个重要职能是进行网上产品分销,主要包括建立网上产品展示平台、网上产品分销渠道等工作。网络营销与电子商务的共同点在于围绕企业和产品进行宣传、展示和促销。网络营销主要是从市场营销的角度利用互联网展开的系列活动,而电子商务则着重于通过互联网,达到企业产品零售或分销的整个流程的实现。两者的主要分界线就在于是否有交易行为的发生。因此网络营销只是一种手段,无论传统企业还是互联网企业都需要网络营销,但网络营销本身并不能替代一个完整的商业交易过程。

电子商务经过几十年的发展,已经在发达国家显示出巨大的经济潜力,对我国的企业来说,电子商务既是契机也是挑战,而网络营销则是赢得挑战的突破口,是企业电子商务战略中不可忽视的重要一环。当一个企业的网上经营活动发展到可以实现电子化交易的程度,就认为是进入了电子商务阶段。

没有自己的网站,没有专门的网络营销组织结构,在只具备上网的基本条件(计算机、调制解调器、拨号上网账号、电话线)的情况下也可以开展一些基本的网络营销活动。主要有下列几种方式。

第一,免费发布供求信息。在互联网上,有许多网站为企业发布供求信息提供平台,一般可以免费发布信息。根据企业产品或服务的特性发布相关信息,有时这种简单的方式也会取得意想不到的效果。

第二,直接向潜在客户发送信息。利用互联网上的信息寻找潜在客户,然后,有针对性地向潜在客户发送信息,达到宣传的目的。

第三,到网上信息平台寻找买方信息。利用搜索引擎查询你的潜在客户。这种方式比较适用于生产资料、半成品、集团购买的产品等情形;对于一般消费品来说,效果可能不理想。

第四,网上拍卖。只要在网站进行注册,然后按照提示,就可以很容易地发布产品买卖信息,不过网上拍卖的成交率和价格水平等评价指标现在还没有统计数字,而且经历的过程较长,最后的结果又具有较大的不可预测性。

第五,加入专业经贸信息网。这种方式在某些方面类似于第一种方式的"免费发布供求信息",不同之处在于一些专业网站可以提供更多的服务,例如可以提供固定的网址(一般不提供独立域名),并制作简单的网页。

第六,加入行业信息网。行业信息网是一个行业的门户网站,由于汇集了整个行业的资源,为供应商和客户了解行业信息提供了巨大方便,形成了一个网上虚拟的专业市场,如中国商品交易市场,(www. chinamarket. com. cn)。如果你所在的行业已经建立了这样的专业信息网,加入行业信息网是网络营销的必要手段,即使已经建立了自己的网站,仍有必要加入行业信息网。

(5)网络营销并不是易如反掌。有人认为,进入网络的门槛很低,因此,网络营销易如反掌,每个企业都可以轻松开展自己的网上营销。不错,建立一个商务营销网站并非难事,在网站上处理一些商业交易也很平常。但是,想在网络营销的实战中,进行有效的、成功的商务运作,就远非想象中的那么简单。特别是对网上的大量信息资源进行深层次的价值开发,更是一件艰难而又富有创造性的工作,不付出艰苦的努力是不行的。

事实上,网络营销是一项系统工程,在网络营销的过程中,将采用一种全新的技术和手段进行商务运作,这是一种影响企业未来生存的选择,一种现代企业的经营能力和竞争实力的表现和反映。

网络营销开辟了一个崭新的天地,在网络时空中,用户获得了以前从未掌握的大量信息,研究、审视和处理这些信息,需要新的能力和知识。我们面对的许多问题,可能是传统思维所无法想象的。在网络营销的过程中,商业的基本流程变了,同顾客和分销商的关系变了,获得数据的渠道和方法变了,定价的原则和策略变了……网络营销人员面对的是完全新奇而又陌生的课题。这里,新技术和新思维所带来的碰撞和激荡是巨大的。但是,网络上任何宝藏的获得都是需要网络营销技能的。只有伴随着这种技能的增长,我们驾驭网络营销的能力和水平才能不断地增长,才能真正领略网络营销的无限风光。

网络营销具有传统营销所根本不具备的许多独特的、鲜明的特点。如具有鲜明的理论性、市场的全球性和未来竞争优势、资源的整合性、自主便利性和经济性、市场的冲击性、极强的实践性等。

1.1.1.2 网络营销的内容

网络营销作为新的营销方式和营销手段来实现企业的营销目标,其内容十分丰富。其一,网络营销要针对新兴的网上虚拟市场,及时了解和把握虚拟市场的消费者特征和消费行为模式的变化,为企业在网上虚拟市场进行营销活动提供可靠的数据分析和营销依据。其二,网络营销通过在网上开展营销活动来实现企业目标。其具有传统渠道和媒体所不具备的特点:信息交流自由、开放和平等,而且信息交流费用非常低廉,信息交流渠道既直接又高效。

网络营销的基本职能表现在八个方面:网络品牌、网站推广、信息发布、销售促进、销售渠道、顾客服务、顾客关系、网上调研。网络营销的职能比较简洁地概括了网络营销的核心内容,有助于改变对网络营销的片面认识,同时也明确了企业网络营销工作的基本任务。网络营销的职能是通过各种网络营销方法来实现的,同一个职能可能需要多种网络营销方法的共同作用,而同一种网络营销方法也可能适用于多个网络营销职能。

网络营销的实质是客户需求管理,其主要内容包括:

(1)网上市场调研。网上市场调研主要利用互联网交互式的信息沟通渠道来实施调查活动。

(2)网上消费者行为分析。通过互联网这个信息沟通工具,来了解这些群体的特征和偏好,是网上消费者行为分析的关键。

(3)网络营销策略的制定。企业在采取网络营销实现企业营销目标时,必须制定与企业相适应的营销策略,因为不同的企业在市场中所处的地位是不同的。企业实施网络营销需要进行投入,并且也会有一定的风险,企业在制定本企业的网络营销策略时,应该考虑各种因素对网络营销策略制定的影响,如产品周期对网络营销策略的影响等。

(4)网上产品和服务策略。随着社会的网络化和信息化,产品策略中信息因素所占的比重越来越大。传统的产品策略开始发生倾斜,逐步演变为满足消费者需求的营销策略。在网上进行产品和服务营销,必须重新考虑针对产品的设计、开发、制造、包装及产品品牌的策略。

(5)网上价格营销策略。传统产品定价策略基本上是成本加利润,企业对价格的制定起主导作用。但由于网络自由、平等、开放的特点,网络营销的产品价格多采取免费和低价策略。

(6)网上渠道选择与直销。网络拉近了企业与消费者的距离,减少了渠道的中间环节,从而改变了传统渠道的多层次选择和管理的状况,企业应根据网络营销的特点改变传统的经营管理模式。

(7)网上促销与网络广告。网络广告作为最重要的促销工具,主要依赖互联网的第四媒体的功能,即网络广告具有交互性和直接性。

(8)顾客服务与顾客关系。互联网提供了方便的在线服务手段,顾客服务成为网络营销的基本组成内容,增进顾客关系成为网络营销中取胜的关键。

(9)网络营销管理与控制。网络营销依托互联网开展营销活动,将面临许多传统营销活动不会碰到的新问题,如网络产品质量保证问题、消费者隐私保护问题以及信息安全问题等等。这些都是网络营销必须要重视和进行有效控制的问题,否则网络营销的效果会适得其反。

1.2 网络营销的四大理论

任何生产方式和生活方式的进步,总是伴随着人类思想和观念的进步。作为一种新型的商务模式,企业的营销实践离不开理论的指导。网络营销是在传统营销理论的基础上发展起来的,并在此基础上形成了其自己的理论基础。

网络营销有别于传统营销的根本原因是网络本身的特征和消费者需求的个性回归。客观现实和技术基础是现有市场营销理论赖以形成和发展的根基。网络强大的通信能力和电子商务系统便利了商品交易环境,改变了原有市场营销理论的根基。同时,市场的性质也发生了深刻的变化,生产厂商和消费者可以通过网络直接进行商品交易,从而避开了某些传统的商业流通环节。原有的以商业作为主要运作模式的市场机制将部分地被基于网络的网络营销模式所取代,市场将趋于多样化、个性化,并实现彻底的市场细分化。网络和电子商务系统巨大的信息处理能力,为消费者挑选商品提供了空前规模的选择余地。

传统营销理论已不能胜任对网络营销的指导,因此需在传统营销理论的基础上,从网络的特征和消费者的需求这两个角度出发重新演绎和创新。网络营销的理论基础有直复营销理论、关系营销理论、整合营销理论和软营销理论。

1.2.1 网络直复营销理论

直复营销理论是20世纪80年代引人注目的一个概念。美国直复营销协会(ADMA)

为直复营销(Direct-Marketing)下的定义是:一种为了在任何地方产生可度量的反应或达成交易而使用一种或多种广告媒体的相互作用的市场营销体系。

直复营销的媒介通常有电视、广播、印刷品、直邮、产品目录、电话和互联网。互联网作为一种交互式双向沟通的渠道和媒体,可以使企业与顾客之间随时建立直接、准确的联系。与传统营销相比,直复营销的特点在网络环境下表现得更加鲜明,基于互联网的营销活动更加符合直复营销的理念。网络销售最大的特点就是企业和顾客的交互,不仅可以以订单为测试基础,还可获得顾客的其他数据甚至建议。所以,仅从网上销售来看,网络营销是一类典型的直复营销。

互联网作为一种高效率的交互式的双向沟通媒体,为企业重构客户关系提供了技术基础。第一,借助互联网,企业与顾客之间可以实现直接的一对一的信息交流和直接沟通,顾客可以直接参与从产品设计、定价到订货、付款的生产和交易全过程。企业可以直接获得市场需求情况、开发产品、接收订单、安排生产并直接将产品送给顾客。从网上销售的角度来讲,网络营销是一种典型的直复营销。第二,互联网处理信息的高效率、低成本、快捷的特点使得顾客可以方便及时地了解消费者需求变化情况,直接向企业提出建议和购买需求,也可以直接通过互联网获得售后服务。企业也可以从顾客的建议、需求和要求的服务中,细分目标市场,找出企业的不足,按照顾客的需求进行经营管理,减少营销费用,提高营销活动效率。第三,直复营销的一个最重要的特性,就是营销活动的效果是可测量的。通过数据库技术和网络控制技术,企业可以很方便地处理每一位顾客的购物订单和需求,而不用考虑顾客的规模大小、购买量的多少。有了及时的营销效果评价,就可以及时改进以往的营销努力,从而获得更满意的结果。

直复营销理论的关键在于它说明网络营销是可测试的、可度量的、可评价的,这就从根本上解决了传统营销效果评价的困难性,为作出更科学的营销决策提供了可能。

【小链接】

麦考林公司对直复营销理论的运用

上海麦考林国际邮购有限公司(Mecox Lane)成立于1996年1月8日,它是中国第一家获得政府批准的从事邮购业务的三资企业,公司业务覆盖全国。优秀的产品质量、富有竞争力的价格、优异的客户服务使它树立了直复式营销行业领导者的地位。

麦考林建立了时尚服装、时尚配饰、家居用品、健康美容、宠物用品等多条产品线,目标人群主要是20~35岁的白领女性。麦考林拥有强大的供应商资源和物流体系,服务数百万的用户,有自己独立的电子商务门户网站(www.M18.com),麦考林还提供免费电子信息订阅,在国内B2C电子商务网站中名列前茅。

(资料来源:麦网 www.M18.com)

1.2.2 网络软营销理论

软营销理论是指相对于工业经济时代以大规模工业生产为主要特征的强势营销而

提出的新思想,它从消费者心理学角度为网络营销提供了又一个理论基础。它倡导企业在开展营销活动时,应尊重顾客的感受和体验,让顾客能心甘情愿地主动接受企业的产品和服务。

网络营销活动中,企业与顾客间双方信息的交流与沟通是自由、平等、开放和互动的,是强调互相尊重的人性化沟通。顾客根据自己的意愿自主地寻找相关的产品信息。"强势营销"是企图以一种信息灌输的方式在消费者心中留下深刻印象,而不管你是否需要和喜欢(或憎恶)它的产品和服务。在网络上这种以企业为主动方的强势营销,是遭到唾弃并可能遭到报复的。网络经营者在网络上提供信息必须遵守网络信息规则,即所谓网络礼仪。"软营销"与"强势营销"的一个根本区别在于:软营销的主动方是消费者,而强势营销的主动方是企业。网络营销恰好是从消费者的体验和需求出发,采用"拉(Pull)"式策略吸引消费者关注企业来达到营销效果。由此可见,强势营销向软营销的回归,其实就是企业促销由"推"的艺术向"拉"的艺术转变。

【小链接】

戴尔在中国的网络营销

戴尔公司(DELL)提供整机和自选配置方式来满足消费者的个性化需要,提供800免费电话、电子邮件订阅和RSS订阅产品信息及在线交流等。DELL电脑有限公司是电脑行业中的佼佼者。从2001年以来,DELL公司一直是全球市场占有率最高的厂商之一。

合适的营销观念和策略是DELL成功的重要因素之一。DELL的首席执行官Michel Dell的理念非常简单:按照客户的需要和要求去制造产品;绕开中间环节,直接面向最终用户,既减少了产品成本,又能直接有效和明确地了解他们的需要,继而迅速作出反应。

DELL通过首创的直销模式,与大型跨国公司、政府部门、教育机构、中小型企业和个人消费者建立直接的联系。根据不同的需求,客户可以选择任何一种方式非常方便地同DELL进行沟通。以网络沟通渠道为例,DELL开发了一整套的网上营业工具,用于客户方便地在网上购买DELL产品。同时,DELL售后服务和技术服务办到了网上,缩短了对客户需求的反应时间,吸引了更多的客户,还极大地降低了成本。为此,DELL也获得了极大的收益,公司营业收入的40%来源于网上交易。

(资料来源:http:// www.daierchina.com)

1.2.3 网络整合营销理论

整合营销是网络营销理论中的一个新理念,是传统的市场营销理论为适应网络这一新环境而逐步转化形成的。整合营销(Integrated Marketing Communication)又称"整合营销传播",它是欧美国家20世纪90年代以消费者为导向的营销思想在传播领域的具体体现。菲利普·科特勒指出:"公司所有部门为顾客利益而共同工作时,就是整合营销"。美国广告代理商协会则更加明确地指出:通过对不连续信息的有机整合,提供清晰稳定和最大化的沟通影响,这就是整合营销。

网络整合营销基于信息网络(主要是互联网)之上,其主要有三个方面的含义:第一,传播资讯的统一性,即企业用一个声音说话,消费者无论从哪种媒体所获得的信息都是统一的、一致的。第二,互动性,即公司与消费者之间展开富有意义的交流,能够迅速、准确、个性化地获得信息和反馈信息。第三,目标营销,即企业的一切营销活动都应围绕企业目标来进行,实现全程营销。

网络的发展不仅使得整合营销更为可行,而且能充分发挥整合营销的特点和优势,互联网的特征在市场营销中所起到的主要作用在于使顾客这一角色在整个营销过程中的地位得到提升。网络互动的特性使顾客真正参与到整个营销过程中来成为可能,顾客不仅参与的主动性增强,而且选择的主动性也得到加强。由于互联网具有信息丰富的特征,因此消费者在网上选择商品的余地也变得很大,在满足用户个性化消费需求的驱动下,企业也在设法探索和寻求一种现代市场营销的思想,以迎合这一消费市场的变化,满足消费者的需求,否则这些企业将逐步失去市场。这就要求企业建立起以服务为主的经营理念,必须以顾客为中心,为顾客提供适时、适地、适情的服务,最大限度地满足顾客的需求。互联网络是跨时空传输的“超导体”媒体,企业利用它可以在顾客所处的地方为其提供最及时的服务,同时利用互联网络的交互性,企业可以不断地了解顾客的需求情况并及时提供针对性的响应,因此可以说互联网络是消费者时代中最具魅力的营销工具。不仅如此,在整个营销过程中要不断地与顾客交互,每一个营销决策都要从消费者出发而不是像传统营销理论那样主要从企业自身的角度出发。

网络整合营销从理论上离开了在传统营销理论中占中心地位的4P理论①,而逐渐转向以4C理论②为基础和前提。整合营销是兴起于美国的一种实战性和可操作性较强的营销理念。其核心理念是:建立品牌定位,然后设计战略,支配资源,使公司各部门的力量与不同的营销功能——销售力量、广告产品、管理市场研究等部门共同工作和内部协调,实现“从认知到购买”。

这种整合营销理论,在当时起到了一定的积极作用。它反映了营销理论体系重心的转移和4P理论向4C理论的发展要求,介绍和传播到我国以后,对推动我国营销理论体系的发展和加强企业内部管理、建立和健全内部协调的营销机制均起到了一定的积极作用。

【小链接】

从奥巴马当选美国总统看网络整合营销

奥巴马,47岁,Youtube上《奥巴马令我神魂颠倒》被点击超过900万次。奥巴马仅在2008年2月份就筹到5 500万美元,其中4 500万美元来自网络;超过10万人捐钱给

① 产品策略(Product)、定价策略(Pricing)、渠道策略(Place)、促销策略(Promotion)。

② 顾客策略(Customer)、成本策略(Cost)、沟通策略(Communication)、便捷策略(Convenience)。

奥巴马参加总统选举，其中5万人是通过互联网捐款。奥巴马94%的捐款来自于200美元或更少的互联网捐赠，希拉里的这一比例为26%，麦凯恩为13%，美国联邦选举委员会文件披露奥巴马2008年1~4月投给google的广告费至少有280万美元。

视频社区的推广+搜索引擎营销+网站联盟=奥巴马的胜利，奥巴马把个人网站的品牌建立到Web 2.0视频、博客、DIGG，并通过搜索引擎的全面推广，使品牌影响到效果传播从头到尾彻底完成了一个漂亮的整合营销案例。从这一案例中可以看出：

(1)互联网的营销只有整合营销才能产生最大的协同聚合效应，不单单是品牌广告或者效果联盟的简单推广。

(2)整合营销一定能成为未来营销中最优效果的营销组合。

(3)事实证明，整合营销不是简单的组合，而是有计划、有组织、有策略、有方案的一种全案的营销。

无论是从互联网业界还是广告传媒方面，具有综合实力的效果营销公司并不是很多，龙拓的Vanc 1可以说是一个初步成功的案例，但是从公司的发展来看，作为效果营销起家的亿玛在线倒是有不可忽视的力量，它不仅具有联盟数一数二的亿起发联盟，还有很专业的SEM团队，在CPC广告上面，也推出了类似阿里巴巴式的广告交易平台，亿玛在线完全具有整合的资源和能力，但是在整合的效果上我们还需要拭目以待。

(资料来源：程亚通，www.chengyatong.cn)

1.2.4 关系营销理论

关系营销是1990年以来受到重视的营销理论。关系营销的核心是建立和发展与利益相关者兼顾双方利益的长期关系。企业作为一个开放的系统，从事活动不仅要关注顾客，还应注意与大环境的各种关系：企业与客户的关系，企业与上游企业的关系，企业内部关系以及企业与竞争者、社会组织和政府之间的关系。其中与顾客的关系是关系营销的核心和归宿。其内容包含两个方面：第一，市场营销会对顾客市场、劳动力市场、供应市场、内部市场、相关者市场等领域产生影响；第二，市场营销的核心应从过去简单的一次性交易关系转变到注重保持长期的关系上来。

企业是社会经济大系统中的一个子系统，企业的营销目标要受到众多外在因素的影响，企业的营销活动是一个与消费者、竞争者、供应商、分销商、政府机构和社会组织发生相互作用的过程，正确理解这些个人与组织的关系是企业营销的核心，也是企业成败的关键。

要想与顾客建立和维持长期密切的关系，必须注意：第一，企业必须从顾客的需求和利益出发，不以销售本公司产品为目的，而以解决顾客的问题为目标；第二，为顾客提供方便、周到的服务。产品本身包含三个层次：核心产品、扩大产品、外延产品，消费者需要的不仅仅是核心产品，更要求良好的外延产品；第三，不断的创造新需求。在知识经济时代，科技的变化日新月异，消费者很难意识到新技术的发展方向，因此需要企业进行引导。

【小链接】

关系营销最典型的成功案例是美国的安利公司。安利公司是一家采用直销形式的日用品公司,1959 年,由温安洛和狄维士在美国亚达城创立。经过 47 年的发展,安利产品由一个系列发展到现在的五大系列(包括家居清洁用品、个人护理产品、美容护肤品、营养补充食品和厨房高科技用品);由一款 LOC 发展到现在的 460 多种产品;并且还代理了全球驰名品牌达 2 万种以上;开拓的市场由美国一个国家发展到现在的 92 个国家和地区,是美国及全球最早开展直销的标志企业,业务遍及五大洲,而且发展迅猛。安利经济力量雄厚,靠关系营销,成功地在全球进行扩张,特别是在中国市场,上演了一个关系营销的经典案例。

1995 年安利公司在广州建生产基地,1998 年 4 月 21 日,国务院颁布了《关于禁止传销经营活动的通知》,对传销活动全面禁止,这对安利公司可谓是致命打击,可是安利公司通过关系营销,很快得到中央政府及对外贸易部和国家工商管局的支持,由直销转变为以“店铺加雇佣推销员”的模式转型经营,并迅速转型成功,成了“转制”成功的代表,继续在中国拓展业务。为了能在中国扩大业务,安利公司总裁温安络以美国商会主席的身份访华,使安利公司与中国政府的关系,上升到中美关系的高度。正是安利公司的公关工作,才有了中国政府答应加入“世贸”后三年内为直销立法的承诺。另外,安利还加大了在中国的公益事业和广告的投入,不断改善营销环境,改变公司的形象,使安利公司在非常困难的环境下,仍然能够生存和发展。这些数据都说明了安利公司的营销战略的成功和非凡的实力。

1.3 网络营销与传统营销

在前面对网络营销的定义阐述中,我们发现网络营销并不是独立的,而是企业整体营销策略中的组成部分,网络营销与传统营销相结合形成一个相辅相成、互相促进的营销体系。但当我们谈论网络营销时,总是与一般营销区别开来,往往将网络营销出现之前已经成熟的营销理论和方法称为传统营销。

1.3.1 网络营销与传统营销的区别

1.3.1.1 网络营销较之传统营销的优缺点

网络营销是现代化的产物,它比传统营销具有一定的优势。

(1)促进成本降低。网络使无纸化办公成为可能,利用计算机网络进行信息传输和交换,简化采购程序,通常可以为企业节省 5% ~10% 的采购成本。利用网络发布广告的平均费用仅为传统媒体的 3%,采用网上促销的成本相当于直接邮寄广告花费的 1%。

(2)全方位促进销售,提高效率。网络的独有特点提供给企业 24 小时的广告及服务，并把广告与订购连为一体，促成购买意愿。同时，利用网络可以使企业与国际接轨，减少市场壁垒，消除不同国家间的公司因时间、地域的差异而影响销售的障碍。这种跨时空的全天候经营，可以帮助企业更好地促进销售，提高商家营销活动的效率，从而提高企业的市场占有率。

(3)灵活的互动性，可以更大程度上满足顾客的需要。网络营销始终把以顾客放在第一位，强调个性化的营销方式，顾客通过网络可以“闭门家中坐，货从网上来”。

但是，就目前来看，网络营销也存在缺点，如：适合网络营销的产品不多；网络营销渠道不够完善；网络营销的支付问题较大以及存在安全问题等。

1.3.1.2 网络营销较之传统营销的变化

在传统的市场营销活动中，企业所遵循的是市场导向的理念，着眼于实物流。对生产者来说，市场导向是通过商业机构的订货趋势来反映的；对于消费者来说，挑选商品也是在商业机构提供的范畴内进行有限的选择。生产者不了解市场需求，消费者也不能直接向生产者表达对产品的需求。因此，这种流通模式存在着一定的盲目性。在网络营销观念中，企业遵循的是消费者需求导向的理念，着眼于信息流。在这种方式下，消费者可以直接参与企业营销的过程，企业的生产和营销策略都可根据消费者需求来决定。

功能强大的网络技术在许多方面拥有传统媒体无可比拟的优势，改变了产品和服务的营销渠道、通信以及定价方式。

(1)顾客需求。网络技术为产品和营销展现了许多全新的需求，而这正是营销人员梦寐以求的，同时也出现了对现有需求令人满意的、更有效率和更有力的方法。AOL 和“Yahoo!”就是创造了令人满意的新需求的典型，这些需求在互联网出现之前是不存在的。Amazon. com 和 Travelocity 的业务就是建立在令人满意的现有需求之上的新的、更有效率的方法。

(2)品牌差异。顾客为什么购买或使用你的产品或服务，而没有选择竞争者的产品或服务？竞争性的市场经济让你必须为人们选择你的品牌而不是他人的品牌创造理由。在一段时间之内，品牌第一就意味着一切。最终拥有更强有力“理由”的竞争者将获得胜利，我们通常将这种“理由”称为“独特销售计划”(USP)。

网站为顾客感受不同竞争者所提供的产品或服务的差异创造了全新的机会，网站可以区分不同品牌的方法很多，如网站风格、交货速度、交互方式、私人化通信等。在传统的品牌价值迅速发生转变的时代，网站作为一种营销手段的演变就是这种转变之一，我们预料，如果不及时有效地对付这种变化，曾经占据重要地位的品牌的市场份额将迅速缩小。

所以，仅考虑“我的品牌与其他竞争者的差异”已不再足够，还必须问自己：“我的网站与其他竞争者的网站有哪些差异？”

(3)简单化。简单化原理在自然科学界被称之为“奥克姆剃刀”(Occams Razor)，在营销领域，我们称其为 KISS (Keep It Simple, Stupid)，在传统营销中，这曾是一个引人注目的原理，在网络营销中，仍将会起到十分重要的作用。

(4)焦点。焦点原理,或者叫"努力集中",是营销领域的第四个也是最后一个原理。这是一个微妙的原理,对一个营销人员可能是成功的,而对另一个营销人员则具有破坏性。其核心概念是:宁可像一个被压缩的弹簧一样拥有潜在能量,不要像被拉长了的弹簧,掩盖了许多表面现象,实际上软弱无力。焦点意味着努力占据某一方面的优势——无论是地理上的、行动上的、人口统计学领域的,还是心理学领域的等。特定范围营销就是焦点原理的一个应用实例。网络再次使得小企业充分地认识到焦点原理的重要性。在未来几年里,新产品及现有产品变化的特定范围营销将有极大机会。

(5)信息传递方式。互联网具有无限的信息储存和传输空间,企业可以为用户提供丰富翔实的产品信息以及所有与产品有关的其他信息。

(6)4P到4C。网络营销的双向互动性,使全程营销成为可能。传统的营销强调4P组合,现代营销管理则追求4C,即必须从产品的设计阶段就开始充分考虑消费者的需求与意愿。

(7)便利性。网络提供24小时的服务,消费者可随时查询所需商品或企业的信息,并在网上进行购物。查询和购物程序简便快捷,所需时间极短。这种优势在某些特殊商品的购买过程中体现得尤为突出。

(8)对营销渠道、定价策略、广告策略、标准化产品、顾客关系形成冲击。人员推销、市场调查广告促销、经销代理等传统营销手法,将利用网络降低成本,获得最大市场销售量;网络将会使变化不定且存在差异的价格水平趋于一致;网络上做广告避免了空间篇幅局限的影响;网络上的个性化将导致大众市场的终结,最终将以每一个用户的需求来组织生产和销售;互联网使顾客能够控制他们自己作为产品和服务潜在购买者的价值。

【小链接】

邮寄公司花费大笔资金建立它们能够推销产品的顾客名单。杂志和信用卡公司把它们的订户和持卡人名单"出租"给那些有兴趣向这些顾客销售的公司。但是顾客却几乎没有认识到他们的个人信息和个人交易历史的价值,顾客几乎没有取得因他们自己的信息所创造的经济价值。

(资料来源:http://hi.baidu.com/)

1.3.2 网络营销与传统营销的整合

网络的发展推动着电子商务的蓬勃发展,带动了企业运作模式的彻底变革。企业的根本目的是通过提供产品或服务,满足消费者需求,从而获得生存和发展。该如何有效利用互联网络进行交互式营销,并使之与传统营销实现整合,成为企业在这场变革中所面临的首要课题。因此,必须根据网络的特点来制定有效的营销策略。

1.3.2.1 建立适合企业自身个性化的产品与服务

网络时代的特点要求企业必须从客户的需求出发定制产品。企业应该从以往对自己全面不偏科的要求转为在某一个专门领域做精、做专、做深，这就促使企业要根据自身特点建立自身独特的个性化产品和服务。

1.3.2.2 从三个角度建立产品和企业信誉

其一，优质的服务——随时为客户提供真正需要的、方便的、优秀的服务；其二，良好的运作——包括向客户提供最低价位的产品及服务，同时尽量避免给客户添加麻烦；其三，不断创新——不仅要求向顾客提供质量最好的产品，还要求向顾客提供更有新意、更有特色的产品，为顾客带来更多的利益。

1.3.2.3 建立灵活机动的价格和促销策略

网络的无距离促使企业要努力使价格差异减少或实行价格标准化。尤其是网络上的消费者有较强的理性，企业在制定价格策略时更要考虑消费者的价值观念。企业开展网络营销，可利用相关的网络工具与消费者建立一对一的联系，使消费者从被动地接受促销转变为主动地搜索广告，接受产品或服务。

1.3.2.4 提高企业员工素质和服务效率

网络独具的特点要求企业员工必须是复合型人才，既要懂得网络技术方面的基本知识，还要对营销方面有独当一面的能力；不但要有收集、整理、分析信息的能力，还要有强烈的服务意识和人员沟通能力。网络的特点同时也要求企业对消费者的反应必须迅速及时。

1.3.2.5 加强网站建设

网站是企业进行网络营销的基础，企业建设自己有特色的网站，一方面可以树立企业良好的形象，另一方面可以吸引新顾客、沟通老顾客，而这一点又直接影响到网络营销的效果。因此作为企业“脸面”的网站必须注意以下几点：其一，要想尽一切办法吸引网络“观众”。主页的版面设计、编排必须围绕企业的目标顾客群。其二，提供快捷的信息。网站的内容要不断更新，使消费者及时了解和获取企业及产品的信息。其三，提高网站的质量与专业性。精良和专业的网站设计，将会刺激消费者（访问者）的购买欲望。其四，加强网站的推广与宣传。利用搜索引擎等方法大力地宣传企业的网站，提高网站的知名度。其五，及时回应顾客的需求。企业要设立专门的职能部门处理顾客的需求，利用 E-mail、线上常问问题（Online FAQ）等与顾客做双向沟通。其六，给访问者提供方便。如果企业想促使访问者在线购买产品或得到服务，那么必须为他们建立一条方便的通道，以便他们得到各种想要的信息，如在网页添加快速进入网站各级页面的导航条，在网站上加入内部的搜索引擎，迅速回复客户的来信等。

1.3.2.6 加强营销绩效的控制

对进企业网站进行访问的顾客次数与顾客信息，应随时进行统计，作好顾客资料管理、消费者分析及成本效果分析等。

【小链接】

实体+虚拟

“哈雷摩托车,摩托车中的BMW”,全美共有650家哈雷的经销商。对他们来说,真正的“金矿”就是高利润的摩托车零配件及周边用品。电子商务部经理奥斯特曼想出了一个“三赢”的主意:哈雷先建立周边用品网络专卖店,吸引哈雷迷购买这些哈雷酷行头。但是当网友要下单时,网络专卖店会要求选择一家经销商,网友在网站上完成订货程序,哈雷再把信息转给经销商,让哈雷迷最后可以就近到经销商那里取货。这部分的营收利益,由哈雷公司和经销商按比例分账。这个主意听来不错,但哈雷得先说服经销商。于是,他们找来全美十多位资深经销商一起开会讨论,他们对网站设计提出许多建议。例如,增加各店特别设计的T恤等做销售品。哈雷公司则要求,经销商线上订单至少必须两天处理一次,而且要立即向哈雷确定订单,哈雷则负责监控送货的时间及处理疑难杂症,并持续更新网站内容。成效如何呢?目前,每个月约有100万网友浏览哈雷的网站,让哈雷不但业绩直线上升,经销商跟着有赚头,也让更多哈雷迷对哈雷公司的观感从“满意”跳到“非常满意”。

(资料来源:http://blog.hc360.com/)

1.4 网络营销环境

网络营销环境可分为宏观环境和微观环境

1.4.1 网络营销宏观环境

宏观环境是指一个国家或地区的政治、法律、人口、经济、社会文化、科学技术等对企业网络营销活动没有直接作用但又经常对企业网络营销决策产生潜在的影响的因素。内容主要包括政治环境、法律环境、经济环境、社会文化环境、科技环境、自然环境和人口等。

1.4.1.1 政治和法律环境

政治和法律环境是指一个国家或地区的政治制度、体制、政治形势、方针政策、法律法规等,主要包括国家政治体制、政治的稳定性、国际关系、法制体系等。

1.4.1.2 经济环境

经济环境是指企业网络营销过程中所面临的各种经济条件、经济特征、经济联系等客观因素,主要包括经济体制、经济增长、经济周期与发展阶段以及经济政策体系、收入水平、市场价格、利率、汇率、税收等内容。

1.4.1.3 人文与社会文化环境

人文与社会环境的内容很丰富,在不同的国家、地区、民族之间差别非常明显。社会文化环境是指一个国家或地区的民族特征、文化传统、价值观、宗教信仰、教育水平、社会结构、风俗习惯等情况。

企业处于一定的社会文化环境中,它又是社会成员所组成的一个小的社会团体,难免受到社会文化环境的影响和制约。企业营销必须重视人文与社会环境的研究。

网络社会文化环境包括网络语言、网络礼仪(自由和自律、平等和尊重、礼貌和诚信、公益守法)、网络习俗(休闲和免费)、网络社区(具有相同兴趣和目的、经常相互交流和互利互惠、能给每个成员以安全感和身份意识等特征的互联网上的单位或个人团体)。

【小链接】

表 1-1 网络语言

网络用语	含义	网络用语	含义
很 OUT	很老土	GG	哥哥
88、886	再见	MM	妹妹
7456	气死我了	TST	踢死他
8147	不要生气	771	亲亲你
9494	就是就是	258	爱我吧
286	反应慢	智商	落伍了
ZZZZZ…	睡觉	(-_-)	神秘笑容
^-^	眯着眼睛笑	很 IN	很内行、专业
BF/GF	男(女)朋友	JJ	姐姐

1.4.1.4 科技水平

在当今世界,企业环境的变化与科学技术的发展密切相关,科学技术对经济社会发展起到了至关重要的作用,科技的基础是教育,在信息等高新技术产业中,教育水平的差异是影响需求和用户规模的重要因素。企业网络营销方式要想从粗放型转变到集约型,关键要靠科学技术。

1.4.1.5 自然环境

社会生产既要有一定的社会经济条件,也要有一定的自然条件。这种自然条件就是企业网络营销所面临的自然环境。自然环境主要包括自然资源、气候、地形地质、地理位置等对一个国家或地区的客观环境的影响。随着科技进步和社会生产力的提高,自然状况对经济和市场的影响整体上是呈下降的趋势。这一切对企业既是威胁,又是新的网络营销机会。

1.4.1.6 人口

人是企业营销活动的直接和最终对象,市场是由消费者来构成的。

1.4.2 网络营销微观环境

微观环境由企业及其周围的活动者组成，直接影响着企业为顾客服务的能力。它包括企业内部环境、竞争者、供应者、营销中介、顾客或用户等因素。

1.4.2.1 企业内部环境

企业内部环境包括企业内部各部门的关系及协调合作，包括市场营销部门之外的某些部门，如企业最高管理层、财务、研究与开发、采购、生产、销售等部门。这些部门与市场营销部门密切配合、协调，构成了企业市场营销的完整过程。

1.4.2.2 竞争者

竞争是商品经济活动的必然规律。在开展网上营销的过程中，不可避免地要遇到业务与自己相同或相近的竞争对手。研究对手，取长补短，是克敌制胜的好方法。

(1)竞争对手的类型。竞争对手的类型如下：

第一，愿望竞争者，指满足消费者目前各种愿望的竞争者。

第二，一般竞争者，指以不同的方法满足消费者同一需要的竞争者。

第三，产品形式竞争者，指满足消费者某种愿望的同类商品在质量、价格上的竞争者。

第四，品牌竞争者，指能满足消费者某种需要的同种产品的不同品牌的竞争者。

(2)应对竞争对手策略。应对竞争对手策略有以下几点：

首先，利用全球最好的八大导航网查询竞争对手的状况，这八大导航网分别是：Yahoo!、altavista、infoseek、excite、hotbot、webcrawler、lycos、planetsearch。

其次，学会判断竞争者目标所在，积极评估竞争者的优势和劣势，分析竞争者的反映，以确保企业网站的长远发展。

再者，研究网上的竞争对手主要从其主页入手，一般来说，竞争对手会将自己的服务、业务和方法等方面的信息展示在主页上。

总之，每个企业都需要掌握、了解目标市场上自己的竞争者及其策略，力求扬长避短，发挥优势，抓住有利时机，开辟新的市场。

【小链接】

竞争对手情况研究

赵某是网络营销专业毕业的大学生，被招聘到某汽车集团公司电子商务部工作。该公司生产家用轿车，在国内外轿车市场上有一定的影响力。但由于家用轿车市场的竞争愈演愈烈，该公司现有的市场地位面临严峻挑战。公司决定尽快推出环保、节能、中高档价位的新车型，以提高市场竞争力。为了确保新车型的鲜明特色和充分竞争力，需要调研竞争对手的同类车型开发和产销情况。为了提高调研的效率，公司准备采用网络调研的方式。电子商务部经理便把这项任务交给了赵某，并要求赵某在10天内提出调研报告。

要求:假如你是赵某,请联系本企业的实际情况,并参照如下“从互联网中获取竞争者信息的调查方法”中的要点,提出通过网络对竞争对手进行调查的主要思路。

(1)选取关键词和搜索引擎。

- 确定查询用的关键词:以网上开展业务的性质为主,一般的浏览者在网上查这类资料时常用的关键词为5~10个。
- 审查每一条检索结果,看其对站点的描述。
- 查看前10名或前20名的站点内容。

(2)查询对手网址。

- 把自己放在消费者的位置上去浏览竞争对手的全部信息。
- 对其图形设计、栏目的设置和文字的表达进行研究。
- 考察其开展业务的地理区域,从客户清单中判断其实力和业务的好坏。
- 留心站点主页的文字表示,看是否有语法和单词等比较低级的错误。
- 图形设计是否过于复杂。
- 每页间的链接是否方便浏览,有没有死链接,是否有调不出来的图形。
- 注意其图形下载的时间长短,记录其传输速度。
- 查看在其站点上是否有别人的图标广告,其精华在哪里。
- 全面考察竞争对手在网络搜索引擎、新闻组中的宣传力度。
- 考察竞争对手是长期工作。

(3)了解主要竞争对手,核检主要竞争对手信息。

(4)通过贸易组织和行业协会了解信息。

(5)从个人主页上搜索信息。

(6)网上调查对手的用户。

(7)加入新闻组、阅读邮件列表。

(8)搜索企业信息栏目。

(9)搜索和研究新闻标题。

(10)以个人名义进行信息检索和信息研究的个人化。

(11)分包信息调研。

(12)长期进行在线研究。

(13)加入论坛,通过聊天、发帖子等办法得到信息。

1.4.2.3 供应者

供应者也称供应商,是指向企业及其竞争者提供生产经营所需原料、部件、能源、资金等生产资源的公司或个人。企业要选择在质量、价格以及在运输、信贷、承担风险等方面条件最好的供应者。

企业与供应者之间既有合作又有竞争,这种关系受宏观环境影响,制约着企业的营销活动。供应者这一环境因素对企业经营的影响是很大的,企业一定要注意与供应者搞好关系。供应者对企业的营销业务有实质性的影响,其所提供资源的价格和供应量,将直接影响企业产品的价格、销量和利润。

1.4.2.4 营销中介

营销中介是协调企业促销和分销其产品给最终购买者的公司。主要包括:中间商,即销售商品的企业,如批发商和零售商;代理中间商(经纪人);服务商,如运输公司、仓库、金融机构等;市场营销机构,如产品代理商、市场营销咨询企业等。这些都是企业经营不可缺少的中间环节,大多数企业的营销活动都必须通过它们的协助才能顺利进行。

1.4.2.5 顾客和用户

以满足顾客的需要为前提是企业一切营销活动的中心,顾客或用户是企业产品销售的对象,是企业直接或最终的营销对象。网络技术的发展拉近了企业与顾客之间的距离,交流沟通更为方便。网络给企业提供了广阔的市场营销空间,同时也增强了消费者选择商品的广泛性和可比性。无论企业还是顾客,通过网络都可以得到更多的需求信息,使他的销售或购买行为更加理性化。虽然在营销活动中,企业不能控制顾客与用户的购买行为,但它可以通过有效的营销活动,给顾客留下良好的印象,处理好与顾客和用户的关系,从而促进产品的销售。

开阔视野——还有你所不知道的

2012 十大微信营销案例

案例一:招商银行的"爱心漂流瓶"

模式:活动式微信——漂流瓶

营销方式:微信官方可以对漂流瓶的参数进行更改,使得合作商家推广的活动在某一时间段内抛出的"漂流瓶"数量大增,普通用户"捞"到的频率也会增加。加上"漂流瓶"模式本身可以发送不同的文字内容甚至语音小游戏等,如果营销得当,也能产生不错的营销效果。

活动期间,微信用户用"漂流瓶"功能捡到招商银行漂流瓶,回复之后招商银行便会通过"小积分,微慈善"平台为为自闭症儿童提供帮助。根据观察,在招行展开活动期间,每捡十次漂流瓶便基本上有一次会捡到招行的爱心漂流瓶。不过,介于漂流瓶内容重复,如果可提供更加多样化的灵活信息,用户的参与度会更高。

案例二:星巴克《自然醒》

模式:互动式推送微信

营销方式:通过一对一的推送,品牌可以与"粉丝"开展个性化的互动活动,提供更加直接的互动体验。当用户添加"星巴克"为好友后,用微信表情表达心情,星巴克就会根据用户发送的心情,用《自然醒》专辑中的音乐回应用户。

案例三:IT 茶馆

模式:互动式推送微信

营销方式:通过一对一的推送,品牌可以与"粉丝"开展个性化的互动活动,提供更加直接的互动体验。

加"IT茶馆"为好友后，根据提示即可开始答题。回答对题目进入下一题，如果是第一位全部通关者，还有手机移动电源赠送。

案例四：飘柔

模式：陪聊式微信对话

营销方式：现在微信开放平台已经提供了基本的会话功能，让品牌用户之间做交互沟通，但由于陪聊式的对话更有针对性，所以品牌无疑需要大量的人力成本投入。

传说中的小飘能唱能聊天，添加"飘柔 Rejoice"为好友后，就可根据选择进入聊天模式。真人版对话式微信，会遇到能聊天又能唱歌的小飘。

案例五：英特尔中国"超级星播客"

模式：语音信息

用户偶尔会厌倦了发短信打字，发视频又过于耗费流量，因此，用微信发送音频信息，就成为省时、省力又省钱的信息传递方式。

2012年7月27日首播的"超级星播客"开创了国内第一档基于移动互联端的手机语音播报节目，让中国体育迷在指尖上过了一把奥运瘾。

案例六：深圳海岸城"开启微信会员卡"

模式：O2O模式——二维码

营销方式：在微信中，用户只需用手机扫描商家的独有二维码，就能获得一张存储于微信中的电子会员卡，可享受商家提供的会员折扣和服务。企业可以设定自己品牌的二维码，用折扣和优惠来吸引用户关注，开拓O2O营销模式。

深圳大型商场——海岸城推出"开启微信会员卡"活动，微信用户只要使用手机扫描海岸城专属二维码，即可免费获得海岸城手机会员卡，凭此享受海岸城内多家商户优惠特权。

案例七："美丽说"×微信

模式：社交分享——第三方应用

营销方式：微信开放平台是微信4.0版本推出的新功能，应用开发者可通过微信开放接口接入第三方应用。还可以将应用的LOGO放入微信附件栏中，让微信用户方便地在会话中调用第三方应用进行内容选择与分享。

用户可以将"美丽说"中的内容分享到微信中，由于微信用户彼此间具有某种更加亲密的关系，所以当"美丽说"中的商品被某个用户分享给其他好友后，相当于完成了一个有效到达的口碑营销。

案例八：K5便利店新店推广

模式：地理位置推送——LBS

营销方式：企业营销人员点击"查看附近的人"后，可以根据自己的地理位置查找到周围的微信用户。然后根据地理位置将相应的促销信息推送给附近用户，进行精准投放。

K5 便利店新店开张时，利用微信“查看附近的人”和“向附近的人打招呼”两个功能，成功进行了基于 LBS 的推送。

案例九：凯迪拉克微信公众账号运营

模式：公众平台

最近开放的微信公众平台，真正是无门槛。每一个人都可以用一个 QQ 号码，打造自己的一个微信的公众号，并在微信平台上实现和特定群体的文字、图片、语音的全方位沟通、互动。

近期凯迪拉克刚好有一个“发现心中的 66 号公路”活动，微信公众账号上每天会发一组最美的旅行图片给用户，以引起共鸣。其他的内容，基本以车型美图为主，如海外车展、谍照等。凯迪拉克也利用账号发布实时内容，如前几天上海暴雨橙色警报时，就做了一个安全出行提醒。

案例十：1 号店“我画你猜”微信营销活动

模式：公众平台

微信公众帐号可以通过后台的用户分组和地域控制，实现精准的消息推送。普通公众帐号，可以群发文字、图片、语音三个类别的内容。认证的帐号则有更高的权限，不仅能推送单条图文信息，还能推送专题信息。据称，在推送的打扰方面，下一版本的推送将全部取消声音提醒，以便把私人信息和内容消息区分。

一号店搞的“我画你猜”微信营销活动。每天微信推送一个图画给用户，用户猜中后在微信上回复就可能中奖。

（资料来源：http://info.1688.com/detail/1090066291.html）

案例学习——看看你的分析能力

实战：食品电商客户营销破局

2013 年，食品电商迅速走红，以顺丰优选、本来生活网等为代表的新晋电商成为这一垂直领域的典型代表；同时，不少传统食品品牌分享电商“蛋糕”的愿望已越来越迫切。但对于刚刚触碰线上的企业而言，如何运用技术手段赢得客户、管理客户，这些后来者却有着别样的思考。

一位生鲜食品电商副总裁指出，食品电商作为新生力量，在体量尚小的阶段，不同企业之间进行用户数据分享和交换尤为重要，对于精准地获取用户也更加有效。传统食品电商数据封闭，相比传统领域庞大的数据库而言，电商企业非但微不足道，甚至难以撬动已有的线下客户资源。

一位线下知名食品品牌电商负责人在思路网举办的“第四期企业电子商务思路对接会——食品电商”中指出，虽然集团近几年来积累了数十万的用户基础量，但由于没有做二次开发，其用户数据并不能为电商所用。“很多公司都把后台软件视作财务统计、报表的工具，而没有真正将其利用起来。这样的系统只能维护，再开发十分有限。”该电商负责人坦言，虽然公司使用了国内某传统知名厂商的软件，但在对接电商应用时却显得步履沉重。

另一部分食品品牌则在传统和电商业务上采用了差异化的系统，使得彼此数据只能通过人工转换，效率低下。在网接触过众多食品电商企业的亿邦动力看来，多数传统品牌商对待管理系统和数据的态度均比较死板。电商部门虽然在尝试变革和创新，但在与企业沟通开放用户数据时，却屡遭闭门羹。“传统企业对于信息管控非常严格，不轻易对外开放，即使是对同为企业内部的电商部门，也同样封闭。”该电商人士坦言，由于公司与电商业务间始终没有互联，只能被迫积累自己的用户数据。

据了解，食品电商部门通常会通过各种活动，如积分兑换等形式，去抓核心客户，从而将集团的大数据库资源导入到电商的小数据库中。但由于部分企业在传统业务上马多套系统，致使电商部门即使能够获取用户数据，也仅仅是零敲碎打，难成体系。

“尤其是在跟分销商(经销商)拿数据时，会触动线下的利益。而跟大电商平台谈活动，一不小心，数据非但无法转换过来，反倒容易把自己的数据导入平台方。”上述电商负责人表示，此前和北京某大型电商平台洽谈时，就曾有过这样的遭遇。

门户做食品电商有数据、无用户，相比传统食品行业闭门造车，互联网公司开辟电商业务则更具开放色彩，但令其困扰的则是难以挖掘到匹配的用户。“我们不缺用户，但是如何精准抓到终端用户是个问题。”某门户网站员工向亿邦动力网透露，公司为了更好地实现流量变现，已开始通过电商渠道绑定中高端网购人群，并于近期上线了保健品电商平台。

该人士指出，公司成立了大数据研发部门，依靠门户平台，对各个频道去作用户数据挖掘；同时，借助广告投放系统，可以将数据定位到省市区县的用户。这些数据会定期提醒电商部门，针对某些分析过的用户浏览习惯、行为轨迹进行营销，但效果并不尽如人意。

“保健品用户的特质是，相信它(效果)的人非常信，不信的人则很难实现购买，因此，虽然我们网站上有大量的用户数据，但某些产品却不能实现精准营销。”据该人士介绍，为了推广某国内主打健身系保健品牌，特别针对网站体育频道的人群进行投放，结果却是体育频道的受众反而不喜欢运动。

“再比如，很多人认为减肥产品女性用户会很多，但经过这一阶段的运营数据来看，实际上超过30%或40%都是男性用户。”该电商人士介绍，目前，公司为了过滤用户，主要通过两个主线：一是根据其购买频率、客单价、所在区域、感兴趣的产品等进行跟踪；另一种则是依靠客服，判断客户是否可以被营销。

但问题在于，更善于前端市场的互联网公司，在售后客服方面难以支撑人海战术，用户关怀上难以全程覆盖。

数据云分享或成趋势。显然，对于那些拥有庞大数据和实力雄厚的企业而言，用户营销并非艰难挑战。其核心在于获取会员的数据，以及服务质量能否匹配。亿邦动力网了解到，区别于3C、服装等较为成熟且大众的品类而言，食品电商更希望将自身定位为精致生活的代言人，其瞄准的客户群体也多为白领等中产阶层。

以顺丰优选为例，其7 000多个SKU(库存量单位)中，80%以上均为进口产品，并采用产地直采的模式，全程冷链供应。这对于多数电商而言是具有绝对门槛高度的。

“面对这样的人群，如何稳定住客户至关重要。我们要关注用户流失和沉睡背后的原因,而不是贸然利用系统做用户营销。”某生鲜食品 B2C 负责人直言,只有在会员管理上,提供客户“蹦一蹦”就可企及的服务级别,才能获取真正懂得“尊贵”的用户。而搞低价促销、无偿优惠等活动,只会造成流量高峰后客户迅速流失的虚假繁荣。该人士还指出,鉴于目前国内食品电商均处在起步阶段,量级尚小,所获取的用户数据也十分有限,亟须加强企业与企业之间的数据开放与交换。“单独一个公司的数据是不能把所有用户行为分析清楚的,与其独享,不如把小数据开放,拿出去交换。把没有精力去做、边缘接口的数据都外包,只留下核心的自己研发。”该人士还向亿邦动力网表示,用户资源虽然宝贵,但仅通过历史数据来预测销售显然存在局限性,而假设可以通过别人的历史数据来预测自身未来阶段的行为,则可以把各个数据孤岛进行关联。“以亚马逊为例,它可以做到根据验孕棒、防辐射服的购买数据,去制订奶粉营销计划,这些数据分析显然是在各业务线的交织、共享下完成的。”

当然,对于用户数据交换和分享,不少电商平台仍存有顾虑。一位乳制品电商负责人坦言,数据合作的对象一定要有背书,以规避破坏性创新者用“垃圾数据”交换别人的高质量数据。另一方面,在数据的对接上,要依靠一定的技术手段,且总量够大,如果仅是单纯两个数据孤岛之间的简单交换,发挥的效力仍然有限。

(资料来源:中国电子商务研究中心.亿邦动力)

班级讨论——加深你的知识理解

(1)网络营销的定义很多,你能否给出你所理解的网络营销定义?

(2)你认为网络营销在哪些方面超越了传统营销?

(3)你能划清网络营销与电子商务的界限吗?

(4)网络下的营销环境发生了哪些变化?

自己动手——锻炼你的实践能力

(1)列举你所知道的至少三种专业化的搜索引擎。

(2)到 Google 搜索引擎分别搜索“网络营销”关键词,并查看结果页面的数量。

(3)学习和实践营销信息的发布:①到阿里巴巴网站注册成为企业会员;②在该网站上搜索关于“电冰箱”的供求信息;③在该网站发布有关“矿泉水”的供应信息。

(4)找一个可以申请博客会员的网站,注册申请成为博客会员,以管理者的身份对该博客进行维护,发表一些自己的感想在该博客上,查看其他会员的博客网站,体会一下博客的营销作用。

本章复习——牢记本章主要内容

(1)如何理解网络营销的概念？如何辨别网络营销与网上销售？

(2)网络营销的内涵是什么？

(3)网络营销与电子商务的关系是什么？

(4)什么是网络直复营销理论、网络关系营销理论、网络软营销理论和网络整合营销理论？

(5)如何进行网络营销与传统营销的整合？

(6)网络营销与传统营销的异同有哪些？

(7)网络营销环境和传统营销环境的区别有哪些？

2

网络市场调研

【本章要点】

◆ 网络市场调研概述

◆ 网络市场调研的方法

◆ 网络市场调研的策略

◆ 网络市场调研实务

【学习要求】

通过本章学习，能够了解网络市场调研的含义和步骤，理解网络市场调研的特点和内容，掌握网络市场调研的方法、策略及网络市场调研问卷的设计。在学习过程中，要多实验，通过上网来验证有关内容，以加深对知识的理解，从而提高处理实际问题的技巧和能力。

引导案例——打开知识的大门

第 32 次中国互联网络发展状况调查介绍

● 调查背景

1997 年，国家主管部门研究决定由中国互联网络信息中心(CNNIC)牵头组织有关互联网单位共同开展互联网行业发展状况调查，自 1997—2013 年 CNNIC 已成功发布了 31 次全国互联网发展统计报告，本次报告是第 32 次报告。当前互联网已经成为影响我国经济社会发展、改变人民生活形态的关键行业，CNNIC 的历次报告则见证了中国互联网从起步到腾飞的全部历程，并且以严谨客观的数据，为政府部门、企业等各界掌握中国互联网络发展动态、制定相关决策提供了重要依据，受到各个方面的重视，被国内外广泛引用。

自 1998 年以来，中国互联网络信息中心形成了于每年 1 月和 7 月定期发布《中国互联网络发展状况统计报告》的惯例。第 32 次统计报告延续了以往内容和风格，对我国网民规模、结构特征、接入方式和网络应用等情况进行了连续的调查研究。

● 报告术语界定

◇网民：过去半年内使用过互联网的 6 周岁及以上中国居民。

◇手机网民：指过去半年通过手机接入并使用互联网，但不限于仅通过手机接入互联网的网民。

◇电脑网民:指过去半年通过电脑接入并使用互联网,但不限于仅通过电脑接入互联网的网民。

◇农村网民:指过去半年主要居住在我国农村地区的网民。

◇城镇网民:指过去半年主要居住在我国城镇地区的网民。

◇IP 地址:IP 地址的作用是标识上网计算机、服务器或者网络中的其他设备,是互联网中的基础资源,只有获得 IP 地址(无论以何种形式存在),才能和互联网相连。

◇域名:是互联网络上识别和定位计算机的层次结构式的字符标识,与该计算机的互联网协议(IP)地址相对应。我国互联网络域名体系中各级域名可以由字母(A ~ Z, a ~ z,大小写等价)、数字(0 ~ 9)、连接符(-)或汉字组成,各级域名之间用实点(.)连接,中文域名的各级域名之间用实点或中文句号(。)连接。常见的顶级域名分为两类:一类是国家或地区顶级域名(ccTLD),如以“. CN”结尾的域名代表中国;一类是类别顶级域名(gTLD),如以“. COM”“. NET”“. ORG”结尾的域名等。

◇网站:是指以域名本身或者“WWW. + 域名”为网址的 web 站点,其中包括中国的国家顶级域名“. CN”“. 中国”和类别顶级域名下的 web 站点,该域名的注册者位于中国境内。如:对域名 cnnic. cn 来说,它的网站只有一个,其对应的网址为 cnnic. cn 或 www. cnnic. cn,除此以外,whois. cnnic. cn,mail. cnnic. cn……以该域名为后缀的网址只被视为该网站的不同频道。

◇调查范围:除非明确指出,本报告中的数据限于中国内地,均不包括中国香港、中国澳门和中国台湾地区在内。

◇调查数据截止日期:本次统计调查数据截止日期为 2013 年 6 月 30 日。

(资料来源:中国互联网络信息中心 http://www. cnnic. net. cn,2013 - 07 - 17)

■ 中国互联网络信息中心是如何进行网上调查的?

■ 中国互联网络信息中心是如何提高网上调研质量的?

随着互联网的普及和发展,一种新型的调研方式——网络市场调研应运而生,且有了相当程度的应用,并且随着数字科技的迅速发展,它将成为市场调研的一种主流形式。那么什么是网络市场调研?它与传统市场调研有何不同?如何进行网络市场调研呢?本章从网络市场调研的含义入手,分别介绍网络市场调研的目的、特点、内容、步骤、方法、策略及网络调研问卷的设计来回答以上问题,并且通过对典型案例的分析,加深读者对网络市场调研的认识和了解。

2.1 网络市场调研概述

2.1.1 网络市场调研的含义

网络市场调研又称网上市场调研,是网络营销调查与研究的简称,它指的是组织或个人为了某个特定的营销决策,利用互联网技术与资源开展的收集整理市场营销信息、分析判断市场营销情况的网络营销活动的总称。

网络营销调查与网络营销研究是网络营销中两个相互联系又有所区别的概念。网络营销调查所解决的主要问题是通过各种网上调查的方式与方法,系统地收集大量有关市场营销的数据和资料,如实反映企业市场营销方面的客观情况,为企业决策提供客观依据。网络营销研究则是根据网络营销调查所得的数据与资料,经过整理分析、判断推理,得出能反映营销情况发展变化客观规律的结论。网络营销调研中最重要的部分是网上市场调查。当我们浏览网站时经常会看到一些小调查,针对某一事件设计了两三个选项,如"能、不能","赞成、反对"等,当浏览者选定一个答案并提交后,就是参加了一次在线调查,这是最简单的网络调研,如图 2－1 所示。当然,网络市场调研具体应用于企事业的市场调研时,调研的手段相对会复杂一些,涉及的环节也比较多。

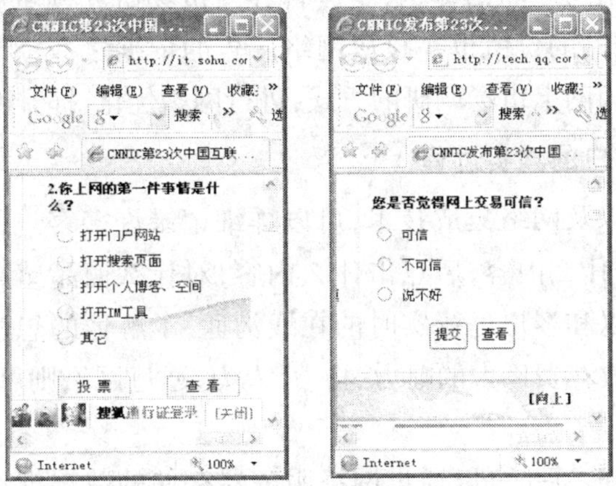

图 2－1　简单的网络市场调研

2.1.2　网络市场调研的目的

2.1.2.1　识别企业站点的访问者

企业在网上进行市场调研,最基本的一个目的是要了解谁是企业站点的访问者。当有人造访企业的网站时,企业应想办法知道这个人的年龄、性别、收入等情况。这些信息对从事网上经营的企业来讲是极为重要的,了解了企业站点的访问者信息,企业就可以勾画出目标客户群体的整体结构,然后有针对性地开展营销活动。

2.1.2.2　调研客户的满意度

客户的满意度与忠诚度是衡量企业的产品与服务在客户心目中地位的重要指标,它将直接影响企业的发展与利润。对客户满意度进行有效的调研,对客户满意度指标进行合理的评估和管理,对企业的日常运作和长期的策略制定都具有极其重要的指导意义。提高客户的满意度,保持客户企业的忠诚度,不仅可以留住老客户,还有可能吸引更多的新客户，从而巩固和扩大企业的客户群。

2.1.2.3 测试新产品

在当今这个富于创新的时代，用户无止境的需求及不断更新的消费观念使得企业面临着十分严峻的考验和挑战。为了进一步满足用户的需求，企业需要不断地推出新产品和新的服务方式。为了准确地了解客户的需求，在新产品的酝酿推广过程中，企业可以利用网上市场调研的方式，为新产品进行宣传和市场调研，分析新产品的优缺点与可能占有的市场份额等。

2.1.2.4 评价网站价值

网站作为网络虚拟社会“媒体”概念的进一步拓展与延伸，使传统媒体作为大众传播工具“一对多”的传播方式逐步向网站的“一对一”的传播方式演进。如何利用网站这一新的媒体进行市场营销与产品的促销，是广告界与市场研究领域研究的重点。同时，网站还是企业的形象，网站的价值也是投放网络广告的依据之一，所以网站价值的评估十分必要。企业可以利用网上市场调研的方式，进行网站优化，提升网站价值。

2.1.2.5 全程跟踪客户的购买过程

利用网络服务器以及网络集成技术，可以详细记录许多客户信息。例如，客户登录到了网站之后，先点击什么内容，后点击什么内容，对什么商品感兴趣，以及他的购买过程等。利用网络还可以和客户进行实时的在线沟通，了解他的想法，这种调研在传统的市场调研中实现起来要花费巨大的财力、物力、人力，通过网络则可以以较低的成本轻易实现。

了解了客户的偏好之后，可以通过网络服务器存储的数据推荐符合他要求的商品，并且提供与该商品配套的相关商品。例如，某顾客要购买一套西装，网络数据库可以向他提供与该套西装配套的衬衫、领带、皮鞋等商品。并且网络服务器能够记住这个客户的偏好，在下次他登录这一站点的时候，网络服务器会自动向他推荐他所喜欢的东西。这种全程跟踪调研的形式，可以深入了解客户，使企业更好地为客户提供满意的商品和服务，也是企业提升自身竞争力的有效方式之一。

2.1.3 网络市场调研的特点

传统的市场调研，无论采用询问法、观察法还是实验法，企业都需要投入大量的人力、物力和财力。如果调研面较小，则不足以全面掌握市场信息；而调研面过大，则时间周期长，调研费用大。同时，传统调研方法无论采用哪种手段，被调研者始终处于被动地位。一方面，企业难以针对不同的消费个体发出不同的问卷。另一方面，消费者也难以表达自己的意识和欲望，更多的消费者是对企业的调研不予反应和回复。而网络市场调研可以充分利用互联网作为信息沟通渠道的开放性、自由性、平等性、广泛性和直接性等特性，使得网络市场调研具有传统的市场调研手段和方法所不具备的一些优势和特点。

2.1.3.1 及时性和共享性

网络的传输速度非常快,网络信息能迅速传递给连接上网的任何用户。网上调研是开放的,任何网民都可以参加投票和查看结果,这保证了网络信息的及时性和共享性。另外,网上投票信息经过统计分析软件初步处理后,可以马上看到阶段性结果,如图 2-2 所示,而传统的市场调研得出结论需经过很长的一段时间。如,人口抽样调研统计分析需 3 个月,而 CNNIC 在对互联网进行调研时,从设计问卷到实施网上调研和发布统计结果,总共只用了 1 个月时间。

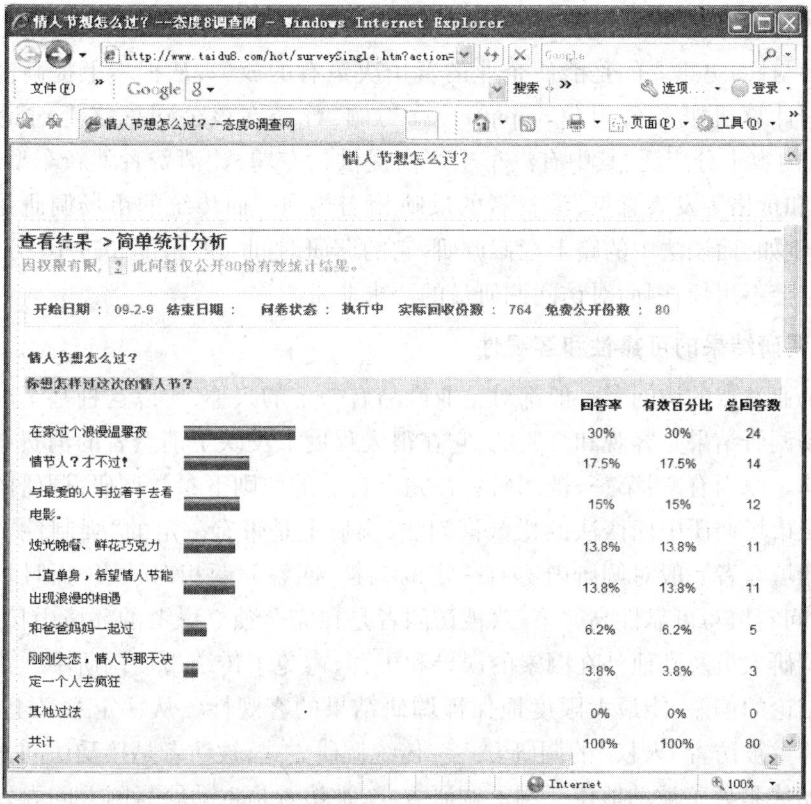

图 2-2 一个小调研的阶段性调研结果

2.1.3.2 便捷性和低成本性

网上市场调研可节省传统的市场调研中所耗费的大量人力和物力。在网络上进行调研,只需要一台能上网的计算机即可。调研者在企业站点上发出电子调研问卷,网民自愿填写,然后通过统计分析软件对访问者反馈回来的信息进行整理和分析。网上市场调研在收集过程中不受天气和距离的限制,不需要派出调研人员,不需要印刷调研问卷。调研过程中最繁重、最关键的信息采集和录入工作分布到众多网上用户的终端上完成,可以无人值守和不间断地接受调研填表,并能设计出多媒体问卷增强调研效果。信息检验和信息处理工作也均由计算机自动完成。而在传统调研方式中,纸张、印刷、邮资、电话、人员培训、劳务以及后期统计整理等需要耗费大量的人力和财力。

2.1.3.3 **交互性和充分性**

网络环境下,企业和消费者以互联网为平台可以很好地沟通和互动。在网上调研时,被访问者可以通过 BBS、新闻组、电子邮件、博客等方式,及时就问卷相关问题提出自己更多的看法和建议,以减少因问卷设计不合理而导致的调研结论出现偏差等问题。同时,被访问者可以参与设计企业的新概念产品,对产品从设计、定价到服务等一系列问题充分、自由地表达自己的意愿、发表自己的看法,并且也没有时间的限制。企业以同样的方式对消费者进行及时的反馈。这种双向互动的信息沟通方式极大地提高了消费者的积极性和参与性,更重要的是能使企业的营销决策有的放矢,从根本上提高消费者满意度。以美国计算机服务公司(Computserve)为例,曾经在该公司网络上讨论的专题达1 300多个,内容十分广泛,其中有汽车生产商提供的专题,让消费者就新车型的外观、颜色、发动机和价格等发表意见,消费者的反映相当热烈。而传统的市场调研是不可能做到这些的,例如,面谈法中的路上拦截调研,它的调研时间一般不能超过 10 分钟,否则被调研者肯定会不耐烦,因而对访问调研员的要求非常高。

2.1.3.4 **调研结果的可靠性和客观性**

由于企业站点的访问者一般都对企业产品有一定的兴趣,所以这种基于顾客和潜在顾客的市场调研结果是客观和真实的,它在很大程度上反映了消费者的消费心态和市场发展的趋向。原因有三:第一,被调研者在完全自愿的原则下参与调研,调研的针对性更强。而传统市场调研中面谈法的拦截询问法,实质上是带有一定的"强制性"的。第二,调研问卷的填写者一般对调研内容有一定的兴趣,回答问题相对认真,而且填写后不能更改,所以问卷填写可靠性高。第三,被访问者是在完全独立思考的环境中接受调研的,不会受到调研人员及其他外在因素的误导和干预,避免了传统市场调研中人为因素所导致的调研结论的偏差,能最大限度地保证调研结果的客观性。从一定意义上讲,网上调研是一种尊重被访者"人权"的调研方式。传统调研方式,被访者是接受访问,是"要我回答",因而始终是处于被动地位。网上调研方式,被访者是主动填写网上问卷,是"我要回答",因而居于主动。这样,网上收集到的信息是被访者自愿提供的,所以调研结果会比较客观和真实。

2.1.3.5 **时空无限性**

互联网是全球性的 7/24 开放的网络,所以网上市场调研可以 7/24 全天候进行,网民可以在任何方便的时间和地点参与调研,不受时间和地域制约。这与受时间和区域制约的传统的市场调研方式有很大的不同。

【小链接】

某家电企业利用传统的调研方式在全国范围内进行市场调研,需要各个区域代理商的密切配合。而同样目的的网络市场调研则只需在一些著名的站点发布广告,把链接指向自己的调研表就可以了。思科公司通过网络调研问卷的方式统计网站访问者,这是通过传统的纸质问卷几乎无法操作的工作,通过网络和问卷的结合,思科公司可以从中了解到访问者的来源、访问者的需求和目的、访问者对网站(包括内容)的评价、访问者获取思科信息的途径,以及相关的社交网站和科技网站的调查。通过对网站访问者回馈的问卷内容的分析,思科就更能把握信息的传播途径、网站的接受程度、网站内容是否有待提高或者是需要整理,以及社交网站的影响,和访问者爱好的其他科技网站。这些信息对于思科公司了解访问者的信息、改善网站的质量、是否提供客户需要而原来网站上又缺少的信息、广告的最佳传播途径和建设网站方面的参考样板等都具有积极的作用。

(资料来源:编者根据 http://blog.sina.com.cn/s/blog_6824d6f10100iltw.html 整理)

2.1.3.6 可检验性和可控制性

利用互联网进行网上市场调研收集信息,可以有效地对采集信息的质量实施系统的检验和控制。这是因为:第一,网上市场调研问卷的设计比较规范,可以附加全面规范的指标解释,有利于消除因对指标理解不清或调研员解释口径不一而造成的调研偏差;第二,问卷的复核检验由计算机依据设定的检验条件和控制措施自动实施,可以有效地保证对调研问卷百分之百地复核检验,保证检验与控制的客观公正性;第三,通过对被调研者的身份验证技术可以有效地防止信息采集过程中的舞弊行为。

2.1.3.7 统计的准确性和保密性

在调研信息的处理上,网上调研省去额外的编码录入环节,被调研者直接通过互联网将信息以电子格式输入数据库,从而减少数据录入过程中的遗漏或偏误,保证了数据的准确性。另外,网络调研使用匿名提交的方法,因此比其他传统的调研方法拥有更加彻底的保密性能。

2.1.3.8 调研对象的局限性

网上调研,顾名思义,是在互联网上开展的调研活动,因此,被访者必须是网络使用者,而不是普通大众。这样一来,网上调研只能围绕网络使用者这一群体来开展,很少涉及其他的群体,况且目前上网的消费者人数不是很多,这意味着被调研对象的规模不大,而且上网者是一个高收入、城市化和高学历的群体,难以具有真正的代表性。因此,网上调研受网上受众特征的限制,其调研结果一般只反映网民中对特定问题有兴趣的"舆论积极分子"的意见,它所能代表的群体可能是有限的。所以,网上调研要看具体的调研项目和被调研者群体的定位,如果被调研对象规模不够大,就意味着不适合在网上进行调研。因此,就目前而言,只有部分行业的商品适于网上调研。例如,目前家庭主妇上网率很低,所以洗衣粉一类的家居日用品就不适合在网上调研。

2.1.3.9 调研数据真伪难辨性

在传统的抽样调查中,样本特征的把握是确保信息有效的重要前提。然而,由于网上调研无需面对面地针对性接触,因此调研人员无法掌握被访者的特征。另外,被访者的填写态度也无法把握,因为没有任何压力和责任,很容易导致他在回答问题上的随意性,甚至还可能故弄玄虚,而且网上的调研对象来源具有不确定性,在调研过程中很难进行复核。并且,网上问卷没有数量限制,所以网上调研很可能出现"一人回答几份问卷"的现象,这些在数据处理中很难剔除,自然会影响到网上调研的有效性。因而,在一定程度上讲,网上调研不像传统方式那样容易判断答案的准确性,这需要在分析调查结果阶段根据所得到的数据加以论证分析,去伪存真。

2.1.4 网络市场调研的内容

网络市场调研的范围很广泛,概括起来主要包括五个方面,见图2-3。

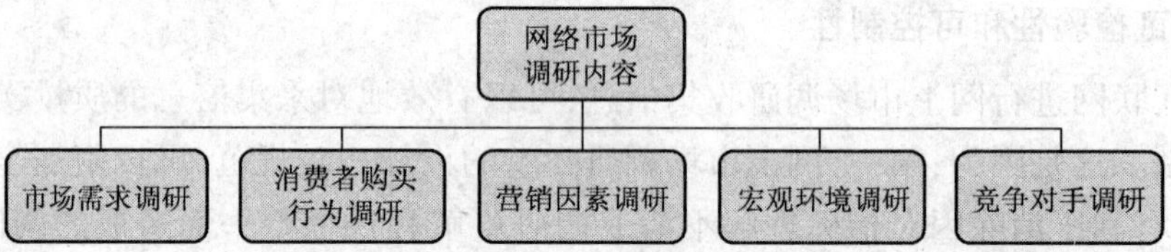

图2-3 网络市场调研内容

2.1.4.1 市场需求调研

市场需求调研的主要目的在于掌握市场需求量、市场规模、市场占有率,以及如何运用有效的经营策略和手段。其具体内容包括以下几方面。

(1)现有市场对某种产品的需求量和销售量。

(2)市场潜在需求量有多大,也就是某种产品在市场上可能达到的最大需求量有多少。

(3)不同的市场对某种产品的需求情况,以及各个市场的饱和点及潜在的能力。

(4)本企业的产品在整个市场以及不同市场的占有率,哪些市场对企业最有利。

(5)分析研究市场的进入策略和时间策略,从中选择和掌握最有利的市场机会。

(6)分析研究国内外市场的变化动态及未来的发展趋势,便于企业制定长期规划等。

目前互联网上可以收集市场行情信息的网站有:①实时行情信息网,如股票和期货市场(如:中公网证券信息港,http://www.cis.com.cn);②专业产品商情信息网(如:慧聪计算机商情网,http://www.hcinfo.com.cn);③综合类信息网(如:中国市场商情信息网 http://www.bre392.com.cn)。

2.1.4.2 消费者购买行为的调研

消费者购买行为研究的方向和内容主要包括:

(1)消费者的家庭、所属地区、经济收支等基本情况,以及变动情况和发展趋势。

(2)社会的政治、经济、文化教育等发展情况,对消费者的需求将会发生什么影响和变化。

(3)不同地区和不同民族的消费者,他们的生活习惯和生活方式有何不同,有哪些不同需求?

(4)了解消费者的购买动机,包括理智动机、感情动机和偏爱动机。

(5)研究消费者对特定的商标或特定的商店产生偏爱的原因;

(6)具体分析谁是购买商品的决定者、使用者和具体执行者,以及他们之间的相互关系。

(7)了解消费者喜欢在何时、何地购买,他们购买的习惯和方式,以及他们的反应和要求。

(8)了解消费者对某种产品的使用次数,每次购买的单位数量以及对该产品的态度。

(9)调研某新产品进入市场,哪些消费者最先购买,其原因和反应情况。

(10)对潜在的消费者的发现和调研等。

通过互联网了解消费者的购买行为,主要采用网络直接调研方法来实现。

2.1.4.3 营销因素调研

(1)产品的调研。调研企业现有产品处在产品生命周期的哪个阶段,应当采取的产品策略;调研产品的设计和包装;产品应采用的原料和制造技巧,以及产品的保养和售后服务等。

(2)价格调研。价格对产品的销售量和企业赢利的大小都有着重要的影响。价格调研的内容包括:有哪些因素影响产品价格;企业产品的价格策略是否合理;产品的价格是否为广大消费者所接受;价格弹性系数如何等。

(3)分销渠道的调研。其内容包括:企业现有的销售力量是否适应需要,如何进一步培训和增强销售力量;现有的销售渠道是否合理,如何正确地选择和扩大销售渠道;减少中间环节,以利于扩大销售,提高经济效益等。

(4)广告策略的调研。其内容包括:如何运用广告宣传作为推销商品的重要手段,以及正确地选择各种广告媒介;如何制定广告预算,怎样才能以较少的广告费用取得较好的广告效果;了解广告的接收率及广告推销效果,以评估广告效果,确定今后的广告策略等。

(5)促销策略调研。其内容包括:如何正确地运用促销手段,以达到刺激消费,创造需求,吸引用户竞相购买;对企业促销的目标市场进行选择研究;企业促销策略是否合理,效果如何,是否被广大用户接受等。

2.1.4.4 宏观环境调研

调研的主要内容包括对政治法律环境、经济环境、社会文化环境、科学技术环境、自然地理环境的研究。任何营销组织都处于这些宏观环境之中,不可避免要受其影响和制约。

宏观环境信息的获得有利于企业从全局的角度、从战略的高度考虑问题。对于政治信息可以通过一些政府网站（如中国政府门户网 http://www.gov.cn）和一些互联网内容提供商站点来查找；对于其他宏观环境信息，可以通过图书馆（如清华大学图书馆 http://www.lib.tsinghua.edu.cn）的电子版图书来查找。查找时，可以先利用搜索引擎找出图书馆的站点，然后通过图书馆站点的搜索功能查找有关信息。

2.1.4.5 竞争对手调研

在竞争如此激烈的当今社会，企业要在竞争中取胜，必须知己知彼。因此，每个企业都应充分地掌握并分析同行业竞争者的各方面情况，认真地分析自身的优势和不足，学会扬长避短，发挥优势竞争。其调研的主要内容包括：

(1)市场上的主要竞争对手及其市场占有率情况。

(2)竞争对手在经营、产品技术等方面的特点。

(3)竞争对手的产品、新产品水平及其发展情况。

(4)竞争者的分销渠道、产品价格策略、广告策略、销售推广策略等情况。

(5)竞争者的服务水平等。

收集互联网上竞争对手信息的主要途径有这样几方面：①访问竞争对手的网站。市场调研人员通过互联网进入竞争者的站点，查询面向公众的所有信息，如竞争企业的历史、企业结构、企业的简讯、企业决策层的个人简历、产品系列信息、有关年度评价报告、企业目前正在公开招聘哪些职位、营销措施等。②收集竞争对手网上发布的信息。③从其他网上媒体获取竞争对手的信息，如网络电子版报纸等。④从有关新闻组和 BBS 中获取竞争对手的信息。例如，微软为提防 Linux 操作系统对 Windows 的挑战，就经常访问有关 Linux 的 BBS 和新闻组站点，以获取最新资料，以至于有人发现 Linux 的 BBS 站点访问次数最多的访问者居然来自微软！

通过分析竞争对手的有关动态信息，从而准确把握行业竞争趋势，做到知己知彼。

2.1.5 网络市场调研的步骤

网络市场调研与传统市场调研一样，应遵循一定的步骤，以保证调研过程的质量。企业进行网络市场调研一般需要经过以下几步，如图 2-4 所示。

2.1.5.1 明确问题和确定调研目标

为保证网络调研的成功和有效，首先要明确所要调研的问题，对问题的界定既不要太宽，也不要过于狭窄。将问题的范围定得太宽，会造成所收集的有些信息根本没有用途，浪费精力，也浪费其他资源；将问题的范围定得太窄，则可能漏掉一些重要信息，造成调研结果的不可靠或错误，导致企业据此作出错误的网络营销决策。

问题界定之后，基于所要调研的问题，提出特定的网络调研目标。网络调研目标随着问题的不同而不同，一般有三大类：收集调研问题的初步资料，以进一步确定问题和建立假设；描述目标市场的实际情况；论证有关营销问题的因果关系等。实际工作中应依据问题的性质、类型、范围等因素提出具体明确的调研目标。例如：谁有可能想在网上使

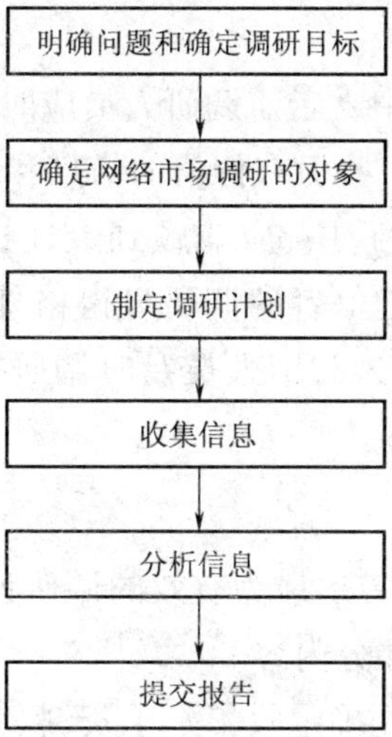

图 2-4　网络市场调研的步骤

用你的产品或服务？谁是最有可能要买你提供的产品或服务的客户？在你从事的这个行业，谁已经开始利用网络资源？他们是怎么做的？你的客户对你的竞争者印象如何？在公司日常的运作中，可能要受哪些法律、法规的约束？如何规避？顾客如何评价企业所提供的产品与服务？访问者如何评价企业网站？企业网站的邮件订阅者是否对企业邮件服务满意？企业产品的潜在顾客群是否对本企业的新产品感兴趣？在确定网络调研目标时，需要考虑的是被调研对象是否上网，网民中是否存在着被调研群体，规模有多大等。只有网民中的有效调研对象足够多时，网络调研才可能得出有效结论。

2.1.5.2　确定网络市场调研的对象

为了有效地达到调研目的，要确定合适的调研对象，即调研活动的接受者。一般来说，网络市场调研的对象可分为以下三类。

(1)企业产品的消费者。众所周知，企业只有满足了消费者的购买欲望和需求，才能赢得市场并获得相应的利益。消费者在网上购物必然要访问企业的站点，利用企业首页所提供的分类、目录或搜索引擎工具，浏览商品的说明、功能、价格、付款方式、送货与退货条件、售后服务等信息。企业市场调研人员通过互联网跟踪消费者，了解他们对企业的意见和建议。

人口统计分析是市场调研的一个重要内容，目前互联网上出现一项人口统计技术即目标对象识别法(Target Audience Identification)。这种技术能在被应用的站点上跟踪调查访问者，从而有助于网络调研人员及时、准确地对访问企业站点的人数进行统计，进而分析顾客的分布范围和潜在消费市场的区域，以此制定相应的网络营销战略和决策。

(2)企业的竞争者。现有企业之间的竞争、新竞争者的加入与替代品的出现形成主要的行业竞争力，它们之间相互影响，相互制约。通过对行业竞争力的分析，可以了解本企业在行业中所处的地位、所具有的竞争优势与不足，以便企业制定战胜各种竞争对手的对策。

(3)企业合作者和行业内的中立者。调研人员应时常关注企业合作者和行业内中立者的网站，这些企业可能会提供一些极有价值的信息和评估分析报告。

营销人员在网络市场调研过程中，应兼顾到上述这三类对象，但也必须有所侧重。特别在市场激烈竞争的今天，对竞争者的调研显得格外重要，竞争者的一举一动都应引起营销人员的高度重视。互联网为营销人员及时调研提供了方便，因此，要充分利用互联网，随时掌握有关的信息和资料。

2.1.5.3 制定调研计划

网络市场调研的第三步是制定出最为有效的调研计划，包括资料来源、调查方法、调查手段、抽样方案和联系方法五部分内容。

(1)资料来源。市场调研首先确定收集一手资料(原始资料)还是二手资料，或者两者都要。在互联网上，利用搜索引擎、网上营销和网上市场调查网站，可以方便地收集各种一手和二手资料。

(2)调研方法。网络市场调研可以使用专题讨论法、问卷调研法和实验法等。

(3)调研手段。网络市场调研可以采取在线问卷和软件系统两种方式进行。在线问卷制作简单，分发迅速，回收也方便，但须遵循一定的原则。软件系统有两种：一种是采用交互式计算机辅助电话访谈系统(CATI)，它是利用一种软件语言程序在计算机辅助电话访谈的基础上设计问卷结构并在网上进行传输。互联网服务器直接与数据库连接，对收集到的被访者答案直接进行储存。交互式 CATI 系统能够对于 CATI 进行良好抽样及对 CATI 程序进行管理，而且还能建立良好的跳问模式和修改被访问者答案。他们能够当场对数据进行认证，对不合理数据要求重新输入。交互式 CATI 系统为网上 CATI 调研的使用者提供了一个方便的工具，而且，支持问卷程序的再使用。另一种是网络调研软件系统，它是专门为网络调研设计的问卷链接及传输软件。它包括整体问卷设计、网络服务器、数据库和数据传输程序。如，上海库思信息技术有限公司的 QQS 在线调研系统。

(4)抽样方案。抽样方案要确定抽样单位、样本规模和抽样程序。抽样单位是确定抽样的目标总体；样本规模的大小涉及调查结果的可靠性，样本需足够多，必须包括目标总体范围内所发现的各种类型样本；在抽样程序选择上，为了得到有代表性的样本，应采用概率抽样的方法，这样可以算出抽样误差的置信度。当概率抽样的成本过高或时间过长时，可用非概率抽样方法替代。

(5)联系方法。这是指以何种方式接触调研的主体，网络市场调研采取网上交流的形式，如 E-mail 传输问卷，参加网上讨论等。

2.1.5.4 搜集信息

信息搜集的过程是网络市场调研计划的执行过程，相比较而言，这一过程是最易出问题、花费较多的一个环节，因此，对这一过程中的组织实施必须进行认真管理。

在使用网络信息检索法收集信息时,要注意选择合适的搜索引擎,充分利用索引搜索引擎,并使用布尔操作符、引号或括号、通配符优化检索过程。同时,要确定适用的信息服务(要考虑信息的来源、信息服务所发布信息的更新速度、信息传输方式、网络上分享信息或打印信息有无特殊规定等问题),以确保检索到的信息符合调研要求。

使用其他网络市场调研方法收集信息,要考虑问卷的合理设计、被调研者的个人隐私保护、减少无回答误差、提高受众参与的积极性、对代表性差的样本的过滤、被调研者身份的验证等一系列问题,努力提高所搜集到信息的质量。

2.1.5.5 分析信息

信息搜集结束后,接下来的工作是信息分析。信息的加工和分析是一个信息再创造的过程。对经过分类整理的信息资料,要运用各种方法进行分析研究,以掌握网络市场营销活动的动向和发展变化趋势,探索解决问题的措施和方法。信息分析的能力相当重要,因为很多竞争者都可从一些知名的商业站点看到同样的信息。调研人员如何从搜集的数据中提炼出与调研目标相关的信息,并在此基础上对有价值的信息迅速作出反应,这是把握商机战胜竞争对手,取得经营成果的一个制胜法宝。利用互联网,企业在获取商情和处理商务的速度方面的优势是传统商业无法比拟的。

信息分析的方式主要有两种:一是人工分析;二是机器分析。人工分析是由人脑,包括专家或专家集团进行信息分析;机器分析是指采用计算机进行信息分析。目前国际上较为通用的分析软件有 SPSS、SAS 等,如 GIM 的市场调研分析器是首款桌面数据处理软件,能够通过该软件方便地获取实时信息。两种方式各有优劣,比如当网络调研中问卷使用的开放式问题较多时,就不宜用计算机进行全部统计分析,这时就需要借助人脑对统计分析结果进行进一步的补充分析,以得出更可靠的分析结果。当前信息分析较好的方法,是综合两种信息分析方法的优点,形成一种合理的人、机结合的“人—机”信息处理系统。

2.1.5.6 提交报告

对搜集到的信息进行分析,得出相应的分析结果后,还要根据网络市场调研项目的提出者或委托者的需要提交调研报告。调研报告是一项网络市场调研项目最终成果的主要表现形式,调研报告的填写是整个调研活动的最后一个阶段。调研报告的形式有多种,可以是书面形式或是口头形式,或是同时使用书面和口头形式,还可以是其他形式,如计算机软盘等。不论哪种形式,调研报告一般都应包括调研目标、调研问题、分析方法、研究的结论与建议等方面的内容,以供决策者参考。撰写调研报告时,不应把数据和资料简单地堆砌、罗列,而应坚持遵循客户导向(即重视市场调研报告特定的阅读者和使用者)、实事求是、突出重点、精心安排等要求,把与市场营销关键决策有关的主要调研结果写出来,以提高报告的针对性、适用性,从而提高其价值。目前,有的市场调研分析软件具有提交报告的功能,只要导入数据,点击相关菜单,即可完成从数据导入到报告的发布,如 GIM 的市场调研分析器。

2.2 网络市场调研的方法

目前网上采用的调研方法基本上可分为网络市场直接调研和网络市场间接调研两类。

2.2.1 网络市场直接调研

网络市场直接调研指的是为当前特定的目的在互联网上收集原始信息的过程。网络直接调研的突出特点是时效性和效率性很高,初步调研结果可在调研过程中得出,便于实时跟踪调研过程,分析深层次原因。同时,可以节省大量调研费用和人力,其费用主要集中在建立调研问卷网页的链接方面。不足之处是被调研对象难以控制和选择,不一定能满足调研样本要求,有时甚至可能出现样本重复、调研数据不真实,以及调研数据无法进行抽样核实等问题。因此,有效可靠的网络市场直接调研方法,还需要进一步从技术上、方法上和控制上进行完善。

2.2.1.1 网络市场直接调研的方式

(1)利用自己的网站。网站本身就是宣传媒体,如果企业网站已经拥有固定的访问者,完全可以利用自己的网站开展网上调研。这种方式要求企业的网站必须有调研及分析功能,对企业的技术要求比较高,访问量要求也比较高。优势是成本较低,且可以充分发挥网站的综合效益。

例如,电子商务培训网(www.dzswpx.com)关于"电子商务发展的最大障碍"的调研,就是将问卷放在网上,等待用户访问。又如 CNNIC 在历次"中国互联网络发展状况统计报告"调查过程中都与国内一些著名的 ISP、ICP,如新浪、搜狐、网易等设置调查问卷的网站链接。CNNIC 的第 23 次报告(2009 年 1 月)显示,CNNIC 在 2008 年 12 月进行的网上联机调查得到了国内众多知名网站、媒体的大力支持,许多知名网站均在主页为本次联机调查问卷设置了链接,本次网上联机调查共收到调查问卷 81 488 份,经筛选得到有效答卷 72 152 份。但这种方法适合于自身访问量较大的网站,否则会收获甚少。

(2)借用别人的网站。如果企业自己的网站还没有建好,可以利用别人的网站进行调研。企业制定调研内容及调研方式,将调研信息放入选定的网站,就可以实时在委托商的网站获取调研数据及分析信息,而不仅仅是获得最终调研报告。选择知名度高的站点进行问卷调研,由于其访问量大,则可以扩大调研面。同时,专业调查企业所具备的市场调查能力也将提高调研的效果。这种方式比较简单,企业不需要建设网站和进行技术准备,但必须花费一定费用。它对于那些名气不大、产品知名度不高、网站不引人注意的中小企业是一种有效的选择。

(3)混合型。如果企业网站已经建设好但还没有固定的访问者,可以在自己的网站调研,但同时与其他一些著名的ISP/ICP网站建立广告链接,以吸引访问者参与调研。这种方式是目前常用的方式,根据调研研究表明,传统的优势品牌并不一定是网上的优势品牌,因此它需要在网上重新发布广告吸引顾客访问网站。

例如,日本化妆品DHC,就在网易和百度上做了广告链接,问卷却放到自己的网站上,这样既可以达到调研的目的,同时还可以提高网站的访问量。

(4)E-mail型。这是目前比较流行的一种方式,又叫E-mail营销,就是直接向你的潜在客户发送调研问卷,这种方式比较简单直接,而且费用非常低廉。但要求企业必须积累有效的客户E-mail地址,而且顾客的反馈率一般不会很高。采取该方式时要注意是否会引起被调研对象的反感,最好是能提供一些奖品作为对被调研对象的答谢。为了解决这个问题,目前出现了很多在线付费调研网站,只要你用E-mail注册,调研者便将问卷发到你的邮箱,并根据问卷难易、长短给予一定的报酬,如深受用户信赖的许可邮件营销商E盟(www. e - meng. com. cn)。

(5)讨论组型。讨论组型指在相应的讨论组中发布问卷信息,或者发布调研题目,如网易对社会热点问题经常采用这种方式。这种方式与E-mail型一样,成本费用比较低廉而且是主动型的。但在将Web网站上的问卷在新闻组(Usenet News)、公告栏(BBS)或博客(Blog)论坛上发布信息时,要注意网上行为规范,调研的内容应与讨论组主题相关,否则可能会引起被调研对象的反感甚至是抗议,更有可能导致论坛人员的流失。

2.2.1.2 网络市场直接调研分类

(1)按照调研者组织调研样本的行为不同,网上调研可以分为主动调研法和被动调研法。主动调研法,即调研者主动组织调研样本,完成统计调研的方法。被动调研法,即调研者被动地等待调研样本造访,完成统计调研的方法,被动调研法的出现是统计调研的一种新情况。

(2)根据采用调研方法不同,可以分为专题讨论法、网上问卷调研法、E-mail问卷调研法、网上观察法和网上实验法。一般网上使用最多的是专题讨论法和网上问卷调研法。

其一,专题讨论法。专题讨论法通常通过Usenet、BBS或邮件列表讨论组进行。专题讨论的步骤如下:

- 确定要调研的目标市场。
- 识别目标市场中要加以调研的讨论组。
- 确定可以讨论或准备讨论的具体话题。
- 登录相应的讨论组,通过过滤系统发现有用的信息,或创建新的话题让大家讨论,从而获得有用的信息。

具体地说,目标市场的确定可根据Usenet、BBS或邮件列表讨论组的分层话题选择,也可向讨论组的参与者查询其他相关名录。还应注意查阅讨论组上的FAQ(常见问题解答),以便确定能否根据名录来进行市场调研。

其二,网上问卷调研法。网上问卷调研法是将问卷在网上发布,被调研对象通过互联网完成问卷调研。该方法将在本章第四节中详细介绍。

其三,E-mail 问卷调研法。E-mail 问卷调研法是通过 E-mail 方式将问卷发送给被调研者,被调研者完成后将结果通过 E-mail 返回。这种方式的好处是,可以有选择性地控制被调研者,缺点是容易遭到被访问者的反感,有侵犯个人隐私之嫌。因此,采用该方式时,首先应争取被访问者的同意,或者估计被访问者不会反感,并向被访问者提供一定补偿,如有奖回答或赠送小礼品,以降低被访问者的反感。

其四,网上观察法。网上观察法是指利用相关的网络软件,跟踪上网者在网上的活动。例如:访问者登录到企业的网页后,先点击的是什么内容,每次浏览的时间;在网上喜欢看什么商品,看商品的时候,最关心商品的哪些方面,是价格、服务、外形还是其他人对商品的评价;是否有就相关商品和企业进行沟通的愿望;等等。这些观察数据,对于企业更好地了解消费者,改进商品和服务以及网上广告的发布都是非常重要的。

其五,网上实验法。网上实验法是选择多个可比的主体组,分别赋予不同的实验方案,控制外部变量,并检查所观察到的差异是否具有统计上的显著性。这种方法与传统的市场调研所采用的原理是一致的,只是手段和内容有差别。可以在网上进行广告内容与形式的实验,看看哪种内容或者形式获得的点击率高,也可以就影响商品销售的其他相关因素进行实验,如商品的外形、包装、促销方式等。

(3)按网上调研采用的技术不同,可以分为站点法、电子邮件法、随机 IP 法和视讯会议法。

其一,站点法。该方法是将调研问卷设计成网页形式,附加在一个或几个网络站点的 Web 页上,由浏览这些站点的网上用户在此网页上回答调研问题的方法。站点法属于被动调研法,这是目前出现的网上调研的基本方法,也将成为近期网上调研的主要方法。

在那些访问率高的网站或自己的网站上设置调研专项网页,访问者按其个人兴趣,选择是否访问有关主题,且以在线方式直接在调研问卷上进行填写和选择,完成后提交调研表,调研即可完成。此方式所获得的调研对象属于该网页受众中的特殊兴趣群体,它可反映调研对象对所调研问题的态度,但不能就此推论一般网民的态度。调研专项所在网页的访问率越高,调研结果反映更大范围的上网人士意见的可能性也越大。因此,为了获取足够多的样本数量,一般设计的调研问卷网页都要与热门站点进行直接链接,如 CNNIC 的网上调研就与国内著名的站点进行链接。由于网上调研的数据可以直接保存到数据库中,调研对象在填写完调研表后,一般就能看到初步的调研结果。这种调研方式适用于对待某些问题的参考性态度研究。目前许多 Web 站点都通过设置调研专页,征询用户意见。

其二,电子邮件法。该方法是以较为完整的 E-mail 地址清单作为样本框,使用随机抽样的方法通过电子邮件发放问卷,并请调研对象以电子邮件反馈答卷。电子邮件法属于主动调研法,与传统邮件法相似,优点是邮件传送的时效性大大地提高了。这种调研方式较具定量价值。在样本框较为全面的情况下,可将调研结果用以推论研究总体,一般用于对特定群体网民的多方面的行为模式、消费规模、网络广告效果、网上消费者消费心理特征的研究。

其三,随机 IP 法。该法是以产生一批随机 IP 地址作为抽样样本的调研方法。随机 IP 法属于主动调研法,其理论基础是随机抽样。利用该方法可以进行纯随机抽样,也可以依据一定的标志排队进行分层抽样和分段抽样。

其四,视讯会议法。该法是基于 Web 的计算机辅助访问(Computer Assisted Web Interviewing,CAWI),是将分散在不同地域的被调查者通过互联网视讯会议功能虚拟地组织起来,在主持人的引导下讨论调研问题的调查方法,适合于对关键问题的调查研究。该方法属于主动调研法,其原理与传统调研法中的专家调查法相似,不同之处是参与调查的专家不必实际地聚集在一起,而是分散在任何可以连通互联网的地方,如家中、办公室等。因此,网上视频会议调查的组织比传统的专家调查法简单得多。

2.2.1.3 网上直接调研的注意事项

(1)信息采集的质量检控。对采集信息实施质量检控,可以采用“IP + 若干特征标志”的办法作为判断被调研者填表次数唯一性的检验条件。同时,在指标体系中所有可以肯定的逻辑关系和数量关系都应充分利用,列入质量检控程序。

(2)答谢被调研者。给予被调研者适当的奖励和答谢对于网上调研来说是十分必要的,这既有利于调动网上用户参与网上调研的积极性,又可以弥补因接受调研而附加到被调研者身上的费用(如网络使用费、市内电话费等)。答谢的有效办法是以身份证编号为依据进行计算机自动抽奖,获奖面可以适当大一点,但奖品价值可以尽量小一些。

(3)了解市场需求。设想自己就是顾客,从顾客的角度来了解他们的需求。您的调研对象可能是产品直接的购买者、提议者、使用者,应对他们进行具体的角色分析。

(4)网络直接调研的局限性。如果是有关具体产品的调研,往往需要采用详细调研的方式,调研时需要面对面进行访谈,这样得到的信息更准确,调研结果包含的多是关于“为什么”的问题,因此这种情况目前还不适合采用网上调研方法。

2.2.1.4 网络市场直接调研的技术

网上调研的实施涉及超文本、电子邮件、网上视频会议、模糊归类、网上用户身份检验、随机 IP 自动拨叫、数据接口、Java、ActiveX 或 Java Script 等计算机和网络技术。

2.2.2 网络市场间接调研

作为一种信息媒体,互联网所涵盖的信息远远超过任何传统媒体。对调研者来说,其中蕴藏着大量有价值的商业信息,如网上广告,以及企业、政府部门网站上所发布的需求信息和招商、招标信息等。这些需经编排、加工处理后才能成为有用的资料,称其为二手资料。网络市场间接调研所要进行的工作就是在网上收集、加工与处理分析这些二手资料,使其成为有价值的商业信息。因此,网络市场间接调研,又称二手资料的收集。与传统的二手资料的收集过程相比,借助网络收集资料速度快,信息容量大,足不出户便可以收集到世界各地的各方面资料,使得市场调研过程能够有效地缩短,增强调研活动的实效性。

2.2.2.1 **网上间接信息来源**

间接信息的来源包括企业内部信息源和企业外部信息源两个方面。与市场有关的企业内部信息源,主要是企业自己搜集、整理的市场信息、企业产品在市场销售的各种记录、档案材料和历史资料,如客户名称表、购货销货记录、推销员报告、客户和中间商的通信等。企业外部的市场信息源包括的范围极广,主要有www、Usenet、BBS、E-mail等,其中www是最主要的信息来源。在网上收集信息,一般是先通过搜索引擎查找有关站点的网址,然后访问所要查找信息的网站或网页。当然在收集资料的同时,也要注意资料的来源和可靠性。网上间接信息来源有以下几方面。

(1)本国政府机构网站。政府有关部门、国际贸易研究机构及设在各国的办事机构,通常可以较全面地搜集世界或所在国的市场信息资料。本国的对外贸易公司、外贸咨询公司等,也可提供较为详细、系统、专门化的国际市场信息资料。如,中国的政府门户网站是根据国务院常务会议的决定,于2006年1月1日正式开通。中国政府网的网址是http://www.gov.cn,现已开通中文简体版、中文繁体版和英文版。

(2)外国政府网站。世界各国政府都有相应的部门搜集国际市场资料,很多发达国家专设贸易资料服务机构,向发展中国家的出口企业提供部分或全部的市场营销信息资料。此外,每个国家的统计机关都定期发布各种系统的统计数字,一些国家的海关甚至可以提供比公布的数字更为详细的市场贸易和营销方面的资料,如美国政府网。

(3)图书馆。公共图书馆和大学图书馆,可以提供市场背景资料的文件和研究报告。最有价值的信息,往往来自附属于对外贸易部门的图书馆,这种图书馆能提供各种贸易统计数字、有关市场的产品、价格情况,以及国际市场分销渠道和中间商的基本的市场信息资料。目前资料较为齐全的图书馆有:清华大学图书馆、中国国家图书馆等。

(4)国际组织。国际组织有以下几类:

• 联合国(United Nations,网址http://www.UN.org/)。出版有关国际的和国别的贸易、工业和其他经济方面的统计资料,以及与市场发展问题有关的资料。

• 国际贸易中心(International Trade Center,网址http://www.ITC.org/)。提供特种产品的研究、各国市场介绍资料,还设有答复咨询的服务机构,专门提供由电子计算机处理的国际市场贸易方面的全面、完整、系统的资料。

• 国际货币基金组织(International Monetary Fund,网址http://www.IMF.org/)。出版有关各国和国际市场的外汇管理、贸易关系、贸易壁垒、各国对外贸易和财政经济发展情况等资料。

• 世界银行(World Bank,网址http://www.WorldBank.org/)。

• 世界贸易组织(World Trade Organization,网址http://www.WTO.org/)。

此外,一些国际性和地方性组织提供的信息资料,对了解特定地区或国际经济集团和经济贸易、市场发展、国际市场营销环境也是非常有用的。

(5)银行。许多国际性大银行都发行期刊,而且通常是一经索取就可以免费得到。

这些期刊上一般会有全国性的经济调查、商品评论,以及上面提及的有关资料等内容。这些资料有利于把握市场和各细分市场的营销环境。

(6)商情调研机构。这些机构除为委托人完成研究和咨询工作外,还定期发表市场报告和专题研究论文。

(7)相关企业。参与市场经营的各类企业是市场信息的重要来源之一。市场信息人员只要写信给这些企业的外联部门索取商品目录、产品资料、价目表、经销商、代理商、批发商和经纪人一览表或年度报告等,就可以得到有关竞争者的大量资料,了解竞争者的全貌和竞争环境。如,对于阿里巴巴而言,应多了解慧聪网、网盛科技等网站的相关内容,特别是最新技术,而慧聪网在网站结构上就模仿了阿里巴巴。

通过互联网访问相关企业或者组织机构的网站,企业可以很容易获取市场中许多信息和资料。因此,在网络信息时代,信息的获取不再是难事,困难的是如何在信息繁多的信息海洋中找出企业需要的有用的信息。

2013 年 7 月 17 日,中国互联网络信息中心(CNNIC)在北京发布第 32 次《中国互联网络发展状况统计报告》。报告显示,截至 2013 年 6 月底,我国网民规模达 5.91 亿,较 2012 年底增加 2 656 万人。互联网普及率为 44.1%,较 2012 年底提升了 2.0 个百分点。69.5%的网民通过台式电脑上网,相比 2012 年底下降了 1.1 个百分点;通过手机上网的网民比例为 78.5%,相比 2012 年底上升了 4.0 个百分点。2013 年 6 月,我国台式电脑上网网民比例继续下降,手机上网网民比例保持快速增长。我国域名总数为 1 470 万个,其中".CN"域名总数为 781 万,相比 2012 年底增长了 4.0 个百分点,占中国域名总数比例达到 53.1%;".中国"域名总数达到 27 万。中国网站总数升至 294 万个。

2.2.2.2 网络市场间接调研的方法

(1)利用搜索引擎收集资料。互联网虽有着海量的二手资料,但要找到自己需要的信息,必须注意以下两点。

第一,必须熟悉搜索引擎(Search Engine)的使用。搜索引擎是互联网上的一种网站,其功能是在网上主动搜索 Web 服务器的信息,将其自动索引,其索引内容存储于可供查询的大型数据库中。每个搜索引擎都提供一个良好的界面,当用户在查询栏中输入所需查找信息的关键字(Keyword),并按"Search"按钮(或其他类似的按钮)后,搜索引擎将在索引数据库中查找包含该关键字的所有信息,最后给出查询的结果,并且提供该信息的超级链接。目前,搜索引擎是互联网上使用最普遍的网络信息检索工具。在互联网上,无论需要什么样的信息,都可以求助搜索引擎。

第二,要选择方便适用的搜索引擎。不同的搜索引擎有各自的特点和相对的优势,选择哪一个搜索引擎,应根据企业市场调研的对象和内容而定。目前在网上 80% 的信息都是英文的,所以选择搜索引擎时最好区分一下是查中文信息还是外文信息。如果是中文信息,使用较多的中文搜索引擎有:百度(http://www.baidu.com)、谷歌(http://www.google.cn)、网易(http://www.163.com)、新浪(http://search.sina.com.cn)、搜狐(http://www.sohu.com)、中文雅虎(http://yahoo.com.cn);如果是外文信息,使用较多的搜索引擎有：Yahoo（http://www.yahoo.com）、Excite（http://www.excite.com）、Lycos（http://www.lycos.com）、Infoseek（http://www.infoseek.com）、AltaVista（http://www.altavista.com）

（2）访问相关的网站收集资料。这也是网上收集市场信息的一种重要途径。如果我们知道某一专题的信息主要集中在哪些网站，可直接访问这些网站获得所需资料。如想了解中国的农产品行情，访问中国农业网（http://www.chinaagri.com），可立即查到全国各地的农产品批发价格；想了解中国计算机市场行情，可订阅上海索易（http://www.soim.com/ezine）的网上刊物，免费了解计算机市场行情；另外可靠的人口统计资料对市场营销十分重要，对新企业尤其如此，如果想了解某一国家的人口统计资料，可直接访问该国政府的人口情报中心或人口调查局网站的数据库，如访问美国人口调查局网站的数据库，可获得有关美国市场的人口统计资料。

（3）利用相关的网上数据库收集资料。在互联网上，可以利用相关的网上数据库（即网络版的数据库）收集市场二手资料。网上数据库一般有免费和付费两种，互联网上有成千上万种免费数据库（题录和文摘居多），当然还有更多的付费数据库。在国外，市场调研用的商情数据库一般都是付费的。我国的数据库业近十年有较大发展，近几年也出现了几个网络版的数据库，但它们都是文献信息型数据库，如《中国期刊网》等。

（4）利用公告栏收集资料。BBS 就是在网上提供一个公开“场地”，任何人都可以在上面进行留言或发表意见和问题，也可以查看其他人的留言，好比在一个公共场所进行讨论一样，你可以随意参加也可以随意离开。在互联网日趋商业化的今天，能够吸引无数上网者的 BBS 当然也会成为商业活动的工具，如今网上有许多商用 BBS 站点，如网易 BBS 站点。另外还有一些网络服务机构在网站上开设了商务讨论区，如金桥信息网（http://www.jqcq.com）和中国黄页供求热线等。

（5）利用新闻组收集资料。新闻组就是一个基于网络的计算机组合，这些计算机可以交换以一个或多个可识别标签标志的文章（或称之为消息），一般称做 Usenet 或 Newsgroup。由于新闻组使用方便，内容广泛，并且可以精确地对使用者进行分类（按兴趣爱好及类别），其中包含的各种不同类别的主题已经涵盖了人类社会所能涉及的所有内容，如科学技术、人文社会、地理历史、休闲娱乐等等。使用新闻组的人主要是为了从中获得免费的信息，或相互交换免费的信息。同我们常说的 BBS 相比，新闻组最大的优点在于它可以使用各种格式的附件，就像我们常用的电子邮件一样。要阅读互联网上的新闻组，我们需要一个新闻阅读器。微软公司的“Outlook Express”和网景的“Netscape 共同讨论”都是很好的新闻阅读器。

（6）利用 E-mail 收集资料。E-mail 是互联网上使用最广泛的通信方式，它不但费用低廉，而且使用方便快捷，最受用户欢迎，许多用户上网主要是为收发 E-mail 信件。目前许多 ICP 和传统媒体，以及一些企业都利用 E-mail 发布信息。一些传统的媒体公司和企业，为保持与用户的沟通，也定期给公司用户发送 E-mail，发布公司的最新动态和有关产品服务信息。因此，通过 E-mail 收集信息是最快捷有效的渠道，收集资料时只需要到有关网站进行注册,之后等着接收 E-mail 就可以了。如,阿里巴巴常给高校老师发送公司最新资讯。目前有很多邮件列表用户就通过注册 E-mail 来接收自己感兴趣的内容。

2.3 网络市场调研的策略

网络市场调研的目的是收集网上的购物者和潜在顾客的信息,充分利用网络调研的优势,加强与消费者的沟通、理解并建立友谊,改善营销并更好地服务于顾客。而要达到这一目的的前提是让更多的顾客访问企业的站点。为使更多的消费者访问企业站点并乐于接受企业的调研询问,善意而又真实地发回反馈信息,市场调研人员必须研究调研的策略,以充分发挥网络调研的优越性,提高网络调研的质量。网络市场调研的策略主要包括以下几个方面。

2.3.1 充分利用数据库资料

数据库包含了大量的信息,经常应用于网上的市场调研。调研人员通过提供适合大众趣味或者有关行业的数据库来吸引顾客访问公司主页,还可利用数据库来获得有关产品、顾客支持的信息和其他市场营销信息。在网络市场调研中,调研人员一般通过以下两种方式来利用数据库。

2.3.1.1 充分利用网络上已有的数据库

在互联网上,营销人员可以将许多数据库链接到企业的网页上。这样不论谁访问过企业主页,他都可以进入已链接的数据库,营销人员必须查找适合企业需要的数据库,这就要选用适当的搜索引擎。Lycos、AltaVista 和 WebCrawler 都是常用的搜索引擎。营销人员应经常查看每个链接的数据库,保证数据库的及时与准确。

绝大多数站点的链接是随机性的,站点间没有互相接触和具体的协议。有时,如果链接上一个与你毫无利害关系的站点,你可能会付出许多无谓的劳动;如果链接上的站点是一个商业个性站点,你就会从中受益,即使支付费用也要试试。

2.3.1.2 充分利用企业数据库

一个提供信息及时、富有参考价值的数据库,无疑会吸引访问者链接。在设计企业主页时,应该提供到达数据的链接路径,以方便访问者查询。从目前来看,企业数据库主要有以下三种类型。

(1)基于浏览器的数据库。基于浏览器的数据库是企业最常用的数据库,它包括简单的文本文件和复杂的附有图表和格式化文本的主页。浏览器一般下载整个数据库文件来搜索目标对象。为了方便使用,这种数据库文件大小应该合理。如果数据库过大(超过 1MB),应该将它按照逻辑顺序分成几个部分,每个部分的开头附上内容提要,以方便访问者选择他们感兴趣的内容。

(2)链接型数据库。这种数据库一般使用HTML编辑器来建立。像其他文本文件一样,数据库文件能被写入链接,通过往数据库中写入链接,提供HTML文本格式和运用逻辑方式组织数据库原材料,就能创造高质量的数据库。因为数据随时都会改变,你可以提供链接到非HTML文本文件中,这样只需删除旧的文本文件,再用包含最新信息的文本文件来代表它。除了在文件开头部分实施链接到其他章节中外,还可以从这些章节重复链接至文件开头部分,或者链接至任何章节的开头部分,这种类型的数据库需要营销人员投入更多的时间和精力,但它对使用者而言是高效的。

(3)基于服务器的数据库。如果数据库需要包含的信息量非常巨大或者需要及时更换,最好的选择就是使用基于服务器的数据库。这种数据库使用HTML表单,不仅能够显示日常的主页信息,而且其中的文本盒还能允许使用者键入新信息,控制盒和按钮能使使用者作出选择。例如,使用一个有关产品系列的零售价格记录的数据库,可以用控制盒来引导访问者查看每个产品目录,输入待查看日期的范围。当访问者进入公司的数据库主页点击申请服务区时,网络服务器就会收到访问者发出的请求信息,服务器就会搜索访问者申请数据的区域,进而将搜索结果格式化传送至访问者所在的计算机上。为了安装、存储和保留这种数据库,需要和网络服务的有关提供者取得联系,达成协议。

以上论述了在网络上利用数据库的方式。调研人员必须熟练掌握使用数据库,才能从网络中获取大量有关的市场和产品信息,为调研做好充分准备。建立企业自己的数据库要花费企业大量的人力、物力和财力,因此,企业在条件不充分时,可以利用网络上已有的数据库。

2.3.2 识别访问者并激励其访问企业站点

传统市场调研,无论是普查、重点调查、典型调查,还是随机抽样调查、非随机抽样调查以及固定样本持续调查,尽管调查的范围不同,但对调研对象,如区域、职业、民族、年龄等都有一定的针对性,即对被调查对象的大体分类有一定的预期。而网络市场调研却没有空间和地域的范围,一切都是随机的,调研人员既无法预期谁是企业站点的访问者,也无法确定调研对象样本,即使是对于在网上购买企业产品的消费者,确知其身份、职业、性别、年龄等也是一个很复杂的问题。因此,网络市场调研的关键之一是如何鉴别并吸引更多的访问者,使他们有兴趣在企业站点上进行双向的网上交流。

2.3.2.1 利用E-mail或来客登记簿获得市场信息

E-mail和来客登记簿(guest book)是互联网上企业与顾客交流的重要工具与手段。E-mail可以附有HTML表单,访问者可在表单界面上点击相关主题并且填写附有收件人E-mail地址的有关信息,然后发回给企业。来客登记簿是让访问者填写并发回给企业的表单。通过E-mail和来客登记簿,不仅所有顾客均可以读到并了解企业的情况,而且市场营销调研人员可获得相关的市场信息。比如:在确定访问者的邮编后,就可以知道访问者所在的国家、地区、省市等地域分布范围;对访问者回复的信息进行分类统计,就可以进一步对市场进行细分，而市场细分是企业制定营销策略的重要依据之一。

2.3.2.2 科学地设计调研问卷

一个成功的调研问卷应具备两个功能：一是能将所调研的问题明确地传达给访问者；二是设法取得对方的合作，使访问者能给以真实、准确的回复。因此，设计的网络调研问卷应该主题明确、简洁明了，并且问题便于被调研者正确理解和回答，而且调研结果易于处理。在问卷设计内容中应体现出“您的意见对我们很重要”，让被调研者感觉到，填写调研表就好像帮助自己或关心自己的人，这样往往有助于提高问卷的回收率。

2.3.2.3 给访问者奖励以激发其参与调研的积极性

一般的网络访问者可能担心个人站点被侵犯而发回不准确的信息，为此企业可根据实际情况，给访问者一定的奖品或给访问者购买商品一定的折扣优惠，企业就可获得比较真实的访问者的姓名、住址和电子邮件地址等。同时，当访问者按要求回复调研问卷时，企业应对其进行公告，访问者会在个人计算机上收到证实企业收到问卷的公告牌，被公告的访问者在一定期间内还可进行抽奖等，如图 2－5 所示。

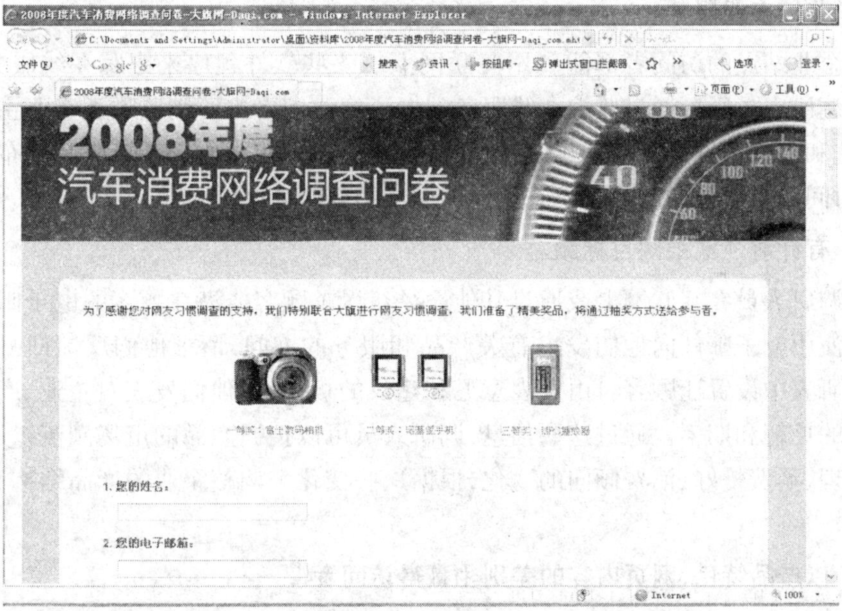

图 2－5　2008 年度汽车消费网络调查问卷

2.3.2.4 在网络上建立情感的纽带

Industry . Net(www. Industry. Net)是专门登载工业贸易信息的站点，这个站点提供大量免费的信息，并允许访问者下载软件，同时要求并鼓励访问者提供包括个人所在地域、单位、姓名、年龄、职业与职务及所在行业等的有关信息，这样就可掌握访问者的基本情况。企业市场调研人员同样可以采用这种策略。在企业站点上不只仅仅展示产品的图片、文字等，而且要有针对性地提供公众感兴趣的时装、音乐、电影、家庭乃至幽默等有关话题,以大量有价值的与企业产品相辅相成的信息和免费软件吸引大量的访问者,促使访问者乐于告诉你有关个人的真实情况。这样调研人员可以较方便地进入个人主页,逐步与访问者在网上建立友谊和感情的桥梁,达到网上市场调研的目的。

2.3.3 网站站点上的市场调研

市场调研人员在企业站点上进行网络调研应注意以下几个问题。

2.3.3.1 调整调研问卷内容组合以吸引访问者

与传统的市场调研问卷相比,网络调研的最大优势是可以极方便地随时调整、修改调研问卷上的内容,可以实现不同调研内容的组合,比如产品的性能、款式、价格、名称、广告页以及网络订购的程序、如何付款、如何配送产品等。因为不同时期、不同产品,访问者对其不同因素的兴趣不同,营销调研人员应通过不同因素组合的测试,分析判断何种因素组合对访问者是最重要、最关键、最有吸引力的,进而调整调研问卷的内容,使调研主页对访问者更具吸引力。

2.3.3.2 监控在线服务

所有企业站点的访问者都能利用互联网上的一些软件程序来跟踪在线服务,因此,企业营销调研人员则可通过监控在线服务掌握了解访问者主要浏览哪类企业主页、哪类产品、挑选和购买何种产品等基本情况,进而经过统计分析,对顾客的地域分布、产品偏好、购买时间以及行业内产品竞争态势作出初步的判断和估价。

2.3.3.3 有针对性地跟踪目标顾客

市场调研人员在互联网上或通过其他途径获得了顾客或潜在顾客的电子邮件地址,则可直接使用电子邮件向他们发出有关产品和服务的询问,请求他们反馈回复,也可以在电子调研表中设置让顾客自由发表意见和建议的板块,请他们发表对企业、产品、服务等各方面的见解和期望。通过这些信息,调研人员可以把握产品的市场潮流以及消费者的消费心理、消费爱好、消费倾向的变化,根据这些变化来调整企业的产品结构和市场营销策略。

2.3.3.4 以产品特色、网页内容的差别化赢得访问者

如果企业市场调研人员跟踪到访问者浏览过其他企业的站点,或阅读过有关杂志的产品广告主页,则应及时发送适当的信息给目标访问者,以使其充分注意到本企业站点的主页,对产品作进一步的比较和选择。例如,如果访问者刚浏览过同行业竞争企业的站点,则市场调研人员应及时作出差别化宣传,在企业站点的主页上着重描述本企业产品的特殊优势和服务特色,通过经营上的特色和差别化优势吸引访问者,使其尽可能在本企业站点上实现网上购买行为。

2.3.3.5 传统市场调研和电子邮件相结合

企业市场调研人员也可以在各种传播媒体上,如报纸、杂志或电视上刊登、播出相关

的调研问卷,并公告企业的 E-mail 和网址,让消费者通过 E-mail 回答所要调研的问题,以此收集市场信息。采用这种方法,调研的范围比较广,同时可以减少企业市场调研中相应的人力和物力消耗。

2.3.3.6 通过产品的网上竞卖掌握市场信息

企业可以通过网上竞卖活动推出新的产品。通过网上竞卖,企业市场调研人员可以了解消费者的倾向和心理,掌握有关的市场信息,并以此为依据对未来的市场趋势作出理性的分析与判断,从而制定相应的市场营销策略。

2.4 网络市场调研实务

2.4.1 网络问卷调研

2.4.1.1 网络问卷调研的方法

网络问卷调研法是目前最常见的一种网络调研方式,它是将问卷发布在网络上,被调研对象通过网络填写问卷,最后通过网络回收问卷完成调研的方法。根据所采用的技术,网络问卷调研的方法一般有两大类:一类是站点法,即将问卷放在网络站点上,由访问者自愿填写,它主要包括以下介绍的答卷式、动画式、游戏式几种;另一类方法是用 E-mail 将问卷发送给被调研者,被调研者完成问卷后再用 E-mail 回复。利用问卷调研是网上最流行、最方便的调研方式,它的结果比较客观、直接,目前从技术上已经实现,即使客户的信息需要加密也是容易实现的。但是,它对某些问题很难做到深入的调查和分析。

2.4.1.2 网络调研问卷的种类

(1)答卷式问卷调研。其中最重要的是制定网络问卷调研提纲。调研题目应先提出明确的要求,然后把这种要求具体化、条理化,这样就形成调研提纲。提纲是将调研者与被调研者结合沟通的工具。提纲往往由企业较高级的管理人员起草,对调研的目的、调研对象、问题、框架、时间、格式要求、奖品激励、期望调研的样本数量等加以详细制定。网站上修改调研问卷的内容非常容易。因此,可用不同的内容组合进行调研。

答卷式问卷调研往往是在本企业的网页上发布的,客户在访问该站点时便邀请他进行填写。它具有网络调研实现的方便性、客户填写的简洁性、随后计算机处理的简便性等特性。

(2)动画式(多媒体)问卷调研。多媒体和动画的加入使问卷调研生动得多,可以提高网络问卷的回收率,但受限于网络的传输速度。

(3)游戏式问卷调研。开展问卷调研时,特别希望能吸引住访客的注意力。而对于游戏或网络上的游戏,有许多访客很上心。如果问卷调研能设计成游戏式的,将是一种很好的创意。

2.4.1.3 网络调研问卷设计

(1)调研问卷设计的工作流程。网络市场调研是电子商务运作的一个重要环节,而网络问卷调研是网络市场调研中最有效并经常使用的一种方法。在网络调研问卷中,问卷设计是一个非常重要的环节,甚至决定着市场调研的成败。网络调研问卷设计是由一系列相关的工作过程所构成的,为使问卷具有科学性、规范性和可行性,一般可以参照以下工作程序进行。

第一步,明确网上市场调研目的、任务来源和限制条件。在接受网上问卷设计任务的时候首先要明确本次网上市场调研的目的,例如,是为新产品定价提供依据,还是为了解目前市场状况或者是分析调研对象的偏好情况;其次要了解任务的来源,是本单位的任务,还是客户委托的项目,了解他们的要求;再次要明确完成任务的时间限制、样本数量要求、资金限制、人员组成、合作伙伴等限制条件;最后要将上述资料用文本的方式记录下来。

第二步,确定数据收集方法。确定本次调研采用的方式是 E-mail 方式,还是在线调研方式、网站访问者随机调研方式或网上数据搜索方式等。

第三步,初步确定问卷的构成及编码方式。根据目的和要求初步确定调研的问题数目范围(一般 20 题以内)、回答方式(单选、多选、开放回答)、问题排序等,做到问卷结构合理清晰,语言流畅,描述清楚,避免歧义。问题回答的储存编码方式也要同时初步确定,便于后面的数据处理。

第四步,修改完善定稿。调研问卷初步完成后请主管领导修改,同时进行调试调研,请一些客户先行回答,再由数据处理部门提出意见,然后听取领导、调研对象、数据处理部门的修改意见,之后根据建议进行修改、最后定稿。大型调研活动的问卷可能要修改若干次。

第五步,审批。将调研问卷上报领导审批,同时提交一份调研问卷设计说明报告,简要介绍调研问卷的设计思想、问卷组织结构、设计过程与修改情况等。在得到上报领导书面批准后,结束问卷设计工作,转入调研实施阶段。

(2)调研问卷的设计应遵循的原则。

- 目的性原则。即询问的问题与调研主题密切相关,重点突出。
- 可接受性原则。即被调研者对于回复哪一项、是否回复有自己的自由,故问卷设计应容易让被调研者所接受。无论在东方还是西方国家,涉及有关个人问题,比如个人收入、家庭生活中比较敏感的问题时,被调研者一般不愿意回复。因此,涉及个人隐私的问题不应出现在调研问题中,以免引起被调研者的反感。
- 简明性原则。即询问的内容要简单扼要,使被调研者易读懂,而且回复内容简短省时。因此,调研问卷的设计应多采用二项选择法、顺位法、对比法等技巧,对调研问卷中问题答案的选项应给被调研者提供相应的信息,以便于回答。
- 匹配性原则。即要使被调研者回复的问题便于检查数据处理统计和分析,以提高市场调研效率。

(3)调研问卷的构成。一份完整的网上调研问卷通常包括如下几个部分:卷首语、问题指导语、问卷主体以及结束语。

• 卷首语。说明由谁执行此项调研,调研目的、意义何在。其主要功效是使被调研者感到正在进行的调研项目是合理、合法的,是值得他们花些时间和精力来认真填写的。卷首语虽然不是问卷的主体部分,但它的作用不容忽视,它可以消除顾虑,取得被调研者的信任,所以一定要注上明确的单位名称、地址、联系电话和网址等。

• 问题指导语(填表说明)。问题指导语是向被调研者解释怎样以及如何正确地填写问卷的语句。

• 问卷的主体。问卷主体包括问题和备选答案,是问卷的核心部分。问题的类型可以分为开放型和封闭型。网络市场调研中有的在线问卷,特别是 E-mail 问卷多采用封闭型问卷,即在提出问题的同时,给出备选的答案。封闭型问卷的优势非常明显,省时间、回收率较高、资料便于统计处理和进行定量的分析。

• 结束语。结束语一般再次向填写者所付出的时间和工作表示感谢和致意,并说明他们将如何获得奖金或礼品。此外注明公司的标志性信息(如公司名称、网站、联系方式),这是宣传公司形象的好机会。

(4)问卷问题的排列顺序。问卷中问题的设计要有清晰的思路,其排列要遵循一个符合逻辑的顺序。

• 调研中最需要知道的信息需要尽量放在问卷的前部分。如果被调研者在接受调研时,中途放弃完成调研问卷,至少能够获得你最想知道的那部分信息。

• 问题应先易后难。在调研问卷的开始安排几个相对简单的问题,使得被调研者能够完成整个问卷,不至于在问卷的开始就使得被调研者反感而拒绝完成整个调研问卷。

• 先封闭后开放。应把封闭问题放在前面,开放问题放在最后,让有时间和愿意配合的被调研者最后进行相应的文字说明。

• 同类问题放在一起。

(5)网络调研问卷设计要点。采用网上问卷调研时,问卷设计的质量直接影响到调研效果,因此,在设计调研问卷时应把握好以下几点。

• 卷首的说明。为了尊重被调研者,达到调研效果,必须说明调研目的。即需要有尊敬的称呼、填写者的受益情况、主办单位和感谢语,同时,如果问卷中涉及个人资料,应该有隐私保护说明,遵循网络规范和礼仪等内容,如图 2-6 所示。

• 明确调研目的和内容。在问卷设计中,必须明确调研目的和内容,这是问卷设计的前提和基础。市场调研的总体目的是为决策部门提供参考依据,具体目的可能是为了制定长远的战略性规划,也可能是为制定某阶段或针对某问题的具体政策或策略,在调研计划书中要对调研目的进行具体的细化和文字阐述并将其作为问卷设计的指导。调研的内容可以是涉及民众的意见、观念、习惯、行为和态度的任何问题;可以是抽象的观念,例如人们的理想、信念、价值观和人生观等等;也可以是具体的习惯或行为,例如人们接触媒介的习惯、对商品品牌的喜好、购物的习惯和行为等等。应该避免的是在调研内

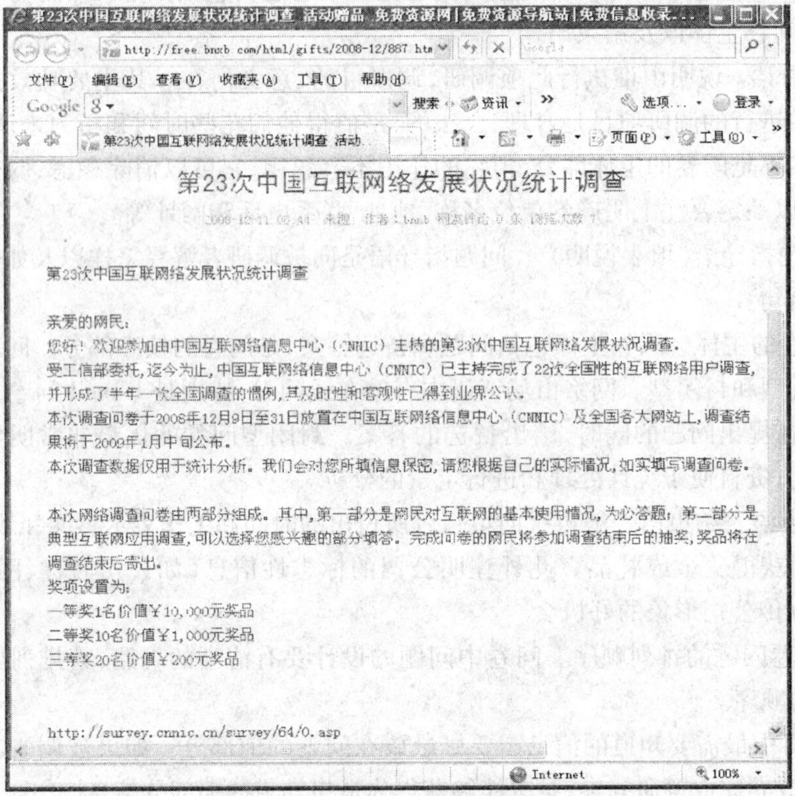

图 2－6 CNNIC 网络调查问卷

容上有使被调研人难以回答，或者是需要长久回忆而导致模糊不清的问题。

• 分析被调研人群特点，选择得当的语言措辞。问卷题目设计必须有针对性，对于不同层次的人群，在题目的选择上和语言措辞上都要有所区别。比如，面对家庭主妇做的调研，在语言上就必须尽量通俗，而对于文化水平较高的城市白领，在题目和语言的选择上就可以提高一定的层次。只有在这样的细节上综合考虑，调研才能够保证顺利进行。

• 考虑数据统计和分析是否易于操作。题目的设计必须是容易录入的，并且可以进行具体的数据分析，即使是主观性的题目在进行文本规范的时候也要具有很强的总结性。这样才能使整个环节更好地衔接起来。

• 问题数量适当、结构合理。问题的数量也是保证问卷调研成功的关键因素，一般人们往往不愿意接受一份繁杂冗长的问卷，所以一般问题不要超过 20 个，封闭问题给出备选答案，开放问题不要超过 3 个。在问题设计的时候要注意逻辑性，问题间不能产生矛盾的现象，尽量避免假设性问题，保证调研的真实性，为了使受调人员能够更容易回答问题，对封闭问题给出下拉列表或列出选择项，让受调人员一目了然，在填写的时候便于操作。

(6)调研问卷设计应该注意的问题。

• 问卷设计主题明确,问题力求简明扼要。调研的主题要明确、简洁,便于被调研者正确理解和回答。问卷不宜过长,可有可无的问题或者没有大多实际价值的资料无须出现在调研表中。

• 问题表述清晰易懂。问题应简洁易懂,定义清楚。因为在问卷中问题表达得越浅显清楚,受调研者愿意完成整个调研问卷的可能性也就越大。因此,所提问题应尽量用浅显易懂的表达方式,避免使用晦涩、纯商业以及幽默等容易引起人们误解或有歧义的语言,避免使用行业术语和缩写词,过于专业化的概念可能会使得被调研者不知该如何回答问卷上的问题。同时,要注意一个问题中应只包含一项内容,不能有双重主题,也就是不要把两种及以上的问题放在一个问题中,例如,"你认为这个网站是否易于浏览且有吸引力"这样的问题将使回答者在不完全肯定时无法选择,如果你想了解用户对该网站吸引力的评价,可以修改为单选题"您认为这个网站:非常有吸引力、有吸引力、一般、没有吸引力",提供 4 ~ 5 个选项让被调研者选择。

• 调研内容不能过多。一般建议在 20 个问题以内,回答时间在 10 分钟到 15 分钟以内,否则受调人员会出现失去兴趣、注意力分散等情况,影响调研结果。

• 避免建立在假设前提基础上的问题。比如说,不应该撰写这样的问题:"你家的电视机是 TCL 牌还是康佳牌?"这样的问题建立在被调研者有 TCL 牌或康佳牌电视的前提基础上,而忽略了如果被调研人家中并没有这两种电视的可能性。

• 所提问题不应有偏见或误导,不要诱导人们回答。比如说,不应该撰写这样的问题:"在我们的调研中发现许多访问者更愿意购买诺基亚手机,您喜欢哪一种品牌的手机?"这样的问题显然对被调研者有明显的误导作用。同样,也不要采用让人们按照提问者一开始就定下的思路回答的方法。比如,当听到"这种酒很润口吧"的提问时,回答者往往会带着润口的想法而去尝尝,并回答说"是",在此场合,不如问"这种酒是润口还是辛辣"为好。

• 在问卷中多采用封闭式提问法。提问分为封闭式提问法和开放式提问法两种形式。封闭式提问法即在提问的同时给出答案,供被调研者选择,这种类型的问题由于其简单、容易回答而受到了被调研者的欢迎。开放式提问法即提出问题后由被调研者自由回答,这种类型的问题一般被调研者很少能耐心将其回答完。绝大多数的被调研者都倾向回答多项选择题,而不是那些需要进行文字回答的问题。在使用多项选择问题时,也有些小技巧,比如在多项选择题中增加"其他"选项,这让被调研者可以填写你在设计问题时没有想到的内容。

• 问题应是能在记忆范围内回答的。当看到"你一年前购买的蛋黄酱(用蛋黄、橄榄油和柠檬汁等制成)是哪一家生产商的产品"的提问时,恐怕大多数人都不会记得。所以,必须尽力避免一般被认为超出回答者记忆范围的提问。

• 提问的意思和范围必须明确。当看到"最近你从这家电器商店购买了什么家电产品"的提问时,首先使回答者感到不明确的是"最近"是指什么时间段。在此场合,应明确时间段,如“3 个月之内”等。

• 避免引起人们反感或很偏的问题。必须避免提起人们反感的问题,也不要提很偏的问题,只有回答者能够给予冷静的判断和回答的问题,才能得到有效的调研结果。

• 调研表中的所有问题都应设计得能够得到精确答案。要明确通过调研要达到什么目的,所有问题要围绕主题展开。

2.4.1.4 网络调研问卷的投放与回收

在传统市场调研中,调研问卷的投放和回收是一项工作量巨大的工作,占用大量人力,而且效率比较低,网络市场调研则要方便得多,它只需要把问卷传送到自己或别人的网站上,等待访问者填写问卷,也可以通过 E-mail 发给被调研者。只要网站具有在线调研所需要的功能,就不需要等到调研和问卷统计结束即可了解调研表中的动态结果。调研结束,全部的统计结果也随之完成,无需用人工方式对大量调研问卷进行统计,从而避免统计过程中的一些人为错误,减少了数据处理的误差。

从功能上说,网络调研问卷的投放非常简单,在实际应用中,调研问卷的投放不仅仅要考虑在网站上发布,而且还要考虑更多的因素。为了保证网上调查的质量,在调研问卷的投放和回收过程中应对下列几个方面给予必要的重视。

(1)调研问卷发布之后应进行必要的宣传。将一份调研问卷发布在网站之后,并不一定马上就会受到很大关注,尤其是访问量比较少的网站,为了获得尽可能多的用户参与调研,有必要对调研进行一定的宣传,如在网站显著位置发布消息,通过会员通信做一定的宣传等。如果希望在短期内获得尽可能多的用户参与,还可以利用一些外部网络营销资源,如在访问量大的网站发布网络广告、利用专业服务商的邮件列表直接向用户发送问卷等。

(2)对调研数据进行备份。网络调研一般需要几天甚至几个月的时间,随着调研的开展,获得的调研资料逐渐增加,在这个过程中,需要对这些资料给予备份,以免发生意外出现数据丢失。备份时可根据实际情况决定备份周期,如果参与人数较多,可以每天备份一次,反之则可以适当放宽备份资料的周期。

2.4.1.5 提高网络调研问卷质量的方法

(1)合理设置奖项。作为补偿或者刺激参与者积极性,问卷调研机构一般都会提供一定的奖励措施,如提供奖品或者抽奖机会。这样同一个用户多次填写调研表的现象常有发生,即使在技术上给予一定的限制条件,但也很难杜绝。因此,合理设置奖项有助于减少不真实的问卷。

(2)尽量减少无效问卷。在填写调研问卷过程中,被调研者可能会有意无意地遗漏一些信息,可以设计相应的软件程序,确定被调研者是否正确填写了调研问卷。如果被调研者遗漏了一些内容,程序会要求被调研者重新填写或提醒被调研者对遗漏的项目及明显超出正常范围的内容进行更改,从而在一定程度上减少了无效问卷。在调研过程中,还可能会出现一些意外情况,如发现同一用户的多次提交、因为调研系统功能不正常造成无法提交调研问卷等，通过网络问卷调研的后台管理系统对调研进展进行跟踪分析，便于及早发现问题，及时处理无效问卷。另外，可采取技术分析手段排除不合格答卷，如对有疑义的答卷回访，对一定时间间隔内来自同一 IP 地址的答卷只算一份答卷，以保证调研的客观性，提高调研的质量。

(3)尽量降低样本分布不均衡的影响。样本分布不均衡表现在用户的年龄、职业、教育程度、用户地理分布以及不同网站的特定用户群体等方面，因此，在进行市场调研时要对网站用户结构有一定的了解，尤其是在样本数量不是很大的情况下。要保证被调研样本的代表性，让更多的人知道并参与此项调研，可以通过各种广告宣传方式，如单独在搜索引擎中注册调研网页，在著名站点上建立链接，在网上公告栏发布消息，或在传统媒体上做广告等。

(4)公布保护个人信息声明。无论哪个国家，一般的网络访问者对个人信息都有不同程度的自我保护意识，因此，在进行网络问卷调研时，让访问者了解调研目的并且确信个人信息将会被严格保密，不会被公开或用于其他任何场合，从而使被调研者在回答尴尬问题和隐私问题时打消顾虑，从容应答。

【小链接】

“绿色邮箱”网络调查问卷

一年来，中国的电子邮件服务业在垃圾邮件治理和电子邮件业务的发展中继续走向成熟，电子邮箱产品从服务质量、拦截能力和环境清洁程度上都有所提高。为了进一步提高广大电子服务提供商改进产品的积极性，特此举办“绿色邮箱”评选活动。我们对市场上的各种邮箱产品进行综合评测，同时结合产品使用者的调查结果，评选出符合要求的“绿色邮箱”，并授牌同时推广。

此项调查绝对保证不会向有关的邮件服务商和其他单位或个人披露电子邮件地址，只收集总结统计性的数据。欢迎广大用户行使自己的权利和义务，对您正在享用的电子邮件服务作出评价。

此活动由中国互联网协会主办、中国互联网协会反垃圾邮件工作委员会和反垃圾邮件中心承办。

请填上您曾经使用过的邮箱，并对它进行评测：免费邮箱　收费邮箱　企业邮箱

你的邮箱：(例：mary@ anti - spam. cn 完整填写)

答题说明：

(每题有 1 ~ 5 个选项，1 代表 1 分，2 代表 2 分，3 代表 3 分，4 代表 4 分，5 代表 5 分。)

(1) 您认为所用邮件系统的稳定性。

(等级说明：1——非常不稳定，经常出毛病，5——非常稳定，从不出问题)

1 2 3 4 5

(2)收发信速度。

(等级说明:1——非常慢,通常花半天时间,5——非常快,很快能操作我的邮件)

1 2 3 4 5

(3)收发信成功率。

(等级说明:1——非常低,经常搞丢,5——非常高,收发自如)

1 2 3 4 5

(4)防毒服务。

(等级说明:1——非常低,很多病毒都漏掉查不出,5——非常高,病毒休想混进我的邮箱)

1 2 3 4 5

(5)防垃圾邮件服务。

(等级说明:1——非常低,每天收到垃圾邮件10封以上,5——非常高,想看些垃圾邮件也没有)

1 2 3 4 5

2.4.2 网络市场调研实务

实务是指在实践中的具体运用,网络市场调研实务是指企业市场调研在网络上的具体体现。为了体现这一点,用以下两个案例来说明。

2.4.2.1 3Com 的网络民意调查——“星球项目”①

如果你在热闹的街头,或在偏远的乡村被一群“装备精良”的人喊住时,你千万不要错过这个难得的机遇,因为通过他们提供的台式电脑、便携式电脑、PDA、无线调制解调器、蜂窝甚至卫星电话等,你可以即时上网与世界各地的人交换不同的观点和看法。

据称这场名为“Planet Project(星球项目)”的大型网络民意调查将有包括中文、英文、法文、德文、意大利文、日文、葡萄牙文和西班牙文在内的八种语言供人们选择。为确保这项活动成为一个真正的全球性项目,活动的主办者3Com公司还召集2 500多名民意调查员,用最先进的网络设备向全球90多个国家数以百万计的能连接上网和未能连接上网的居民进行调查。调查活动所得的一切数据资料,都即时传送到3Com美国总部的指挥中心和数据中心,53部服务器将24小时运作处理民意调查的结果。因此从新加坡到慕尼黑,从柏林到圣保罗,从亚马逊热带雨林到喜马拉雅山脉……不同肤色的人都可以在网上分享彼此的见解和信念。

3Com中国区总裁邓元告诉记者,Planet Project将为华东这个人口最多、经济最发达的地区提供一个让世界更多人了解她的窗口,从而更增添人们对华东的关注。同时3Com中国公司还特地在此次调查中推出“心连心”中国东西部中学生网上交流活动,届

① 资料来源:《计算机世界》

时,上海、北京、广州、乌鲁木齐、兰州、银川等城市的近千名学生将通过互联网进行互动式交流,增进彼此的了解,缩小彼此的差距。邓元表示,互联网与数字技术的发展促进了中国经济的增长,但也进一步扩大了中国东西部之间的差距,这就是世界上普遍存在的"数字鸿沟"。作为第一家进入中国市场的网络系统供应商,3Com 一直致力于为中国政府、教育机构和用户提供简单易用的联网方案和网络设备产品,从而帮助不同的地区缩小发展差异,弥合数字鸿沟。

主办公司 3Com 通过此次活动,实现了全球对话的初衷。星球项目的"即时比较"功能尤其引起人们极其浓厚的兴趣:参加者可以就其中一个模块中的任何问题,依据地理、性别和年龄等标准,将自己的答案与相隔万里、具有截然不同文化和社会背景的人们的答案进行即时比较。调查结果揭示出了一些有趣的文化差异,如中国人对"以眼还眼、以牙还牙"的惩戒制度的认可度高居世界榜首,中国人对于外在形象的关注程度远远低于美国人,可能意味着中国人更加注意内在涵养。

本次活动的中文网站是:www. planetproject. com. cn,网站上设有围绕人类基本状况方方面面的不同题材的问题,从思想性到娱乐性,无所不有。

2.4.2.2 雪花啤酒——分销渠道调研及渠道优化方案

(1)案例背景。华润雪花啤酒甘肃公司自 2007 年 10 月正式建成投产以来,借助资本优势,通过前期战略布局与品牌整合,以灵活竞争策略与执行文化,确立了市场优势地位,在消费群中有很高的认知度。但由于后期在市场运作中失误,致使其销量一度下滑,并且由于在该品牌的销售奖励上没有落实,使渠道客户失去经营信心。虽然经历挫折,但华润雪花啤酒甘肃公司没有放弃。2009 年,公司为了重新夺回市场,决定委托华经纵横对其分销渠道进行调研及渠道优化,以进行新一轮市场销售。

此次调查研究的目的是:通过市场调查,进行渠道结构和渠道成员以及销售相关因素研究,以便准确把握渠道现状,明确渠道问题,从而为市场细分、优化营销渠道、制定营销策略提供依据。

(2)研究方法。本次调查研究主要采取座谈会、深度访谈及入户访谈三种方法。

第一,座谈会。在小组座谈中,共分两部分调研群体。第一部分测定便利渠道零售终端成员对啤酒的认知、对啤酒销售因素的理解以及对厂家的看法与期望,为寻求渠道改进提供依据。第二部分通过对餐饮渠道人员进行销售相关因素调研,从定性角度探求餐饮渠道成员对雪花啤酒的认识和销售影响程度。

第二,深度访谈。以深度访问大纲为工具。

第三,入户访问。采用观察与询问相结合的调查方法,以调查表为工具。

(3)研究结果。如果从渠道方面入手,现存的渠道网络结构是否适应雪花啤酒的发展、现存的渠道构成存在哪些问题、如何改进渠道网络结构以适应当前竞争激烈的啤酒市场等便成为集团所面临的问题。但这些问题的解答,只能通过从深层次认识这样一些问题才能得到行之有效的解决方案:渠道成员构成状况、渠道成员在啤酒销售中的作用、啤酒的流通特点、明确渠道网络结构、认识雪花啤酒的销售渠道现状等。因此,我们制定出系统的分销渠道调研方案,并通过科学的方法获取足够的信息,从而为近期营销渠道优化方案的编制、远期战略计划的制订提供依据。

第一,零售渠道成员研究部分结论。雪花啤酒的零售渠道构成基本上有以下几种类型:食杂店、社区内的中小超市、各类饭店、酒店,另外有少数在大型超市中销售。在调查中我们发现有部分零售终端以前曾经做过雪花的零售商,但现在已不经销其产品。

由于啤酒属于快速消费品,雪花在网络布局上按密集型分销布置,力求在网点建立上提高竞争优势。但调研中发现,其网络分布上并没有形成竞争优势,销售网点过少,该公司也没有有效措施稳固网络成员,特别在中小饭店,其网络成员更少。其分布特点为食杂店较少,中小超市相对较多,餐饮店较少。

第二,批发渠道成员研究。在售前的卖点推介上,批发渠道成员均表示出对该产品很少进行卖点宣讲,而是直接由终端零售商自己决定销售哪个品牌,个别批发渠道成员在推介上也只限于宣传其新上市、口感好、质量好等模糊概念上。在调研最优推介方式时,批发商一致认为质量保证、服务周到细致、给予退货、厂家铺市、销售理念先进是最有利的推介形式。

在调查中,批发商认为终端消费者对啤酒口味、新鲜程度、啤酒质量、品牌忠诚度是其选择的关键因素,而批发商选择啤酒的因素则归结为:①厂家销售政策到位;②铺货力度大;③是否赢利;④市场需求;⑤与厂家关系是其选择经营品牌的因素。

而对于其未经营过的品牌,只有做到有市场、相对利润较高、进行搭赠等促销、广告力度大这几点他们才有兴趣进行采购及经销。

从批发商深访问卷中可以看出,批发商选择经营品牌第一关注市场需求情况,被调查者均表示只有顾客提出购买的前提下才经营该品牌;位于第二位的因素是在有厂家全力支持并且与厂家关系融洽的情况下,考虑经营该品牌,而品牌质量则是保证这一切的前提条件。

第三,渠道构成及相互关系研究。在调研渠道成员的相互关系问题时,我们发现厂家与一级批发商的联系最为紧密。雪花啤酒的业务人员与一级批发商的沟通比较多,而与二级批发商、终端成员之间的联系则较少。在一级批发商的进货过程中,厂家能够给出合理的意见及建议,同时在政策的落实上也比较到位。除少量因结算问题引起的返利滞后外,相应的销售政策均能落实。在一级批发商与二级批发商的关系上,由于二者是长期合作伙伴,所以在各方面配合较好,甚至在货款结算上也可以有余地。但厂家的销售策略到二级批发商处由于一级批发商保留或二级批发商不配合而引起策略执行并不是十分到位,有许多甚至无法执行,这种情况同时出现在二级批发商与终端零售点上。在调研中发现厂家与二级批发商及零售终端联系较少,所以即使厂家认识到要有效控制终端,保持销售网络健全、稳定,但由于缺乏行之有效的措施维护与网络成员的沟通,从而使二级批发商及终端成员始终处于厂家控制网络的边缘,甚至游离其外,没有建立起合作关系。这样,厂家的许多销售策略无法在终端贯彻执行。

第四,雪花啤酒分销渠道问题。经过对信息的整理和数据的处理及分析,我们基本上摸清了分销渠道现状，并由此分析出雪花啤酒分销渠道存在的问题。主要有以下几方面：

• 渠道结构过于混乱，相互之间的关系不明确。

• 渠道运作效率较低，严重影响产品的价格竞争优势。

• 渠道的单向式、多层次结构，不利于信息及时、准确反馈，同时也不利于销售政策的有效执行。

• 公司在渠道管理中缺乏深化及细化，致使出现只对销量大的客户能提供服务及有效控制，而忽视渠道中的其他成员。

• 批发商势力过大。

第五，分销渠道优化方案。为了扭转这种局面，提高雪花啤酒的市场竞争力，我们对该企业的营销渠道网络结构进行优化设计，具体如下：

• 建立关系型批发营销渠道。我们主要从以下几个方面进行一级批发商渠道优化设计：

首先，在一级批发商的建立上，我们制定一级批发商选择标准，并对现有批发商就规模、客户结构指标、商誉、销售额及增长速度几方面进行考评，并在适当的时候以此标准调整一级批发商网络结构。

其次，经过甄选后得到的一级批发商应成为公司关系营销渠道的重要成员，为了建立关系营销渠道，公司应从两点着手，实行关系营销策略：一是从营销政策方面体现出生产商与批发商的互利互惠关系。我们可以协助批发商签订三方登录条约，用我们的资源鼓励渠道终端与批发商建立长期关系。二是派驻高素质的业务代表对批发商进行辅导、支持与监控。建立互动双赢的合作营销关系，同时在广告、促销、及时供货等方面予以支持，以帮助能够建立起更加稳固的销售网络，为我们的产品提供畅通的渠道。

• 建立关系型便利营销渠道。把便利店作为一个单独的渠道去运作。首先在机构设置上单独设立直销区域，该区业代除完成产品出样指导外，同时还要用营销方面的理论去辅导便利店主，使之能对产品布置更加合理，并掌握更多营销方面的知识，从而带来销量提升。

我们可以协助便利店进行其终端消费者的关系营销，进行会员制探索，这种模式的优点包括：增进相互了解，培养顾客忠诚；需求信息反馈，是建立顾客信息系统的基础；会员的相互宣传，效果比商家自己促销效果好得多，便利店根据自己的实力和特点，可以选择会员卡形式，价格让渡要有一定限度，主要注重非价格手段的选择。

• 建立关系型餐饮营销渠道。该模式以关系营销为理论依托，基于餐饮、娱乐渠道的有限性，啤酒产品相互间排他性，我们设计建立雪花啤酒品牌的俱乐部，使渠道成员成为该品牌的俱乐部会员、对非俱乐部会员，我们提供服务支持。

在进行该种方式的运作过程中，业务代表应该提高对会员店的拜访频率，增加与店内决策人的沟通，厂家也应该在促销品的投放上有所倾斜，充分发挥其作为产品窗口功能，尽量布置得充满雪花氛围，同时应尽可能在不同时期举行针对消费者的促销活动，如抽奖、免费赠饮等。通过这些方法,厂家与渠道成员不仅可以达到共赢,而且随着该关系的维持,逐步达到渠道垄断,从而决胜于终端。

小结:2009 年以来,华润雪花啤酒甘肃公司依托渠道,向上延伸终端优势,在兰州市场呈快速、稳步的上升趋势,拥有众多忠诚消费者,正在逐渐成为兰州消费者的首选啤酒品牌。

(资料来源:中国产业竞争情报网 http://www.chinacir.com.cn/2011_dyal/256677.shtml)

开阔视野——还有你所不知道的

看看你是否了解 100 调研网

100 调研网(http://www.data100.com.cn)是中国第一家自助网络调研互动平台。网站于 2006 年 5 月运营,凭借自己独特优势,100 调研网一直在国内互联网网络调研领域排名第一,由此缔造了一个网络人气巨大、企业与网民互动真实、快速的交流平台。100 调研网由调研行业知名调研公司——数字 100 市场研究投资运作,该网站将结合数字 100 长期的市场调研服务经验,向客户提供专业的网络调研服务。

- 产品服务

一是自助网络调研服务:是指企业在 100 调研网上注册登录后,利用该系统软件自己设计问卷并发送。

二是委托网络调研服务:即企业有调研需求时,将此调研项目委托专业的调研公司——数字 100 市场研究公司来执行。数字 100 将负责了解企业的调研需求、执行调研过程的所有环节、提交调研研究报告、并提出相应的指导建议。在这里个人或企业注册后,可免费发布问卷。

三是 Surveycool 软件销售服务:即企业在调研需求比较频繁的情况下,可以选择购买 Surveycool 专业网络调研系统。Surveycool 专业网络调研系统主要由数字 100 联合美国软件专家研发,该系统采用了国际领先的 IT 技术,使系统具有突出的安全性及稳定性。

四是样本库募集:即 100 调研网为了满足众多专业委托调研的服务需求,通过奖品和现金等形式吸引网民的参与,网民注册信息全面,并自愿接受调研。这将形成 100 调研网庞大且高鲜活度的样本库。

- 自助网络调研流程

自助网络调研流程是:注册、登录→设计问卷→测试问卷→发送/发布问卷→数据自动采集→平台自动统计分析→导出数据。

同时,该平台提供了演示帐户。演示帐户名:hr 1234;演示密码:hr 1234。该帐号为公开帐号,将同时被很多人使用,建议注册独立的帐号。

(资料来源:邓平,郑秀平.网络营销.上海交通大学出版社,2008.)

案例学习——看看你的分析能力

思科公司的调研

● 关于思科公司

思科公司是全球领先的互联网解决方案供应商。今天，网络作为一个平台成为了商业、教育、政府和家庭通信不可或缺的一部分，思科的互联网技术正是这些网络的基础。

思科公司是美国最成功的公司之一。1984 年由斯坦福大学的一对教授夫妇创办，1986 年生产第一台路由器，让不同类型的网络可以可靠地互相连接，掀起了一场通信革命。思科公司每年投入 40 多亿美元进行技术研发。

1990 年上市以来，思科公司的年收入已从 6 900 万美元上升到 2007 财年的 349 亿美元。目前，思科公司在全球范围内的员工超过了 63 000 名。

思科于 1994 年进入中国市场，目前在中国拥有员工超过 2 300 人，分别从事销售、客户支持和服务、研发、业务流程运营和 IT 服务外包、思科融资及制造等工作领域。思科在中国设立了 13 个业务分支机构，并在上海建立了一个大型研发中心。

思科公司最新获得 2008 年度《财富》全球最佳企业雇主排名第 6 位，在 2007 年《财富》美国 500 强中排名第 77 位，并第 8 次当选《财富》全球最受尊敬的企业。思科公司还获得了《商业周刊》“2007 年全球品牌百强”第 18 名的殊荣。

● 思科公司的网络调研

通过图 2－7(思科中国首页)可以看到思科公司对网络调研的重视程度，在首页最引人注意的图片播放位置邀请网站的访问者参与问卷的调查。

图 2－7

在思科的问卷中，思科公司主要向访问者询问了以下问题：

(1)多长时间访问一次 Cisco. com(思科官网)？

(2)您是如何得知 Cisco. com 的(比如 Internet 搜索引擎、思科合作伙伴、在线广告、报纸、社交网站,如 Facebook、Blogs、Twitter)?

(3)今天访问 Cisco.com 的主要目的是什么?(比如了解思科的产品或服务、购买思科的产品或服务、查找思科合作伙伴、寻求客户支持、了解培训或活动、管理我的 Cisco.com 个人资料)?

(4)客户如何描述其在 Cisco.com 上查找具体信息的体验?

(5)评价思考网站的设计和外观(内容的数量,内容的质量,信息的覆盖面,信息的条理性,导航的便利性,良好的访问者支持,内容的时效性等)。

(6)同时思科还通过网络问卷向访客询问了访客通常通过哪种途径访问 cisco.com(您是否出于休闲或工作目的使用一些社交网站,访问他们的频率,访客经常访问的其他高科技网站,以及喜欢那些网站的原因)。

(资料来源:http://blog.sina.com.cn/s/blog_6824d6f10100iltw.html)

班级讨论——加深你的知识理解

(1)你认为网络市场调研有哪些优点和不足?

(2)搜索"网络营销调研"、"网络市场调研"、"网上市场调查"、"在线调查"等词条,补充学习教材中没有提到的网络市场调研的知识,并相互交流。

(3)登录百度(www.baidu.com)搜索各自姓名,观察能搜索到多少条信息,比较分析哪些同学搜索的页面多,哪些同学搜索到的词条信息少?有何感想?

(4)在 Yahoo!、Google、AltaVista、Sohu、163 网站的搜索引擎中输入同一关键词"网络营销",了解一下各搜索引擎的搜索结果有什么不同?

(5)隐私是网络调研遇到的主要问题之一,请谈谈如何做才能打消被调研者的顾虑?

自己动手——锻炼你的实践能力

(1)登录 QQS 网站(http://www.perseus.com.cn/index.php),申请 QQS 在线调研系统的免费试用。

(2)登录中国在线调研网站(http://www.perseud.com.cn),下载免费试用的网络调研工具,并尝试一下。

(3)注册成为 51point(http://www.51point.com)调查积分网会员,并参与问卷调查。

(4)注册中国青年报读者评估在线调研系统(http://duzhe.cyol.com)会员,参加问卷调研,获得积分或抽奖。

(5)为你所在的学校设计一份网络调研问卷,在网上发布并完成调研报告。

(6)利用 www 就某一问题做一个间接调研,并写出调研的步骤和结果报告。

本章复习——牢记本章主要内容

(1)网络市场调研具有哪些特点?

(2)网络市场调研的内容包括哪些?

(3)网络市场调研的方法可分为哪几类?

(4)简述网络市场调研的步骤。

(5)如何运用网络市场调研策略?

(6)设计网络调研问卷要遵循什么原则?

(7)如何设计网络市场调研问卷?

3

网站策略

【本章要点】

- 网站建设策划
- 域名及其管理
- 网站推广策略
- 网站建设实务

【学习要求】

通过本章学习，能够理解企业建设网站的目的，了解网站建设的原则、网站的基本功能以及域名的商业价值，熟悉域名管理，掌握域名策略、网站推广策略、网站建设的基本过程以及网站建设策划书的编制。在学习过程中，要多上网多实验，以加深对知识的理解，从而提高实践操作能力。

引导案例——打开知识的大门

中文域名网站的网络策略

3721 网站(http://www.3721.net)是一个为使用汉语的网民推出的域名管理系统，它可以直接用中文代替英文域名，简单好用而且容易记忆，如对一些著名的网站，像新浪、搜狐、网易、人民日报等网站，只需要直接在地址栏中输入对应汉字即可，当然需要安装中文域名支持软件。任何人都可以直接从网上进行下载，而且安装简单，使用方法不变，可以说是互联网本地化的典范之作，构建了中文域名的标准。由于其操作简单和免费下载，许多国内著名的ISP/ICP纷纷注册中文域名，并在其主页显著位置设立下载中文软件的链接，同时3721网站推出有奖注册使用等一系列促销活动，使3721网站在短短的两个月内已经被广大的网民认可和接受。

对于一个网站来说，建设一个好的网站，并不等于有了一个知名的网站。要想获得站点知名度、获得站点的访问量，就必须重视网站的促销推广。从3721网站成功的经验中我们可以获得以下一些启示。

(1)好的名字等于节省了一半广告费用。3721网站名字来源于中国人的俗语“不管三七二十一，只要能用就行”，域名既通俗易懂又符合网站的目的，便于中国人使用互联网,可谓一箭双雕。

(2)采用免费策略。先求市场后求发展,市场第一、利润第二的发展思路,也是绝大多数网站成功的秘密。

(3)网站有丰富的内涵。这恐怕是网站成功最关键的因素,不管网站的推广策略如何高明,有许多人慕名而来后,如果不能提供很好的信息或服务,很难使访问者重复访问。3721 网站提供的中文域名服务刚好简化了外文域名对汉语使用者造成的障碍,因此很受欢迎。

(4)网站在推广方面采用“借船出海”的营销策略。3721 网站并没有花多大费用就建立了中文域名网站。它通过给著名的 ISP/ICP 提供服务建立策略性联盟,通过这些著名的高流量的网站提供推广中文域名的窗口,在最短的时间内以最有效的方式推广网站,同时借助著名网站品牌的效应,推动了 3721 网站品牌的树立。

(5)采用有奖参与方式,吸引第一次接触的新用户,在扩大网站市场知名度的基础上,提高了市场的占有率。

(6)通过与计算机厂商合作,在品牌计算机上预装中文域名软件,通过计算机销售推广中文域名的使用。在短短的时间内,通过这种方式,3721 的中文域名软件就有了 500 万用户。

(资料来源:谷宝华等. 网络营销. 北京:北京大学出版社,2008)

在信息化席卷全球、网络营销展现无限商机的今天,世界各国都掀起了在互联网上建设网站的热潮。无论是大型跨国公司,还是中小企业,都纷纷建立自己的网站,星罗棋布的网站为它们扩大影响、招徕客户和信息交流提供了广阔的天地。网站已越来越成为现代商务活动不可缺少的工具,是否拥有自己的网站已经成为衡量一个企业综合素质的重要标志,网站已成为现代企业经营的制胜之道。然而建设了网站就等于进行了网络营销了吗? 如何才能建设高效、优秀的网站呢? 如何能让网民在层出不穷、如此众多的网站中发现自己的网站呢? 本章将围绕这些问题展开。本章从研究网站的含义入手,介绍企业建设网站的目的、网站定位、网站建设的原则、网站的基本功能等内容,详细讲解网站建设的基本过程,论述域名策略和网站推广策略,最后着重介绍网站建设策划书的编制以及以万网为平台构建企业网站的步骤和方法,以加深对网站建设的认识和了解。

3.1 网站建设策划

在互联网迅速发展的今天,电子商务几乎都是通过各种网站来实现的。网站是企业向用户提供信息(包括产品和服务)的一种方式,是企业开展电子商务的基础设施和信息平台,离开网站(或者只是利用第三方网站)去谈电子商务是不可能的。因此,开发和建立网站是进行电子商务必不可少的条件,对企业的发展至关重要。

3.1.1 建设网站的目的

3.1.1.1 网站的概念

广义网站包括 Gopher 站点、Web 站点和 FTP 站点，但现在所说的网站一般指万维网站，是指可以通过浏览器访问的某个服务器上存储的一组文件以及附属的数据库，文件组中可能包括文本文件、多媒体文件以及应用程序文件，可以通过网页上的超链接实现文件间的跳转。

网站的种类很多，如政府网站、教学网站、新闻媒体网站、专业信息网站、制造业企业网站、网上零售网站、网上拍卖网站、供求信息发布网站、个人网站等。从网站的基本原理和采用的技术基础上说，各种网站并没有本质的差别，不同之处主要在于网站的目的、内容、功能、规模、表现形式、经营方式等。出于网络营销研究的目的，这里只讨论企业网站。

网站主页通常是网站域名所对应的网页，它的文件名一般为 index 或者 default，扩展名则可以是 html、htm、asp、php、jsp 等中的一种。网站主页通常是整个网站的入口，因此是网站中访问量最大也是最重要的页面。不过，如果知道内容页面的 URL 或者通过其他页面上的链接，访问者也可以跳过主页直接进入网站的内容页面。

3.1.1.2 建设网站的目的

当一个企业在策划自己的网站时，首先应明确建设网站的目的。传统媒体的价格昂贵，又受到时间、地区等多方面因素的限定，效果不能令人满意。相比之下，网络宣传的费用是低廉的，而回报却毫不逊色，能帮你把握广阔的国际发展空间，找到众多潜在的商业伙伴，是 24 小时的广告窗口。如今，从大型跨国公司到中小企业，都在纷纷建立自己的网站，其根本目的就是为了抢占网络商机，提升公司形象，加强客户服务，降低营销成本，提高企业效益。

具体来说，企业建设网站的目的主要是宣传与推广、交流与沟通。

(1)宣传与推广。宣传与推广是电子商务发展的初始阶段的主要目的之一，也是企业建立网站的基本目标。通过互联网可以达到宣传企业形象、提高知名度、展示企业的产品及服务、挖掘更多的商业机会、发布企业的最新动态和经营状况、扩大销售渠道等广告宣传目的。在我国，由于目前缺乏良好的电子商务环境，企业信息化基础、安全支付与物品配送等方面还相当薄弱，因此，许多企业将宣传与推广企业、产品及服务作为上网或建立网站的出发点。

(2)交流与沟通。交流与沟通是企业建立网站、利用网络功能和网络信息资源的又一个基本的目标。互联网能够帮助企业加强与客户的沟通，并且建立一种更密切的实时互动交流的关系；互联网可以使企业与供应商、经销商、中介机构、运输商等合作伙伴建立更加便捷的交流渠道；互联网能够使企业快捷而方便地获取世界范围内的信息资源。因此，网络这种更方便、快捷而广泛的信息交流功能深受世人的欢迎。

3.1.2 网站定位

无论是建立什么样的网站,甚至只是做一个简单的主页,人们面临的首要问题都是:做些什么?在网页上把什么展现给大家?这些问题的回答都有赖于对网站的定位。所谓网站定位就是网站在互联网上扮演什么角色,要向目标群(浏览者)传达什么样的核心概念,通过网站发挥什么样的作用。网站定位是网站建设的策略,而网站架构、内容、表现等都围绕着网站定位展开。因此,网站定位相当关键。

3.1.2.1 网站定位要素

企业网站的定位应该基于严格的市场调研和反复考虑,主要包括以下要素。

(1)企业自身分析。企业要分析所处的行业状况,要充分考虑所生产的产品的特点、产品线的长度和宽度、产品品牌以及企业所能提供的服务。

(2)资源分析。企业进行网站定位要结合当前的资源环境,而不能脱离自身人力、物力、互联网基础以及整个外部环境等因素。

(3)目标顾客分析。企业应对目标顾客的年龄、性别、学历、职业、个性、行为、收入水平、地理位置分布等各种资料进行分析。企业要加强对网上消费者行为的研究,这将是提高顾客服务的基础。

3.1.2.2 网站定位操作

当前,网络已引起社会变革,经济结构、经营模式和技术都发生着前所未有的变化,企业网站不仅成为企业宣传产品和服务的窗口,也是展示企业形象的前沿。在做好对市场及企业自身的研究之后,下一步就要进行具体的定位操作。

(1)网站类型定位。如果不首先确定自己网站的类型,则网站的建设就无从下手。所以,各类网站在筹建时首先应确定自身的类型。尽管每个企业网站规模不同,表现形式各有特色,但从经营实质来说,不外乎是:信息发布型、网上直销型和电子商务型。资金雄厚的企业可以直接建立一个具备开展电子商务功能的综合性网站,一般的企业也许只是将网站作为企业信息发布的窗口。由于网站的定位对网站的经营和发展有重大的影响,确定网站的类型并不是一件容易的事情,特别是投资大的网站,为此,常常需要运用技术经济分析方法审慎选择网站的类型。

在选择网站类型时应考虑的因素有:①擅长的专业领域;②需投资的规模;③可获取的技术与人才;④各类网站的市场需求状况。

(2)网站目标用户定位。当确定了网站的类型后,就要开始考虑网站所要面对的目标用户。因为即使是同一类网站也可以有不同的服务对象。一个企业网站的目标用户一般包括:企业的经销商、消费者、企业的员工、销售人员及求职者等。

定位网站的目标用户一般可以从以下几个方面入手:①用户的年龄与性别结构;②用户的文化层次;③用户的职业与职业分布;④用户的地域分布;⑤用户的个性偏好。

(3)网站发展目标定位。目前,整个互联网还处在初级发展阶段,其中孕育的机遇十分巨大,正确地评估自己的网站在整个互联网发展历程中所处的位置,把握其未来发展的方向并作出长远的规划,才不失为有远见的经营之道。

一个网站可从三个方面分析其所处的内外环境并确定其未来发展的方向。①市场。市场是网站运作时首先要考虑的因素。没有用户和市场,网站就失去了存在的价值。②技术。从长远看,技术是决定一个企业命运的最重要的因素,是企业获得竞争优势的最重要源泉。在网络时代技术的发展是如此之快,以至于很多企业还没有准备好就被新技术淘汰了。因此,技术的风险是除市场风险之外影响企业生存的第二大风险。充分追踪、研究、开发新技术,审慎地评价、选择新技术才是各类网站依托技术来做开发服务、使自己不断壮大的正确选择。网上企业没有适合自身的新技术的支持都不可能长久。因此,一个企业也好,一个网站也罢,要想规划好自己的发展计划,还需要从技术的角度来加以考虑。③产业。任何一个企业、机构或组织都可以归属到一定的产业中去,新兴产业总是孕育着大量的机遇、具有巨大的发展空间,而新兴产业的产生和发展又得力于根本性的技术创新和市场创新。因此,新建网站在制定其长远发展目标时,不能仅仅限于现有的产业领域,而应该在更大的市场目标和更高的技术目标基础上积极瞄准更新的产业,这样才能获得更大的发展空间。所以,在网站建设初期,以新兴产业为发展目标可以为之争取更大的发展空间。进行产业分析的内容有:网站的产业归属、投入结构和产出结构、产业的技术基础和技术发展方向、产业的生命周期、发展潜力和相关的产业发展动态等。

(4)网站经营模式定位。从组织管理的角度来分析,一个网站可分为营利性的和非营利性的。营利性的网站要想运行好,必须有经营的理念。而经营的基础是要有一个合理的经营模式,它包括网站内容、栏目的安排,业务的处理方式及相互之间的关系等。

(5)网站主题定位。网站最重要的特色是有一个明确的主题。如果网站的内容和业务不相联系、不衔接,则会给人以主题模糊的感觉,这类网站通常难以吸引稳定的用户。主题的定位取决于事先确定的网站类型、涉及的专业领域、选择的服务对象和设计者的创意。其中,网站设计者的创意有决定性的影响,有特色的网站大多是建立在独特的主题创新基础上的。

对网站主题的定位应注意以下事项:①主题定位不宜太大,要小而精;②题材最好是自己擅长或喜爱的东西;③题材不要太滥或目标太高。太滥指人人都有的题材,如软件下载、免费信息、聊天、论坛等;目标太高指要超过知名度很高的站点等。

(6)网站诉求点定位。一般来说,企业网站的诉求点有理性诉求、感性诉求及综合型三种。理性诉求强调说理及逻辑性,以事实为基础,以介绍性文字为主,突出公司的实力及产品的质量和优质的服务。而感性诉求则强调直觉,以价值为基础,以企业的形象塑造为主。至于综合型的网站,就是上述的内涵兼而有之。企业网站诉求点的定位应与企业的营销宣传理念相符合。

(7)网站CI定位。CI(Corporate Identity,企业形象识别或品牌形象识别)是个营销概念,借用它作为企业网站的形象设计。一个网站如果能够进行成功的CI策划和设计定位,可增强用户对网站的识别。

3.1.3 网站建设的原则

为了实现网站商务功能最大化的目标,给目标客户提供方便、实用的信息服务,吸引并且留住客户,同时发现和培养忠诚的新客户,在网站建设时要充分考虑且遵循以下几个基本原则。

3.1.3.1 内容第一原则

企业网站建设应遵循"先内容为主,后电子商务"即内容第一的原则。企业应认真规划网站及每个网页所要表达的内容,尽可能为上网者提供对其有用且丰富的内容,以此吸引更多网民的注意力。为此,网站信息必须及时更新。一个好的企业网站,不是一次性制作完成就可以了,由于企业的情况在不断地变化,网站的内容也需要随之调整。时常更新网站的内容,让网站一直保持新鲜感,网站才会更加吸引浏览者。信息的及时更新不仅能给访问者留下良好的印象,而且也便于客户和合作伙伴及时地了解企业的详细状况,企业也可以及时得到相应的反馈信息,及时作出合理的处理。当一个浏览者在事隔多日后又返回到企业网站时,发现网站在内容设计或信息量方面有了新变化,会进一步增加他们对企业网站的信任。如果参观网站的访问者每次看到的网站内容都是一样的,那么他们日后还会再来吗?值得注意的是,每次更新的网页内容尽量要在主页中提示给浏览者。由于网站内容的结构一般都是树形结构,所有文章都包含在各级板块或栏目里。因此如果每次更新的网页内容全都被放进各级板块和栏目中,浏览者并不知道更新了哪些内容,让用户到板块或栏目中去找,恐怕不是一个好的方法。所以在这种情况下,一定要在首页中显示最近更新的目录,以便浏览者访问。

随着企业网络营销的开展,对互联网和网站建设认识的不断加深,企业对网站的要求也不断提高,因此企业需要对网站进行改版。通常企业网站都要建立定期改版制度,另外,每年元旦、春节、劳动节、端午节、中秋节、国庆节等重大节假日,还要临时更新首页视觉设计。

3.1.3.2 三次点击原则

三次点击原则是保证上网者在搜索网站内容时,最多经过三次鼠标的点击就能找到所需的内容。网站的内容要求丰富,访问的速度又要快捷,如果 20 ~ 30 秒还不能打开一个网页,一般人都会没有耐心,因此网页的传递速度也是网站能否留住访问者的关键因素,这就需要认真设计网站结构及其导航策略,即在设计网站层次和导航结构时一定要考虑方便网民的查询。如果由于在网站内容设计中将网站结构层次设计得太深,会使有价值的信息被层层链接掩藏起来,一般浏览者不会有耐心去寻找它们,最后只好放弃浏览。所以网站层次应尽量简洁,对于规模特别庞大的网站,可以通过提供网站结构图的方式来帮助访问者尽快找到所需要的信息。

3.1.3.3 实用性原则

实用性原则即网站提供的功能服务应该是切合浏览者实际需求的，且符合企业特点的。例如，网上银行提供免费电子邮件和个人主页空间，既不符合浏览者对网上银行网站的需求，也不是银行的优势，提供这样的功能服务，不但会削弱浏览者对网站的整体印象，还浪费企业的资源投入，有弊无利。另外，网站提供的功能服务必须保证质量。

3.1.3.4 服务性原则

为客户提供个性化的一对一服务，是网络营销根本的优势。而这一优势的实现，主要是通过网站设计和服务功能来实现。例如，可以采用多种支付方式、建立客户数据库、为每个客户建立购物专区、良好的服务承诺等策略。网站设计还要充分考虑上网者的上网速度和浏览器的兼容性等问题，以便为更多的用户提供可靠、满意的服务。总之，个性化服务是网络营销的最高宗旨，因此，无论内容的选择还是服务的承诺，都应从客户的角度出发。

3.1.3.5 友好性原则

企业建立网站是为了更好地发挥其网络营销价值，而友好性原则是企业网站优化思想的体现，具体包括三个方面：①对用户友好——满足用户需求、获得用户信任；②对网络环境友好——适合搜索引擎检索、便于积累网络营销资源；③对经营者友好——网站管理维护方便、提高工作效率。

3.1.3.6 适应性原则

互联网具有巨大的商务潜能，没有人可以确切预计网站的最终访问量和最佳的商务运行模式。网络营销是一项长期的工作，不仅网站的内容和服务在不断发展变化，企业网站的功能和表现形式也需要适应不断变化的网络营销环境。随着经营环境和经营者策略的改变，随着企业网上平台业务量的扩展和平台访问量的增长，需对企业网站进行必要的适当的调整，必要时还需要对企业网站进行全新的升级改造，以适应新业务发展的需要。

3.1.3.7 艺术性原则

艺术性原则表明网页创作本身已经成了一种独特的艺术。

网页创作从某种意义上来说可以称为“eye ball work”，要达到吸引眼球的目的，企业网站的设计应该满足这样几点要求：①遵循基本的图形设计原则，符合基本美学原理和排版原则；②对于主题和次要对象的处理符合排版原理；③全站的设计作为一个整体，应该具有整体的一致性；④整体视觉效果特点鲜明，包括：页面版式结构、用色、线条和构图、配图的精细、美观程度、元素风格、整体气氛表达、字体选用等；⑤整体设计应该很好地体现企业 CI；⑥整体风格同企业形象相符合，适于目标对象的特点。

3.1.4 网站的基本功能

企业网站既是企业在互联网上的代表，也是企业进行网络营销的工具。只有充分理解企业网站的基本功能,把网站做成企业和客户之间的有效纽带,网站才能真正发挥作用,企业才能最终通过互联网获益。

建设一个企业网站,不是为了赶时髦,也不是为了标榜自己的实力,重要的是在于让网站真正发挥作用,让网站成为有效的网络营销工具和网上销售渠道。事实上,网站是功能强大的营销工具,它可以实现多重营销功能。一个有效的、符合网络营销需要的企业网站,应该具有八个方面的功能:品牌形象、产品/服务展示、信息发布、顾客服务、客户交流、网上调查、资源合作、网上销售。

3.1.4.1 品牌形象

网站的形象代表着企业的网上品牌形象,人们在网上了解一个企业的主要方式就是访问该公司的网站,网站建设的专业化与否直接影响企业的网络品牌形象,同时也对网站的其他功能产生直接影响,尤其是以网上经营为主要方式的企业。具备条件的企业应力求在自己的网站上树立良好的形象。例如,中国联合通信有限公司(网址为 http://www.chinaunicom.com.cn)是一家通信服务提供商,其品牌代表一种“让一切自由连通”和“与用户心连心”的形象,如图 3-3 和图 3-4 所示,这两个页面诠释了中国联通的品牌形象。

图 3-3 中国联合通信集团有限公司网站首页

3.1.4.2 信息发布

网站是一个信息载体,在法律许可的范围内,可以发布一切有利于企业形象、顾客服务以及促进销售的企业新闻、产品信息、各种促销信息、招标信息、合作信息、人员招聘信息等等。因此,拥有一个网站就相当于拥有一个强有力的宣传阵地,这就是企业网站具

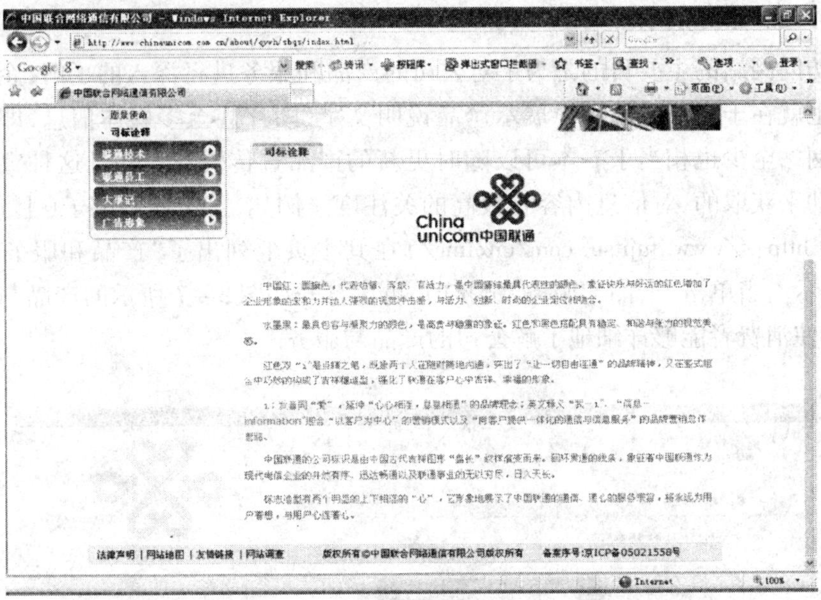

图 3－4　中国联合通信集团有限公司司标诠释页面

有自主性的体现。网站建成之后，合理组织有价值的信息是网络营销的首要任务，当企业有新产品上市、开展阶段性促销活动时，也应充分发挥网站的信息发布功能，将有关信息首先发布在自己的网站上。几乎每个企业网站都有“最新动态”、“新闻快递”或者“最新要闻”之类的栏目发布信息，例如中国移动通信责任有限公司（网址为 http://www.chinamobile.com）在网站首页上提供了“最新动态”栏目，如图 3－5 所示。

图 3－5　中国移动通信责任有限公司网站首页

3.1.4.3 产品/服务展示

顾客访问网站的主要目的是为了对公司的产品和服务进行深入的了解，企业网站的主要价值也就在于灵活地向用户展示产品说明文字、图片甚至多媒体信息，即使一个功能简单的网站至少也相当于一本可以随时更新的产品宣传资料。并且这种宣传资料是消费者主动来获取的，对信息内容有较高的关注度。例如，富士通微电子(上海)有限公司(网址为 http://www.fujitsu.com/cn/fmc/)在其主页上列出了“产品和服务”栏目，如图3-6所示。当单击“产品与服务”链接时，可以打开如图3-7所示的产品与服务展示页面，这样使消费者能够详细地了解公司的产品与服务。

图3-6 富士通微电子(上海)有限公司网站首页

3.1.4.4 顾客服务

通过网站可以为顾客提供各种在线服务和帮助信息，比如常见问题解答(FAQ)、电子邮件咨询、通过聊天实时回答顾客的咨询、在线填写寻求帮助的表单、即时信息等等。一个设计水平较高的常见问题解答，应该可以回答80%以上顾客关心的问题，这样不仅为顾客提供了方便，也提高了顾客服务效率，节省了服务成本。例如，在诺基亚的网站页面上设置“常见问答”栏目，如图3-8所示。

3.1.4.5 客户交流

通过网络社区、有奖竞赛等方式吸引客户参与，不仅可以起到产品宣传的目的，同时也有助于增进客户交流。客户忠诚度的提高将直接增加销售，尤其是对于产品功能复杂或者变化较快的产品，如数码产品、时装、化妆品等，客户为了获得更多的产品信息，对于企业网络营销活动参与兴趣较高，可充分利用这种特点来建立和维持良好的客户关系。

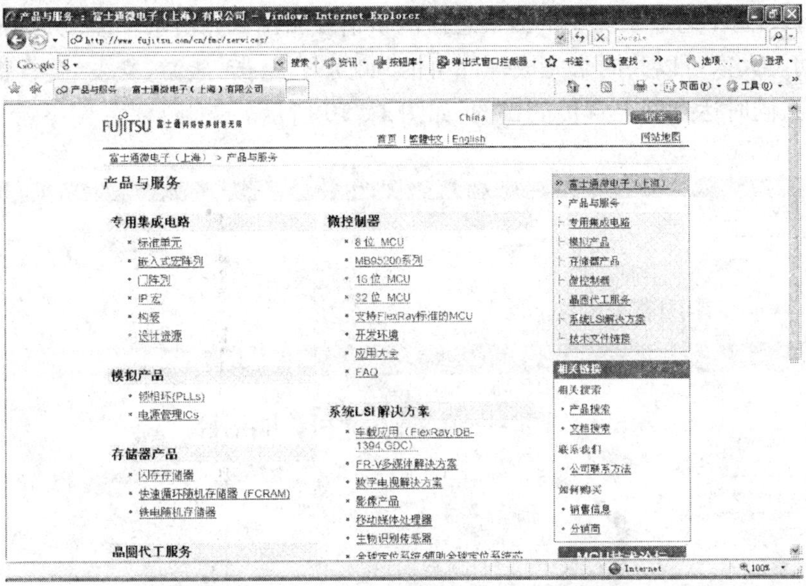

图 3－7　富士通微电子(上海)有限公司网站“产品与服务”页面

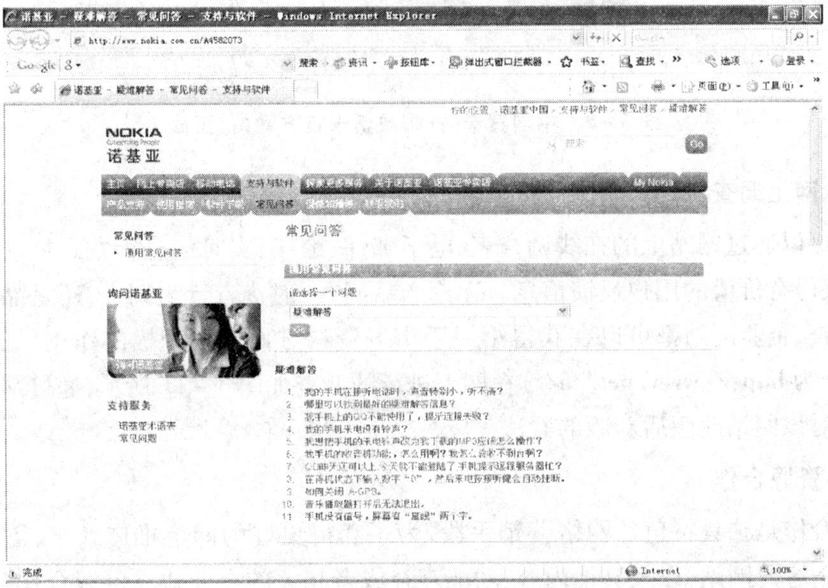

图 3－8　诺基亚网站“常见问答”页面

例如，中国邮政(网址为 http://www.183.com.cn)每年都要发行“中国邮政贺年(有奖)明信片”，这种卡片可用于朋友之间传递祝福，而且可以中奖，中奖号码都会公布在网站上，这样的活动不仅可使消费者与消费者之间交流感情，而且还可以增进中国邮政与消费者的关系，消费者收到朋友的祝贺卡后，可以登录中国邮政网查询中奖号码，如图 3－9

所示，在中国贺卡网有“中奖号码公布”栏目。又如魔时网（网址为 http://www.mosh.cn）通过事件竞享（把想在现实生活中想做的事情发布出来，让同样也感兴趣的人来参与发起的活动。大家可以共同来完成一件事情，如读书、逛街、旅游、交友、美食等。）吸引消费者的参与，同时达到网上宣传的目的，如图 3－10 所示。

图 3－9　中国贺卡网（邮政贺卡官方网站）页面

3.1.4.6　网上调查

企业可以通过网站上的在线调查表、电子邮件、论坛、实时信息等方式征求客户意见等，可以获得有价值的用户反馈信息。无论产品调查、消费者行为调查，还是品牌形象等方面的调查，企业网站都可以在获得第一手市场资料方面发挥积极的作用。例如，中国万网（网址为 http://www.net.cn/）在网上进行的调查如图 3－11 所示，通过网上调查了解访问者对该网站改版后新版的看法。

3.1.4.7　资源合作

资源合作是独具特色的网络营销手段，为了获得更好的网上推广效果，需要与供应商、经销商、客户网站，以及其他内容、功能互补或者相关的企业建立资源合作关系，实现从资源共享到利益共享的目的，没有网站，合作就无从谈起。通过企业网站，积累网络营销资源，达到资源合作的目的。常见的资源合作形式包括交换链接、交换广告、内容合作、客户资源合作等。例如，TOM 汽车频道（网址为 http://auto.tom.com）在网页上列出了合作媒体，如图 3－12 所示，合作媒体包括汽车之家、中国汽车网、汽车点评网、237 车网、易车网、车世界等。

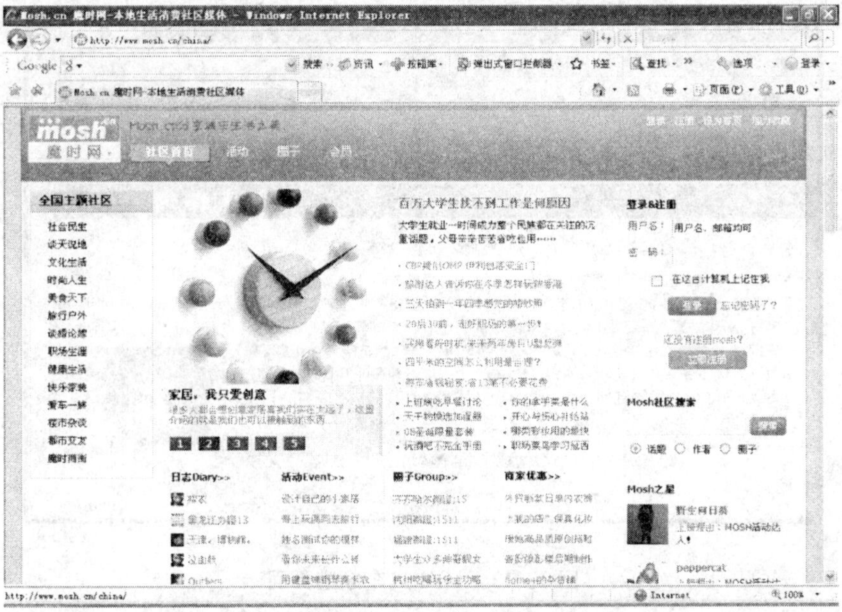

图 3－10　魔时网的主页

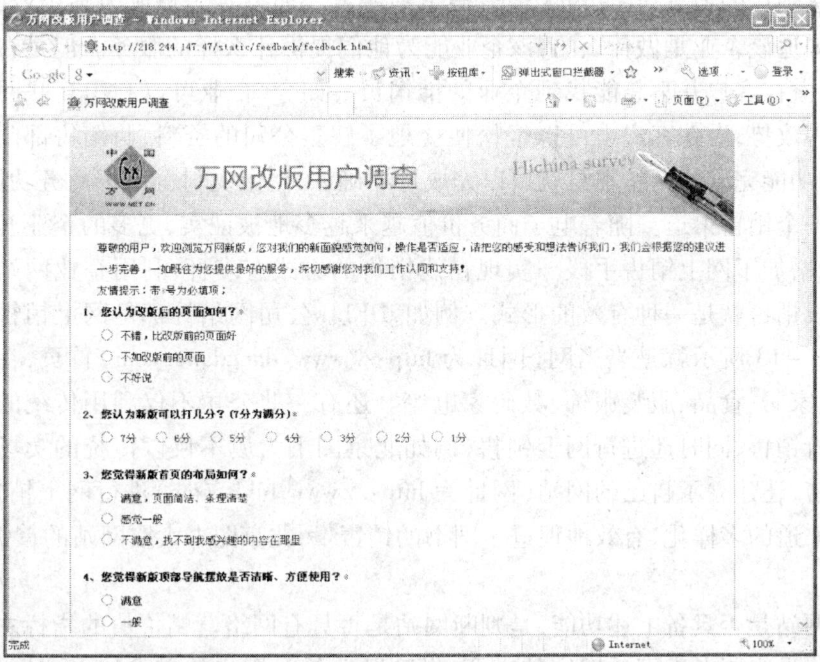

图 3－11　中国万网网上调查页面

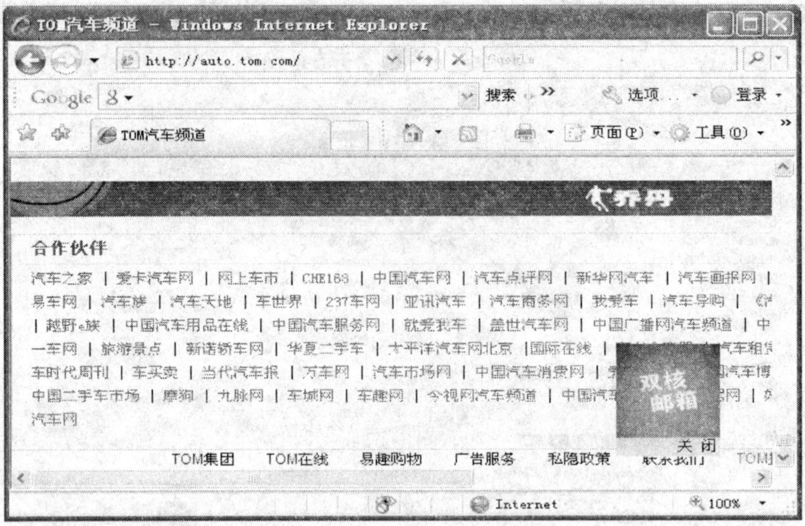

图 3－12 TOM 汽车频道页面

3.1.4.8 网上销售

许多人认为能够销售产品是使用互联网的主要原因。因为它可以到达推销员和销售渠道无法到达的地方，并且极大地方便了消费者。如果有人想成为某企业的客户，他们就会想知道该企业是做什么的，该企业能为他们提供什么样的服务。但是在大多数情况下，这些潜在客户并不总能找到企业的推销员。如今，企业可以利用互联网轻松廉价地展开销售攻势，潜在客户也可以轻松便捷地了解贵公司的资料，与销售部门联络。事实上，一个功能完善的网站本身就可以完成订单确认、网上支付等电子商务功能，即网站本身就是一个销售渠道。随着电子商务价值越来越多地被证实，更多的企业开拓了网上销售渠道，增加了网上销售手段。实现在线销售的方式有多种，利用企业网站本身的资源开展在线销售就是一种有效的形式。例如，DELL 公司网站等都是网上销售的典型例子。如图 3－13 所示就是当当网（网址为 http://www. dangdang. com）首页，在这里可以销售图书、家居、食品、服装服饰、数码家电等。还有一些公司不仅利用传统的营业厅或者商店进行销售，同时还进行网上销售，例如北京图书大厦不仅以传统的卖场形式进行图书的销售，还建立了自己的网站（网址为 http://www bjbb. com）进行网上销售，这样实现了销售渠道的多样化，有效地促进了图书的销售量，北京图书大厦网站的首页如图 3－14 所示。

企业网站是否具备上述功能，是判断网站是否具有网络营销价值的指标之一，同时，企业网站建设中要考虑网站推广的需要，做到既要符合用户的需求特点，又要适合搜索引擎的检索，让更多的用户通过搜索引擎等网络工具发现网站，从而最终成为企业产品/服务的用户。一个企业网站应该具备什么样的功能，以及采取什么样的表现形式，并没有统一的模式，不同企业的经营状况不同，开展网络营销也不可能是同样的方式和同样

图 3－13　当当网网站首页

的规模,因此在网站建设方面也不可能强求一步到位。一些小企业在网络营销初期建设的网站比较简单,也许只是几个网页的介绍资料,只含有部分基本功能,如信息发布和产品展示等,这都是正常的。企业建设的网站不在于功能是否完善,而在于它是否与企业的经营状况相适应,是否可以为企业经营发挥其应有的作用。一般来说,企业网站建设和企业的经营战略、产品特性、财务预算以及当时的建站目的等因素有着直接关系。

图 3－14　北京图书大厦网站首页

3.1.5 网站建设的基本过程

一个完整的企业网站，无论多么复杂或多么简单，在建设时通常都要经历四个阶段：建站前的可行性分析、网站规划、网站开发、网站发布。

3.1.5.1 建站前的可行性分析

对于一个企业来说，网站的建设既意味着一种发展战略，也意味着相当大的资金和人力投入，所以，在建设网站前应先进行充分的的市场调研，了解相关行业的市场情况、市场特点。一个企业是否能够建设网站、是否能够在互联网上开展公司业务，应在市场调研的基础上进行可行性分析。建站前的可行性分析具体来说包括以下几个方面。

(1)网上能够开展的业务分析。主要分析：现有的业务流程是什么？如何在网上实现？实现过程中涉及的问题如何解决？

企业特别是传统企业不能把所有业务都搬到网上。企业哪些业务可以在网上开展？企业该选择哪些业务首先在网上运行？不同的企业会有不同的选择。企业应通过对自身业务需求的研究，分析可以上网开展的业务，或根据商品特色、行业特点及所处的行业地位选择可以在网上开展的业务。

(2)用户分析。网站建设之前要对网站的用户群体进行分析，了解网站可能的服务对象及其需求，从而保证网站设计方案量体裁衣、切实可行。要根据用户的需求、市场状况和企业自身的状况等进行综合分析，牢记以用户为中心，而不应该以“美术”为中心、以“自我”为中心进行规划。

用户分析方法主要有这样四种：一是分析企业原有的客户资料，并与 CNNIC 所作的统计报告进行比较，了解原来客户上网和网上交易的可能性；二是定期跟踪和分析 CNNIC 的统计报告，了解网民变化的情况以及网上交易的发展趋势；三是通过专门的咨询公司或自己进行调查获取第一手资料；四是利用 ISP 或有影响的行业网站进行网上的调查研究。

(3)竞争性分析。在网上，会有很多与自己相同或相近的网站，即存在着许多竞争对手。要认真分析、研究竞争对手，取长补短，才能在竞争中立于不败之地。竞争对手分析的内容如下。

其一，要确认网上的竞争对手。寻找竞争对手最有效的方法是利用网上的搜索引擎，搜索时使用的关键词主要考虑要在网上开展业务的性质和浏览者在网上查找这类业务时常用的关键词。一般要确定 5 ~ 10 个关键词或关键词组。在各搜索引擎上分别搜索，会得到大量的搜索结果。由于时间和精力的限制，不可能将搜索到的站点都看一遍，可以根据以下两个因素来选择：①阅读每条搜索结果的描述。一般来说从描述中可以看出该网站是从事什么业务的。②只看前 10 ~ 20 名的站点。看这些站点在搜索引擎的排名，如果与你的业务相同或相近，那么它们就是将来的竞争对手。

其二，要了解竞争对手的电子商务战略和在网上开展的主要业务。

其三,要研究竞争对手网站的设计架构和运行效果。

(4)市场定位分析。市场定位就是在目标客户的心目中为本企业和产品及服务创造一定的特色,赋予一定的形象,以满足与适应客户一定的需求和偏好。市场定位分析是以客户目标分析和竞争对手分析为基础的,主要工作有:企业已有的和潜在的竞争优势的挖掘与分析,与对手相比有竞争力的产品及服务优势的筛选和确认,决定企业竞争性市场定位。

(5)技术可行性分析。当企业决定实施电子商务并建立网站时,就需要分析和确定可以满足企业业务需求的各种技术的可行性。添置硬件系统和选择电子商务技术的法则是以与企业原有技术的衔接程度和企业业务能力的提高程度为基准,同时要考虑技术对电子商务网站功能实现的支持程度。

(6)经济可行性分析。经济可行性分析是指对网站进行投入成本估算和产出效益评估。网站在开发、利用、管理与维护过程中需要投入大量的人力、物力和财力,人员、技术、设备和材料等的投入构成了网站的成本。网站收益来源于网站运营的经济收入,主要有直接收益、间接收益和品牌收益。

3.1.5.2 网站规划

任何一个成功的商务活动都起源于良好的规划,网站规划就是在真正实施网站开发前,对网站的建设进行总体设计。在规划完成后,形成一个切实可行的网站实施的初步方案。网站规划的好坏,是决定网站开发质量和开发效率的关键和基本条件。具体来说,在网站规划阶段,需要进行的工作主要有以下几方面。

(1)网站内容设计。网站的内容是用户通过企业网站可以看到的所有信息,也就是企业希望通过网站向用户传递的所有信息。网站内容包括所有可以在网上被用户通过视觉或听觉感知的信息,如文字、图片、视频、音频等。一般来说,文字信息是企业网站的主要表现形式。根据企业网站信息的作用,可以将应有的基本内容分为如下几类,这些信息类别也是规划网站栏目结构时主要考虑的因素。

一是公司信息。公司信息是为了让公司网站的新访问者对公司状况有初步的了解,公司是否可以获得用户的信任,在很大程度上会取决于这些基本信息。在公司信息中,如果内容比较丰富,可以进一步分解为若干子栏目,如公司概况、发展历程、公司动态、媒体报道、主要业绩(证书、数据)、组织结构、企业主要领导人员介绍、联系方式等。

考虑到公司概况和联系方式等基本信息的重要性,有时也将这些内容以公共栏目的形式,作为独立菜单出现在每个网页下方。如有必要,详细的联系方式(尤其是服务电话等用户最需要了解的信息)等也可以直接出现在每个网页的适当位置。对于联系信息应尽可能详尽,如公司的地址、电话、传真、邮政编码、E-mail 地址、客户可能需要联系的具体部门的各种联系方式、各地分支机构的联系方式等。

二是产品信息。企业网站上的产品信息应全面反映所有系列和各种型号的产品,对产品进行详尽的介绍,如果必要,除了文字介绍之外,可配备相应的图片资料、视频文件等。用户的购买决策是一个复杂的过程,其中可能受到多种因素的影响,因此企业在产品信息中除了产品型号、性能等基本信息之外,其他有助于用户产生信任和购买决策的信息,都可以用适当的方式发布在企业网站上,如有关机构和专家的检测和鉴定、用户评论、相关产品知识等。

产品信息通常可按照产品类别分为不同的子栏目。如果公司产品种类比较多,无法在简单的目录中全部列出,为了让用户能够方便地找到所需要的产品,除了设计详细的分级目录之外,还有必要增加产品搜索功能。

在产品信息中,有关价格信息是用户关心的问题之一。根据产品价格的特性,可以留下必要的产品价格或为用户提供一个了解价格的详细联系方式以便进一步了解价格。

三是用户服务信息。用户对不同企业、不同产品所期望获得的服务有很大差别。有些网站产品使用比较复杂、产品规格型号繁多,往往需要提供较多的服务信息才能满足顾客的需要,而一些标准化产品或者日常生活用品相对要简单一些。网站常见的服务信息有:产品选择和使用常识、产品说明书、在线问答等。

四是促销信息。当网站拥有一定的访问量时,企业网站本身便具有一定的广告价值,因此,可在自己的网站上发布促销信息,如网络广告、有奖竞赛、有奖征文、下载优惠券等。网上的促销活动通常与网下结合进行,网站可以作为一种有效的补充,供用户了解促销活动细则、参与报名等。

五是销售信息。当用户对于企业和产品有一定程度的了解,并且产生了购买动机,在决定购买产品之后,用户仍需要进一步了解相关的购买信息,这时在网站上应为用户购买提供进一步的支持,以促成销售(无论是网上还是网下销售)。最方便的措施有:①销售网络。研究表明,尽管目前一般企业的网上销售还没有形成主流方式,但用户从网上了解产品信息而在网下购买的现象非常普遍,尤其是高档产品以及技术含量高的新产品,一些用户在购买之前已经从网上进行了深入研究,同时在网站上提供产品销售网络的方式,明确告诉用户在什么地方可以买到他所需要的产品,促进销售。②网上订购。如果具有网上销售功能,应对网上购买流程作详细说明。即使企业网站并没有实现整个电子商务流程,针对相关产品为用户设计一个网上订购意向表单仍然是必要的,这样可以免去用户打电话或者发 E-mail 订购的麻烦。③售后服务。有关质量保证条款、售后服务措施以及各地售后服务的联系方式等都是用户比较关心的信息,应该尽可能详细地说明。

六是公众信息。公众信息是指并非作为用户的身份对于公司进行了解的信息,如投资人、媒体记者、调查研究人员等。这些人员访问网站虽然并非以了解和购买产品为目的(当然这些人也有成为顾客的可能),但同样对公司的公关形象等具有不可低估的影响,对于公开上市的公司或者知名企业而言,对网站上的公众信息应给予足够的重视。

公众信息包括股权结构、投资信息、企业财务报告、企业文化、公关活动等。

七是其他信息。根据企业的需要,可以在网站上发表其他有关的信息,如招聘信息、采购信息等。对于产品销售范围跨国家的企业,通常还需要不同语言的网站内容。在进行企业信息的选择和发布时,应掌握一定的原则:有价值的信息应尽量丰富、完整、及时;

不必要的信息和服务,如天气预报、社会新闻、生活服务、免费邮箱等应力求避免,因为用户获取这些信息通常会到相关的专业网站和大型门户网站,而不是到某个企业网站。另外,在公布有关技术资料时应注意保密,避免为竞争对手利用,造成不必要的损失。

(2)网站结构设计。网站结构是企业网站建设的基本指导方针,只有确定了网站结构,才能开始技术开发和网页设计工作。网站结构的设计包括栏目设置、网页布局等内容。

第一,网站栏目设置。网站栏目设置是一个网站结构的基础,也是网站导航的基础,应做到设置合理、层次分明。一般来说,一个企业网站一级栏目不应超过 8 个,而栏目层次以 3 级以内比较合适,过多的栏目和栏目层次都会给浏览者带来麻烦。栏目应围绕主题设置,这样的网站显得专业,主题突出,容易给人留下深刻印象。如图 3 – 15 所示,联想公司首页的设计就充分体现了栏目内容清晰、主题鲜明的特点。

图 3 – 15　联想公司网站首页

第二,网页布局。网页布局是指当网站项目结果确定之后,为了满足栏目设置的要求需要进行的网页模板规划。关于网页排版布局方面,很多网页设计者重视不够,网页的排版设计过于死板,甚至照抄他人。一般布局要遵循两点:一是 Miller 公式。根据心理学家 George A. Miller 的研究,人一次接受的信息量在 7 比特左右为宜。二是分组处理。对于信息的分类,不宜超过 8 个栏目。如果你的内容实在多,超出了 8 个,需要进行分组处理。若你的网页上提供几十篇文章的链接,则每隔 7 篇加一个空行或平行线进行分组。

网页布局主要包括:网页结构定位方式、网站菜单和导航的设置、网页信息的排放位置等。

• 网页结构定位。网页结构定位通常有框架结构(也称帧结构)和表格定位两种方式。

由于帧结构将一个页面划分为多个窗口时,破坏了网页的基本用户界面,很容易产生一些意想不到的情况,如容易产生链接错误,不能为用户所看到的每一帧都设置一个标题(title)等。有些搜索引擎对框架结构页面不能正确处理,会影响到搜索结果的排列名次,所以现在多数网站都不采用框架结构。表格定位则是在同一个页面中,将一个表格(或者被拆分为几个表格)划分为若干板块来分别放置不同的信息内容。

• 网站菜单设置。网站的菜单一般是指各级栏目,由一级栏目组成的菜单称主菜单。这个菜单一般会出现在所有页面上,在网站首页一般只有一级栏目的菜单,而在一级栏目的首页(在大型网站一般称为频道),则可能出现栏目进一步细分的菜单,可称之为栏目菜单,或者辅菜单。

• 网站导航设置。导航设置是在网络栏目结构的基础上,进一步为用户浏览网站提供的提示系统。由于各个网站设计并没有统一的标准,不仅菜单设置各不相同,打开网页的方式也有区别,有些是在同一窗口打开新网页,有些是再新打开一个浏览器窗口,因此仅有网站栏目菜单有时会让用户在浏览网页过程中迷失方向,如无法回到首页或者上一级页面等,因而还需要辅助性的导航来帮助用户方便地使用网站信息。辅助性的导航系统一般是通过在各个栏目的主菜单下面设置一个辅助菜单来说明用户目前所在网页在网站中的位置。其表现形式比较单一,一般形式为:首页→一级栏目→二级栏目→三级栏目→内容页面。如果网站内容较多,专门设计一个导航页面是非常必要的,这个页面为用户查找信息提供了方便,这些搜索引擎在网站中检索信息时也会访问这个导航页面,通常是采用静态网页的方式建立一个文件名为"sitemap. htm"的网页。

此外,如果网站功能和服务较多,新用户使用这些服务可能遇到较多问题时,有些网站采用专门设计的智能导航系统,或者实时在线帮助,这些形式实质上已经不仅仅是导航,而是与在线服务功能结合在一起了。

进行网站导航设置时应注意这样几点:①一致性。即网站的导航元素及设计风格需要保持一致,以便于操作。②网站板块和层次划分合理。板块的划分应该有充分的依据并容易被理解。不同板块的内容尽量做到没有交叉重复,共性较多的内容应尽量划分到同一板块。③整体导航设计技巧。在设计网站的整体导航时,需要在每一张页面上加有"首页"链接,以便及时回到网站的主页。网站的导航元素如果是图片,应将相应的文字设置到图片的 ALT 属性中。所有页面的 Logo(标志)都应建立指向首页的链接。同时也应该提供"关于我们"和"联系方式"。④设计好辅助导航。如果网站提供文件下载的服务,需要注明下载文件的大小及格式,同时提供下载链接。⑤尽可能多地提供相关资源的链接。在一个企业网站上会有很多的信息,但研究表明,访问者往往不能确定所需信息。网站可以帮助用户收集一些相关资源放置在页面上,以提醒浏览者注意。

• 网页信息的排放位置。对于网页上信息的排列布局并没有一般的规定,但通过对互联网用户的行为特征、主要搜索引擎抓取网页摘要信息的方式,以及一些优秀网站网页设计布局的分析,可以归纳出这样几点值得参考的原则:①将最重要的信息放在首页显著位置,一般来说包括产品促销、新产品信息、企业要闻等。企业网站不同于大型门户网站,页面内容不宜太繁杂,与网络营销无关的信息尽量不要放置在主要页面。②在页面左上角放置企业 Logo,这是网络品牌展示的一种表现方式。③站内检索、会员注册/登录等服务放置在右侧或中上方显眼位置。④为每个页面预留一定的广告位置,这样不仅可以为自己的产品进行推广,还可以作为一种网络营销资源与合作伙伴展开合作推广。⑤在网站首页等主要页面预留一个合作伙伴链接区,这是开展网站合作的基本需要。⑥公司介绍、联系信息、网站地图等网站公共菜单一般放置在网页最下方。

(3)首页设计。首页也叫主页,它是网站的形象页面,是网站的“门面”,也称为“homepage”。网站是否能够吸引浏览者,能否促使浏览者继续点击进入,全凭首页设计的效果。所以,首页设计对于任何网站都是至关重要的。网页设计人员必须对首页的设计和制作足够重视。

首页的设计应该遵循快速、简洁、吸引人、信息概括能力强、易于导航的原则,同时融入企业形象,突出企业特点,争取在第一时间吸引浏览者的眼球。

从本质上说,首页就是全网站内容的目录,也是一个索引。在首页设计中,要注意以下几个问题。

- 要避免封面问题。封面是指没有具体内容,只有一个 Logo 点击进入,或者只有简单的图像菜单的首页。除非是艺术性很强的站点,或者确信内容独特足以吸引浏览者进一步点击进入的站点,否则,封面式的首页不会给企业站点带来什么好处。
- 首页明确,主题突出。使浏览者进入网站就知道该网站的类型、业务,最好有一个突出的主题句,除非你的知名度和可口可乐一样全球皆知。
- 尽可能缩短下载时间。首页上包括许多图像,如公司 LOGO、有关的产品图像或者重点标出的某些新产品或特殊产品的图像,这些就是导致首页下载时间过长的主要因素。主页上的图像应力求简朴,页头图像最好保持在大约 10KB 以下。
- 考虑不同显示器的分辨率,不同的浏览软件版本兼容。需要注意配合最低档的设备,例如标准的小型显示器,不要假设任何人都用高清晰度的大屏幕。运用先进浏览软件所提供的尖端功能是可以的,但应确保主页在较低版本的浏览软件上仍可顺畅地显示。

(4)网站界面设计。网站用户界面是指网站用于和用户交流的外观、部件和程序等等。企业网站用户界面的设计应注意以下几个方面。

- 以用户为导向。在建设企业网站过程中,处处尊重用户,以用户为导向来设计整个企业网站是网站建设最重要的成功要素。在设计网页时首先要明确到底谁是使用者,要站在用户的观点和立场上来设计网站。要做到这一点,必须和用户沟通,了解他们的需求、目标、期望和偏好等。
- 简洁和易于操作。简洁和易于操作是网页设计的最需要注意的问题。毕竟,网站建设出来是为普通网民查阅信息和使用网络提供服务的。

• 视觉平衡。网页设计时,各种元素(如图形、文字、空白)都会有视觉作用。根据视觉原理,图形与一块文字比较,图形的视觉作用要大一些。所以,为了达到视觉平衡,在设计网页时需要以更多的文字来平衡一幅图片。另外,中国人的阅读习惯是从左到右,从上到下,因此,视觉平衡也要遵循这个习惯。

• 色彩的搭配和文字的可阅读性。颜色是影响网页的重要因素,不同的颜色对人的感觉有不同的影响,例如:红色和橙色使人兴奋并使心跳加速;黄色使人联想到阳光,是一种快活的颜色;黑色显得比较庄重。考虑到你希望对浏览者产生什么影响,为网页设计选择合适的颜色(包括背景色、元素颜色、文字颜色、链接颜色等)。

• 网页的设计风格和谐与一致性。所谓风格是指站点的整体形象给浏览者的综合感受,它包括站点的CI、版面布局、浏览方式、交互性、文字、语气、内容价值、存在意义等诸多因素。风格应该是独特的,是区别自己站点与其他站点不同的地方,一眼就能让浏览者分辨出网站的特色。另外,风格是有个性的。通过网站的外表、内容、文字、交流等,可以概括出一个站点的个性。有风格的网站与普通网站的区别在于,普通网站的用户看到的只是一堆堆在一起的信息,而有风格的网站可以使用户浏览后能有更深一层的感受。

对网站的各种元素(颜色、字体、图形、空白等)使用一定的规格,使得设计良好的网页看起来应该是和谐的。一致的结构设计,可以让浏览者对网站的形象有深刻的记忆;一致的导航设计,可以让浏览者迅速而又有效地进入在网站中自己所需要的部分;一致的操作设计,可以让浏览者快速学会整个网站的各种功能操作。

(5)设计业务处理流程。完成了前面几项规划设计后,就需要开始把它们变为可以在网站上看到的页面。但初次开发网站或设计主页的人常常会遇到这样的问题,不知道应该先开发什么,后开发什么,或是想到哪里就开发到哪里。结果是网站的内容不连贯,结构混乱,栏目不完整。因此,在网站设计时,为解决上述问题,可以把各项内容或各栏目当做一定的功能模块,通过设计它的业务流程来规划内容的开发步骤。

(6)网站功能设计。企业网站的功能可以分为前台和后台两个部分,前台即用户可以通过浏览器看到和操作的内容,后台则是指通过运营人员的操作才能在前台实现的相应功能。后台的功能是为了实现前台的功能而设计的,即通过后台来实现对前台信息和功能的管理,而前台的功能是后台功能的对外表现。例如,在网站上看到的公司新闻、产品介绍等就是网站运营人员通过后台的信息发布功能实现的。在前台,用户看到的通常只是信息本身,看不到信息的发布过程。

网站的技术功能需要在网站策划阶段确定,功能开发完成之后在一个阶段内将保持稳定,因此需要认真研究,尽量不要遗漏重要功能,也没有必要投入无谓的资金开发过于超前的功能,有些功能可以待网站改版和功能升级时再进行重新策划。一个企业网站需要哪些功能主要取决于网络营销策略、财务预算、网站维护管理能力等因素。前文列出的是企业网站常用的部分功能,对于一些大型网站则会有更为复杂的功能需求。

(7)网站服务设计。企业网站的服务也是网站的基本要素之一,如果一个网站只有简单的公司简介和产品介绍，不仅会显得内容比较贫乏，有时也无法满足用户对于网站信息的需求，因此有必要根据产品特点和用户的需求特征提供相应的服务内容。这些服务有些已经包含在网站的基本内容中（如常见问题解答），有些则需要与产品相结合才能发挥作用。企业网站服务的实现通常需要相应功能的支持。

网站服务的内容和形式很多，常见的介绍如下。

- 产品选购和保养知识。相对于生产商和销售商来说，用户的产品知识总是比较欠缺的，利用网站为用户提供尽可能多的产品知识是市场培养的有效方法之一。
- 产品说明书。除了随产品附送说明书之外，在网上发布详细的产品说明对于用户了解产品具有积极意义。
- 常见问题解答。企业将用户在使用网站服务、了解和选购产品过程中可能遇到的问题整理为一个常见问题解答，并根据用户的问题不断增加和完善这个 FAQ，不仅方便了用户，也节省了顾客服务时间和服务成本。一个优秀的 FAQ 可以完成 80% 的在线顾客服务任务。
- 在线问题咨询。如果用户的问题比较特殊，企业需要专门给予回答，开设这种问题解答服务是很有必要的，不仅解决了顾客的咨询，从中也可以了解到一些顾客对产品的看法。
- 即时信息服务。在条件具备的情况下，利用即时信息开展实时顾客服务更容易获得用户的欢迎。
- 会员通信。企业定期给注册用户发送有价值的信息是维护顾客关系、为顾客服务的有效手段之一。
- 优惠券下载。当公司推出优惠措施时，将优惠券发布在网络上，不仅容易获得用户的关注，也降低了发放优惠券的成本。
- 驱动程序下载。如果是需要驱动程序的电子产品，别忘记在网站上提供各种型号产品的驱动程序，并给予详细说明，驱动程序经常是困扰用户的问题之一，企业网站理应在这方面发挥其应有的作用。
- 会员社区服务。会员社区服务为用户提供一个发表自己观点、与其他用户相互交流的空间。
- 免费研究报告。如果企业拥有重要的信息资源，可以定期为用户提供有价值的免费研究报告。

（8）网站优化设计。网站优化的基本思想是通过对网站功能、结构、布局、内容等关键要素的合理设计，使得网站的功能和表现形式达到最优效果，可以充分表现出网站的网络营销功能。网站优化设计的含义具体表现在三个方面：首先，从用户的角度来说，经过网站的优化设计，用户可以方便地浏览网站的信息、使用网站的服务。其次，从基于搜索引擎推广网站的角度来说，优化设计的网站使得搜索引擎可以顺利地抓取网站的基本信息。当用户通过搜索引擎检索时，企业期望的网站摘要信息可以出现在理想的位置，使用户能够发现有关信息并引起兴趣，从而单击搜索结果并达到网站获取进一步的信息服务,直至成为真正的顾客。最后,从网站运营维护的角度来说,网站运营人员则可以对网站方便地进行管理维护,有利于各种网络营销方法的应用,并且可以积累有价值的网络营销资源。只有经过网站优化设计的企业网站才能真正具有网络营销导向,才能与网络营销策略相一致。

由此可见,网站优化包括三个层面的含义:对用户的优化、对网络环境(搜索引擎等)的优化和网站运营维护的优化。

网站设计对用户优化的具体表现是:以用户需求为导向,设计方便的网站导航,网页下载速度尽可能快速,网页布局合理并且适合保存、打印、转发,网站信息丰富、有效,有助于用户产生信任。

网站设计对网络环境优化的表现形式是:适合搜索引擎检索(搜索引擎优化),便于积累网站营销资源(如互换链接、互换广告等)。

网站设计对运营维护优化的含义是:充分体现网站的网络营销功能,使得各种网络营销方法可以发挥最大效果,网站便于日常信息更新、维护、改版更新,便于获得和管理注册用户资源等。

从上述对网站优化设计含义的理解也可以看出,网站优化设计并非只是搜索引擎优化,搜索引擎优化只是网站优化设计中的一部分,不过这部分内容对于网站推广的影响非常明显和直接,因此更容易引起重视。真正的网站优化设计不仅仅是搜索引擎优化,应坚持用户导向而不是搜索引擎导向。因此网站优化设计中三个层面的内容不能顾此失彼,应实现全面优化,尤其是对用户的优化应放在首位。

(9)选择网站开发软硬件平台和工具。网站开发的基本思路都确定下来后,就要开始为开发网站选择软硬件平台和开发工具。软硬件平台和开发工具是影响网站开发效率和运行安全稳定性的重要因素,也是网站投资的重要组成部分。

- 硬件平台。一个网站的建立至少要配备一台 Web 服务器,规模较大的网站还应有邮件服务器、数据库服务器、DNS 服务器和防火墙服务器等,小型网站可以把几种服务功能放在一台服务器上。
- 软件平台。软件平台包括三类:系统平台、Web 服务器平台和数据库平台。

(10)预算网站建设所需经费。对于网站的投资人来说,建设费用是他们最关心的,也是网站成败的关键因素之一。一般网站的建设需要以下费用:

- 网站前期准备费用。包括市场调查费、域名注册费、资料素材收集费、网站初步设计费、硬件购置费、软件购置费以及其他费用。
- 网站开发费用。主要是开发网站的人力成本。
- 网站宣传费用。
- 网站维护与更新费用。

(11)安排网站开发进度。如果有了好的网站创意而迟迟不能变为现实,则很有可能在较短的时间内失去创新领先的优势。一般是把网站开发的流程确定下来后,确定出每一项任务的起止时间。中型网站(约 200 个页面,10M 信息容量)的网站规划需 10 ~ 15

个工作日，页面设计和程序设计需15～30个工作日，网站测试约需7个工作日，共需2个月左右。

3.1.5.3 网站开发

（1）网站开发前期的工作。

第一步，申请网站的域名。用户在构建网站之前，首先要到ISP服务提供商处注册并购买域名，如可以到新网、万网、时代互联网等网站注册并购买域名。

第二步，购买空间。域名申请好以后，接下来就是网站空间的选择和购买。网站存放在互联网上需要一定的空间，用户可以根据需要选择虚拟主机、主机托管和构造自有服务器三种方式来存放自己的网站。

- 虚拟主机方式。该方式是使用特殊的软硬件技术，把一台计算机主机分成一台台"虚拟"的主机，每一台虚拟主机都具有独立的域名和IP地址（或者共用IP地址），具有完整的互联网服务器的功能。在同一硬件、同一操作系统平台上，运行着为多个用户打开的不同服务器程序，互不干扰；而每个用户有自己的一部分系统（IP地址、文件储存空间、内存、CPU时间等）。虚拟主机之间完全独立，在外界看来，每台虚拟主机是完全一样的。这种方式建立网站实际上就是租用ISP的硬盘空间。通常，虚拟主机的服务商还会提供E-mail服务、网站策划、网页设计、程序编写、网站推广等一条龙服务。

采用这种方式建立主机，主机的位置在ISP处，不仅节省购买机器和租用专线的费用，同时网站使用和维护的技术问题由服务提供商负责，企业就可以不用担心技术障碍，也不必聘用专门的管理人员，比较适合于中小企业采用。

- 主机托管方式。企业自行购买、配置、安装Web服务器后，托管在某个网络服务机构，由客户自己进行维护，或者由其他的签约人进行维护，每年向网络服务商支付一定的费用。如果企业想拥有自己独立的网络服务器，同时又不想花费更多的资金租用专线、进行网络环境、机房环境投资，更不想投入人力进行24小时的网络维护，可以采用主机托管方式。

主机托管的特点是投资较省，周期短，无线路拥塞之忧。这种方式适用于技术实力欠缺的企业构建网站。

- 构造自有服务器。构造自有服务器是企业自行购买、配置、安装Web服务器，并建立一条直接的互联网连接，这种方式的好处是企业自己管理整个网站，放置自己想放的任何软件，随时对服务器进行各种操作，但互联网连接和服务器维护都要企业自己负责，投资费用高。

构建网站时，考虑是构造自有服务器还是主机托管或使用虚拟主机服务器取决于时间限制、设备资源、特殊需求以及经费预算等因素。

第三步，安装软件平台及开发工具。

（2）网站页面内容编排。主要包括以下内容：

- 确定每页具体内容，尤其是首页的功能模块、版面等。
- 各页面内容的排版。

• 各页面内容的链接。

(3)网站程序设计。网站建设涉及多种程序设计语言,可以根据网站开发前期规划选用程序设计语言。

(4)网页美工设计。网页设计是技术与艺术的结合,美工设计尤显重要。

(5)站点测试与修改。网站建设完成后必须选择代表性用户进行使用测试,并根据测试结果再进一步修改完善,如此反复,直到满意为止。

建起的网站是否达到了规划设计的标准,是否满足了业务流程的要求,客户界面是否友好,操作是否简单,输入与输出的数据信息是否准确流畅等问题,都必须经过一定的测试来验证、解决。所以,正式推出网站前的测试是十分必要的。当然,在创建网站内容与开发管理系统过程中会有大量的调试,但是这些无论如何都不能代替总体的测试。测试的内容包括速度、兼容性、交互性、链接正确性、程序健壮性、超流量测试等,如果发现问题及时解决并记录下来。测试的方式与途径有许多种,如果是自己做的网站,可以请内部员工模拟测试,请合作伙伴(如经销商、供应商、运输商、中介机构等)帮助模拟测试,或请目标客户模拟测试等;如果是外包给开发商做的网站,除了上述的测试途径外,还可以与开发商共同测试。

在进行测试时,首先进行本地站点测试,其次是发布站点测试,然后是网站安全性测试。

3.1.5.4 网站发布

网站发布之后还要不断进行站点更新。

(1)站点发布可采取虚拟主机方案、服务器托管方案或 DDN 专线接入方案。

(2)站点更新包括原有栏目的内容更新、栏目重组与创新、网站软硬件升级等内容。

3.2 域名及其管理

3.2.1 域名的含义

域名,是互联网上的一个服务器或一个网络系统的名字,即通常所说的网址,它是互联网上计算机的网络地址,是接入互联网的计算机在网络上的名称,网络使用者通过域名就能到达某一个网站。其实,真正的互联网络地址是一串数字,即 IP 地址,如同电话号码,这带来了记忆上的困难。为了方便记忆和使用,就出现了域名。人们将域名和地址对应起来,用户通过在自己的计算机中输入某个域名,计算机中的应用程序自动通过域名服务器将域名转换成相应的 IP 地址,然后与该域名相对应的网上计算机主机相连,获取各种资源。一个域名只能对应一台计算机主机,因而域名不允许重名。

互联网域名企业建立自己的网站,就会得到一个具有商业价值的网址(域名),其中可以包含企业的名称、行业和所属国家等信息。域名的直接作用相当于电话号码，但间接意义更大，可以印到宣传品或媒体广告上，吸引人们访问企业网站。

3.2.2 域名的商业价值

一个企业或组织的域名是在互联网空间上的永久标志。域名是比 IP 地址更高级、更直观的形式，因此实际使用时通常使用域名地址。从技术上讲，域名只是一个互联网中用于解决地址对应问题的一种方法，可以说是一个技术名词。随着互联网在世界范围内的普遍使用，域名也自然地成为一个社会科学名词。电子商务应用的推广，又使企业注册域名成为时尚与必需。大量的企业或组织通过建立自己的互联网服务器来宣传自己的产品和服务。域名和企业、产品有了越来越密切的关系，已成为企业迈入信息化社会适应现代国际商业市场竞争的重要工具，其商业价值越来越大，也必然越来越受到人们的重视。

企业的域名被商界誉为"企业的网上商标"，是企业进入互联网且与用户进行网络沟通与交流的唯一途径，是企业开展网上业务的公众形象和无形资产，也是企业迈入信息化社会、融入国际大市场、进行电子商务应用的标志，因而有着巨大的商业价值。域名的商业价值主要体现在其品牌价值上。好的域名在作品牌宣传时，将起到事半功倍的作用。1995 年微软公司为宣传品牌 Windows 95 曾投入资金达 50 亿美元之多，使其成为世界上家喻户晓的品牌。而同时期刚刚起步的网景公司借助互联网以放弃收费为代价，使 Netscape 浏览器不费吹灰之力就占领了 70% 的市场，由于公司品牌的知名度和潜在价值，公司股票上市当天就从 28 美元狂升到 75 美元，4 个月后达到 171 美元，公司的创始人也在短短时间内成为亿万富翁。可见由于互联网市场容量非常规增长、消费者群的聚集，域名商标的潜在价值是很难以往常的模式进行预测的。

众所周知，域名从作为计算机网上通信的识别标志提升为从商业角度考虑的企业的商标资源，与企业商标一样，它的商业价值是不言而喻的。好的域名可以让消费者深刻难忘，且可马上就联想到这个公司，以及公司早已树立的或正统、或大气的实力形象。如以 IBM 作为域名，使用者很自然联想到 IBM 公司，联想到该站点提供的服务或产品同样具有 IBM 公司一贯承诺的品质和价值。因此，域名的最佳选择应与企业、商标或产品名称统一起来，这样才能大大提高自己主页的访问率，更好地宣传、推销自己，为企业带来更多的商业机会。

3.2.3 域名管理

为了保证国际互联网的正常运行和向全体互联网络用户提供服务，国际上设立了国际互联网信息中心(InterNIC)，为所有互联网络用户服务。由于网络的规模庞大及各国语言的关系，各国纷纷设立自己国家一级的互联网络信息中心，以便为本国的互联网络用户提供更及时和方便的服务。中国科学院在中国科学院计算机网络信息中心组建了

CNNIC,行使国家互联网络信息中心的职责。CNNIC 的一项主要业务就是域名注册服务。

3.2.3.1 域名体系

互联网上的域名采用树型和分层命名的方法,每个域名分为几段,用点号分开。其格式为:主机名.网络名.机构名.顶级域名。

例如中国联合网络通信有限公司网站的域名是:www.chinaunicom.com.cn。从右至左分别表示域名由高到低的层次。cn 表示国别的顶级域名;com 表示企业类型(公司)的次级域名;chinaunicom 是中国联合网络通信有限公司的英文名称,是第三级域名;www 是公司 Web 服务器的名称,作最底层域名。任何一级域名不同都视为不同的域名,例如 www.psm.com 和 www.pstn.net,以及 www.pstn.com.cn 就是三个不同的域名,很可能分属于三个毫无关系的网站。

(1)国家域名。以国家代码作顶级域名,如中国的代码是 cn,英国为 uk,加拿大为 ca 等。美国原没有作为顶级域名的国家代码,从 2002 年 4 月开始使用 us 作为美国的国家域名代码。表 3-1 列举了一些具有代表性的域名。

表 3-1 最高级地区域名范例对照表

国家域名	国家	国家域名	国家	国家域名	国家
at	奥地利	dk	丹麦	Jp	日本
au	澳大利亚	es	西班牙	nz	新西兰
ca	加拿大	Fr	法国	uk	英国
cn	中国	Gr	希腊	us	美国
de	德国	Ie	爱尔兰共和国	sz	瑞士

当以国家代码做顶级域名时,我国国内网站的次级域名又包括类别域名(通用域名)和区域域名两套域名体系。比如,清华大学的网站 www.Tsinghua.edu.cn 以网站类别作次级域名,其中次级域名为".edu",表明这是一个教育单位的网站。又如,天津电信的网站 www.tpt.tj.cn 以行政区域作次级域名,其中次级域名".tj",表明行政区域为天津。目前我国行政区域域名共 34 个,适用于我国的各省、自治区、直辖市,如".bj"为北京、".gd"为广东等。

(2)国际域名。国际域名也称为通用域名,即直接以网站类型作顶级域名。表明网站类型的顶级域名原有 7 类,分别是 ac、com、edu、mil、net、gov、org。后来因网站数目增加太快,原有域名资源日趋枯竭,互联网指定名称和地址分配公司(Internet Corporation Assigned Names and Numbers, ICANN)2000 年 11 月批准新增 7 个顶级域名为 biz、info、name、pro、areo、coop 和 museum,在近年又增加了一个用于跨越国家边界的某一机构(如 NATO)专用的顶级域名 int。所以,现在已有 15 个网站类型的顶级域名,企业可以根据实际情况选择某个类型作为自己网站的国际域名。顶级国际域名类型如表 3-2 所示。

表 3-2 顶级国际域名类型

序号	域名	应用	序号	域名	应用
1	ac	学术单位	9	biz	商业组织
2	com	商业机构	10	info	信息服务
3	edu	教育机构	11	name	个人域名
4	mil	军事机构	12	pro	律师、医生等专业人士
5	net	网络机构	13	areo	航运公司、机场
6	gov	政府部门	14	coop	商业合作组织
7	org	非营利组织	15	museum	博物馆及文化遗产组织
8	int	国际性机构			

3.2.3.2 域名命名

(1)域名命名规则。由于互联网上的各级域名是分别由不同机构管理的,所以,各个机构管理域名的方式和域名命名的规则也有所不同。但域名的命名也有一些共同的规则,主要有以下四点。

• 域名中只能包含以下字符:26 个英文字母;0、1、2、3、4、5、6、7、8、9 十个数字;"-"(英文中的连接符)。

• 域名中字符的组合规则。在域名中,不区分英文字母的大小写,对于一个域名的长度是有一定限制的。

• CN 下域名命名的规则。遵照域名命名的全部共同规则,只能注册三级域名,三级域名用字母(A~Z,或 a~z,大小写等价)、数字(0~9)和连接符(-)组成,各级域名之间用实点(.)连接,三级域名长度不得超过 20 个字符。

• 不得使用或限制使用的名称。注册含有"CHINA"、"CHINESE"、"CN"、"NATIONAL"等的域名时,需经国家有关部门(指部级以上单位正式批准);公众知晓的其他国家或者地区名称、外国地名、国际组织名称不得使用;县级以上(含县级)行政区域名称的全称或者缩写,需经相关县级以上(含县级)人民政府正式批准;行业名称或者商品的通用名称不得使用;他人已在中国注册过的企业名称或者商标名称不得使用;对国家、社会或者公共利益有损害的名称不得使用。其中,经国家有关部门(指部级以上单位)正式批准和相关县级以上(含县级)人民政府正式批准是指,相关机构要出具书面文件表示同意××××单位注册×××域名。如,要申请 beijing. com. cn 域名,则要提供北京市人民政府的批文。

(2)域名命名的技巧。域名不仅仅是企业的网络商标,也是人们在网上查找的依据之一,可以说,拥有一个好的域名,也就意味着有了成功的开端。虽然网站域名的内容原则上可以随便选择,但由于网站域名是企业在互联网上的商标和品牌,以及域名在互联网上的唯一性,所以域名的确定也要深思熟虑,选择一个好的域名应注意以下技巧。

• 域名与公司密切相关。一个好的域名应该与企业的性质、企业的名称、企业的商标及平时的企业宣传一致,可用单位名称的中英文缩写、企业产品的注册商标、企业商品或服务类别名称、企业或产品的广告语等作为域名。如能将企业名称与域名统一,可以营造一个完整立体的企业形象,不但便于消费者在不同环境都能准确识别,而且两边的宣传可以起到相互补充、相互促进的作用,目前大多数企业都采用这种方法。如:央视网站:www.cctv.com, cctv 是中央电视台的缩写;美国戴尔公司网站域名:www.dell.com,在这里 dell 既是公司的名称也是产品的商标。这样的域名易记易找,也能成为网上的活广告,无形中宣传了企业的形象,保护了企业的利益。

• 简单、切题、易记。选择一个切题易记的域名是网站成功的重要因素。域名就是网络商标,是用户访问网站的第一通道。一个简短易记、反映站点性质的响亮域名往往给用户留下深刻的印象。所以任何一个域名都应该简洁,容易拼写,易于理解。如:中华网的域名为 www.china.com,在这里 china 表示中国;还有 8848——珠穆朗玛网上超市,珠穆朗玛峰是世界上最高的山峰,海拔 8848 米,其在世界上具有极高的知名度,因此,8848 网站的成功及其冲击力是相当明显的;而网易(www.163.com)采用数字化域名更是用心良苦,网易认为,英语并非中国的母语,对绝大多数中国人来说,用英文做域名并不易记,唯有数字简单好记,无论用电话或用信件传达都不容易混乱。在互联网上像这样简单易记的域名还有很多,我们在选择域名时切记不宜太长,否则很难记忆,试想谁愿意去记住一长串毫无意义的字母呢?事实上谁也不会愿意去敲一个长而难记的地址去访问。

• 新颖别致。避免使用那些不能把你和其他公司区分出来的前缀和后缀,避免使用陈词滥调。比如,目前网络界到处可见的“cyber”、“net -”、“- tech”、“china -”、“sino -”、“digi -”、“sys -”以及诸如此类的名字。事实上,使用这些词也许会缩短名字的寿命。人们看公司的名字会像鉴定过时的葡萄酒一样推算公司的日期:“啊,这听上去好像 90 年代中期的产物。”域名命名要尽量新颖别致,给人以耳目一新的感觉。

• 避免使用“.com”。如今注册站点仅仅是作为进入互联网的“门票”。那为什么一定要强调突出你是网络公司呢?要知道几年之内大部分的商务都会在网上实施,大部分的企业都将转型为“互联网企业”。因此,把“.com”作为你的公司名字的一部分,是非常没有远见的,而且也不利于公司的长期发展。

• 避免使用描述性语言。的确,描述性的名字可以让你在互联网上拥有一席之地,特别是那些垂直内容网站,这是快速推广品牌的短期战略。利用搜索引擎查询到你的产品和服务,可很快提高品牌知名度,但对公司其他产品的推广并没有帮助。Wine.com 对在线葡萄酒销售来说非常明智,但是,当上网者想浏览啤酒和酒精饮料这类商品时,会发生什么情况呢?

• 创造独特的个性。Ask.com 这个名称具有独特的个性。专门答疑解惑的网站本身就是一个很妙的创意。Ask. com 达到了预期的目的。它能引起共鸣,它与众不同,并且它深入人心。

• 创造出乎意料的组合。创造关联性的名字对将来的域名有效性来说可能是最好的方法。按照词的原意进行出乎意料的组合,能够激发人们的想象,为品牌的创建提供更坚实的基础。对大多数人来说,51job 没有任何实际意义,但是在互联网上,这种利用谐音"51"(我要) + "job"(工作)的组合,使人产生联想,过目不忘。

• 旧词新用。按一个词原来的意义使用是有局限的,但是用它来指完全不同意义的事情会怎样呢? 这并不是什么新战略:Apple 和技术有什么关系? Shell(壳牌)和石油又有什么关系? 然而,你应该牢记的是如果你公司的名字和你的产品没有任何关系,你将不得不努力让消费者建立起特定的概念。

• 注册多个域名。由于域名命名的限制和申请者广泛,极易出现申请类似的域名,从而减弱域名的识别和独占性,导致顾客的错误识别,因此企业一般要同时申请多个类似相关的域名,在注册". com"域名的同时,最好注册一个同样名称的". net"域名,在注册中文通用域名时,最好同时申请英文保护性域名,以免非中文的用户无法访问到你的网站。例如,可同时注册 yourname. com、yourname. com. cn、yourname. net 和 yourname. net. cn,这样既可以为了将来业务的拓展,也可以避免其他公司注册该域名而引起混乱,以防访问者误会,从而保护了自己的利益。另外,为便于顾客识别不同服务,也可以申请类似但又有区别的域名,如微软公司的 www. Microsoft. com 和 home. Microsoft. com。

• 国际性。由于互联网的开放性、国际性,使用者可能遍布全世界,域名的选择必须能使国外大多数用户容易记忆和接受,以免失去开拓国际市场的大好机会。目前,互联网上的标准语言是英语,因此命名一般用相对应的英语单词为佳,如"中国"的拼音"ZhongGuo"可以很容易被中国人识别出来,可是不了解中国文化的人就不知所云了,如果用"China"就可以兼顾国内和国外的用户。

3.2.3.3 域名注册

(1)域名注册方法。域名的注册必须向授权组织申请。中国企业网站注册国内域名,可以通过 CNNIC 注册,也可通过 CNNIC 域名注册申请授权代理商来完成。国内企业也可申请国际域名,以便将自己的网站推向世界。申请国际域名可以通过 CNNIC 实现,也可以通过国际域名管理机构(InterNIC)或国际域名注册申请代理商来进行。但应注意,在中国境内接入中国互联网而注册的国际域名必须在 CNNIC 登记备案。

域名注册可以在上述机构或授权代理公司的网站上进行。注册的方法和步骤在网页上都有十分详细的提示和解释,只要按提示的步骤,一步步去做就可以完成申请和注册。在网上申请注册后有时还需要提交相关的书面文件,交纳一定的注册费用(在不同的机构或公司注册所需的费用有可能不同)。在 CNNIC 申请注册域名的申请人可以采用 www、E-mail、传真、邮寄等方式提出注册申请。申请注册的步骤如下:

• 填写注册申请表并递交。申请域名可以通过 Web 和 E-mail 两种方式填写注册申请表。

- 域名注册系统进行语法检查。
- 域名注册系统检查是否有单位已经注册或预注册了您申请的域名。
- 邮寄或亲自递交申请材料给注册管理机构。
- 注册材料的审核。
- 缴纳域名注册费用。
- 发“域名注册证”和发票。

(2)域名保护。因为域名只能供单一用户使用,是一种不可再生资源,正如国外的“域名交易所”所宣传的那样,“域名是一个有限的资源”,而域名注册是对非常有限的资源的开发工作。就技术而言,域名不过是一种 IP 地址的助记符号,但由于每个域名在互联网上都是唯一的,又由于国际域名在全世界统一注册,而国际域名遵循先申请先注册的原则,域名一旦被注册,其他任何机构都无权再注册相同的域名。这就使得域名实际上与商标、企业标志物有了相类似的意义,因此有人也把域名称为“网络商标”。比如,如果希望到网上查询 IBM 公司产品信息,却不知道网址,我们会很自然地在浏览器的地址栏键入 www. ibm. com 去试一试。几乎世界上所有著名企业都在网上占有一席之地,它们多半是以公司或商标名称作为注册域名。可见,域名在商业竞争中不只是一个网络地址,而且还牵涉到至关重要的商业新机会。正因为域名的潜在商业价值,网络上时常都有域名被抢注、重金购买域名的事情发生。许多不法之徒抢先注册一些著名域名,用一些著名公司的商标或名称作为自己的域名注册,并向这些公司索取高额转让费,由此引起法律纠纷,如美国的 DennisToeppen 抢注域名案,英国的首宗域名抢注案。又如,麦当劳不惜花费 800 万美元买回被别人抢注的域名,太阳微电子和苹果公司利用法律手段极力保护自己的商标权和域名权。

由于注册具有国际性和时间优先原则,域名的抢注是一个非常棘手的问题。企业在选择了一个比较适合的域名之后,应当马上进行注册,才有可能获得所需的域名。企业要防止他人抢注,避免使自己千辛万苦多年培育的品牌落入他手。可根据规模和发展需要提前申请注册,以保护自己未来的收益。另外,如果现阶段不想注册上网,企业可以利用申请时的 60 天域名公开期和对有争议的域名不得批准的规定,定期检索,并向有抢注问题的域名提出异议,以保护企业商标名称的未来收益不被侵害。如果申请的域名被别人占用,可以根据情况进行协商转让,在互联网 Society 第 6 届会议上,负责制定互联网标准的组织(IETF)同意设立一个工作组,试验主机地址转让市场。如果是被非法抢注,可借助现行法律如《商标法》来争取企业合法权益,但由于争议可能是国际性的,本国法律可能无能为力,往往会望“址”兴叹。因此,企业必须具有战略眼光,主动采取措施。在注册域名时可以自己到域名管理机构进行注册,这种方式直接但需要自己准备有关材料,而且也不是很专业;另外一种方式,是比较常用的委托专业公司代理注册的方式,只需要交纳一定代理费用即可,专业公司不但可以提供注册服务,还可以帮助企业推广注册的域名。

3.2.4 域名策略

正确注册域名无疑是电子商务的开始，但是，如何注册和安排域名站点却是一个难题。我们不妨从各种不同的域名应用安排中分析其决策的利弊。

3.2.4.1 分散域名策略

分散域名策略是指一个公司除了把公司名称注册域名之外，还要将其不同商标的产品也各自独立地分散注册域名。当一个生产规模大、产品多样化的公司的某种产品具有非常独特的个性，并拥有了相对较高的市场忠诚度时，必须有分散域名。同一公司生产的商品，不一定都能得到市场的统一认同，所以把某一个商品独立出来的时候，这个域名所代表的品牌站点可以很快被其消费者所找到。一般来说，品牌消费者并不一定都知道这个品牌是哪个公司的，而且往往他们也并不关心。比如，很多人知道 ICQ，可是要他们马上说出其生产公司的名称（Mirabilis）时却大多说错。还有，一些公司所生产的不同品牌商品是为了满足不同的消费喜好，不可能所有的人都同时喜欢同一公司所生产的所有商品。比如，宝洁公司的洗发水有飘柔、海飞丝、潘婷等不同牌子。如果有人喜欢飘柔而讨厌海飞丝，那么他在查看飘柔主页的时候却必须经过海飞丝的身边，这未免让他不高兴。所以，产品多样化或者产品个性强的时候，公司必须为某些品牌独立注册域名，以尊重、培养和强化消费者的品牌忠诚度。而且更有另外的好处就是，一旦公司旗下某一独立品牌商品出现信誉危机的时候对其他品牌的信誉和知名度不会造成妨害。

当然，分散域名也有其弊端所在。最明显的就是站点建设的劳动强度增大，管理力度分散，这造成了网站成本的增加。而且，在某一程度上来说影响了公司的整体形象。所以，要采取分散域名注册的决策，必须具备三个基本条件之一。这三个基本条件就是：产品多样化、独特个性品牌、特定市场的品牌忠诚度。

作为信息服务企业来说，分设分散域名必须慎重。因为网站的知名度就是网站的价值所在，除非网站内有不同路线的并行服务（比如内容提供的同时也搞网络销售），否则，单一域名所凝聚的名牌价值其实比分散域名的网站知名度的简单相加还要高。我们看 YAHOO!，它的服务其实是很多样的，涉及搜索、网络社区服务、电子商务、金融信息、新闻等，但是，它始终死守一个 Yahoo. com。

从消费心理来看，一个品牌一开始必须不停强调，而不是淡化。只有等强化达到某个程度之后，才可以根据产品和市场的细分来分别进行域名管理。也就是说，以网络为商业目的的网站，一开始最好不要采用分散域名的方法。除非是刚开始进入市场时准备了大量资金，足够在网络上进行大量的试错实验。那么，就不妨用分散域名的方法来分散风险和试探市场需求和接受能力。

3.2.4.2 单一域名策略

把产品以目录的形式放在同一个域名之下是目前企业采用最多的域名策略。这样的网站首页一般不是很好看，可是很有效，容易吸引人，能唤起人们定期浏览的决心进而收藏进书签里。此决策最大的好处那就是使公司有很强的整体感,容易以公司整体的信誉去推动产品的市场占有率。也就是说,只要单一品牌已经获得了足够的市场信赖度,那么几乎所有产品的推销工作都已经不战而胜。

作为一个网站,因为在同一个域名下面,不用考虑不同定位和不同风格的主页制作,可以节省站点建设开支,既便于管理,也便于统一推广和宣传。这就是为什么企业大都采用单一域名策略的原因。

单一域名策略的缺点在于缺乏个性,难以强调某一独立品牌,难以细分不同层次的市场。而且,当公司的某一品牌商品在市场上搞砸了之后,会因为这个产品的坏名誉而祸及其他产品。

众所周知,在营销策划中免不了炒作的行为,而炒作是一项高风险的决策,一旦操作不慎,不但难以实现知名度的提高,反而会使以前辛苦打下的市场空间丢掉大半。作为分散域名的网站管理者,利用炒作来提高其中一个品牌是可以的,但是利用单一域名的企业在进行市场炒作的时候就必须再三权衡得失了。没有到万不得已的时候还是采取稳健的市场推进计划为妙。

在决策适应面上,几乎所有企业都适合采取这种单一域名策略。问题是这样就难以达到出奇制胜的目的,而且如果公司的产品是由不同的经济实体完成的话,比如说分公司,那么反而会在统一风格和集体规划方面造成混乱。所以应该说单一域名运用决策较适合稳步发展的企业、较长市场历史的企业和单一实体的企业。但是,任何刚开始进入网络市场的企业,不管其原始域名策略是什么,初期建设一定要围绕单一域名来进行。一来容易充实网站内容、快速打出名气、集中宣传效应;二来可以适应市场需求,试探消费反应。

域名决策与传统品牌策略还是有一定差别的,那就是可以快速反应、及时调整。不言而喻,单一域名是最能够显示明确的市场反应和最容易得到调整的。

3.2.4.3 三级域名策略

企业域名的一般形式为:产品名.企业名.com,也就是所谓的“三级域名”。在技术层面讲,这样的域名使用几乎是无成本的,不用耗费任何域名费用,只要有一个可以自由配置的 DNS 服务器,就可以做这样的解释。“三级域名”最适合于公司推出新产品时使用,既可以借助公司信誉推动新产品的市场推广,又可以表示产品的个性,以试探市场反应,然后再确定是否应该把产品品牌独立出去。

就消费者接受心理方面而言,三级域名比目录看起来多一些权威感,虽然“产品名.企业名.com”和“企业名.com/产品名”这样的字节数相同,输入强度一样,但是三级域名的独立性相对来说就比较强,可以起到郑重其事的效果,以示公司对此产品的强调。

采用三级域名好处很多,但是它的弊端就是要求独立 DNS 服务器,对消费者的记忆要求高,既要求消费者知道公司名称,又必须知道产品名称。如果用的是目录结构,那么消费者一般只需记忆公司名。而当消费者看到三级域名的时候,他们一般都强迫自己同时记下产品名和公司名,这是域名结构本身给予消费者的一种心理暗示。

域名的重要不言而喻,而如何运用域名也是一个不容忽视的问题。一个企业为了死守一个域名而不断困扰在官司中固然是不明智的,而忽视域名的重要或者胡乱使用域名却也表现出了对企业形象系统的无知。换个角度看看,有时候放弃一个计划中的争议域名反而可以得到一个新的成功,而确定了一个网站品牌之后,如何运用域名已经是一个企业资源运用的课题了。

3.3 网站推广策略

辛辛苦苦做好的网站,放上主机后,并不代表整个网站建设计划大功告成,其实这仅仅是一个开始。可以说,网站建设仅仅是网络营销中网站策略的第一步。网站建成后,如何增加网站的访问量,尤其能让本行业的客户访问,是一个很值得探讨和研究的课题。如果没有人知道网站的存在,那网站就只能是形同虚设,即使是创意新颖、设计很好的网站也不能坐等顾客上门,因此,还需要不断用宣传、广告或链接来推广本企业的网站。网站推广就是采取多种方法,让更多的网民知道本企业的网站,以提高网站的知名度,尽最大可能提高网站的访问量,吸引和创造商机。事实上,企业网站虽如雨后春笋,层出不穷,但其中不少网站只顾闭门造车而不注重推广,结果是知道的人很少,过不了多久就会在互联网上销声匿迹。为使自己的网站被更多人知晓,必须全力进行网站推广。只有这样,企业网站才有可能获得较大回报,取得满意的效果。

网站的推广要结合各种媒体和方式,在网上网下同时展开,进行多方面的营销推广才是有效的办法。目前,网站的推广方式有两大类:一类是利用传统的媒体宣传;另一类是在互联网上进行宣传。

3.3.1 在传统媒体上进行网站推广

在现阶段的中国,传统媒体宣传的影响力仍然远大于网络,特别是对于面向国内的站点,电视、报纸、杂志等这些媒体的效应可以说是立竿见影,这也是为什么现在那么多网站喜欢通过吸引媒体,特别是传统媒体的注意力进行宣传的原因。企业网站的推广,应该融入整个企业的宣传工作中,在所有的广告、展览、各种活动中都要在显著位置加入公司的网址,并作适当介绍。

3.3.1.1 将企业的网址宣传融入日常工作

企业应将网站的推广融入日常工作,在所有可能的地方加入企业的网址进行宣传,具体来说,有以下几个地方可以宣传网址:①信封、信纸、名片、手提袋等各种办公用品上;②企业建筑造型、公司旗帜、企业招牌、公共标志牌等外部建筑环境上;③内部常用标志牌、货架标牌等企业内部建筑环境上;④各种交通工具上;⑤公司员工的服装服饰上;⑥各种产品包装袋上;⑦公司平时赠送的礼品上;⑧公司的各种印刷出版物上等。推广网站实际上等于做广告，要全面利用这些宣传手段进行推广，如淘宝网（网址为 http://www.taobao.com）在成立之初，除了在各大网站、报纸等媒体上做广告外，在北京等城市的户外路牌、公交车车身上全部打上了淘宝网的宣传广告，在很短时间内就被很多人所关注。然而，这种简单的办法有时却被忽略了。在利用这种方法时，要确信网址拼写正确。建议把“http://”部分省略，只写 www.××××.com 部分。在利用传统方式推广网站时，域名是否便于记忆成为影响网站推广效果的重要因素之一。因此，域名选择时要考虑到网站推广的需要。

3.3.1.2 使用传统媒体广告

传统媒体广告方式不应废止。无论报纸还是杂志广告，一定确保在其中展示网址。要将查看网站作为广告的辅助内容，提醒用户浏览网站将获取更多相关信息。不要忽视在一些定位相对较窄的专业报纸或杂志刊登广告，有时这些广告定位会更加准确、有效，而且比网络广告更便宜。比如，“华军网”网站利用《计算机报》、《电脑报》等报纸的宣传，使大量读者知道它是软件下载网站。寻找具有新闻价值的事件（比如宣传提供免费服务），将新闻发布到企业所在行业的印刷期刊上，也是一种很好的宣传方法，因为新闻推广总是有效的，即使读者一下子记不住网址，也会留下一定印象。还有其他传统方式也可以增加网站访问量，如直邮、分类广告、明信片等等。电视广告恐怕更适合于那些销售大众化商品的网站，让网址出现在广告中显眼的位置，相信比电话号码更好记。

3.3.2 在互联网上进行网站推广

在传统媒体上宣传网站的同时，企业还可以利用互联网本身的特点在网上推广网站。在网上推广也是非常重要的策略。在互联网上推广宣传企业网站的方法有很多，归纳如下。

3.3.2.1 搜索引擎策略

互联网上的信息资源如同大海一样，网站就像大海里的一个个小岛，而网民就像驾驭着船舶在找寻“包藏”的岛屿。为了让网民在网上很快找到所关注的网站，获取所需要的信息，网站的经营者必须注册搜索引擎，来推广自己的网站。

搜索引擎推广是指利用搜索引擎、分类目录等具有在线检索信息功能的网络工具进行网站推广的方法。由于搜索引擎的基本形式可以分为网络蜘蛛形搜索引擎（简称搜索引擎）和基于人工分类目录的搜索引擎（简称分类目录），因此搜索引擎推广的形式也相应有基于搜索引擎的方法和基于分类目录的方法。前者包括搜索引擎优化、关键词广告、竞价排名、固定排名、基于内容定位的广告等多种形式；而后者则主要是在分类目录合适的类别中进行网站登录。随着搜索引擎形式的进一步发展变化，也出现了其他一些形式的搜索引擎，不过大都是以这两种形式为基础。

(1)注册搜索引擎。企业建立了自己的网站后要进行推广，注册到搜索引擎是最快捷的方式。而且注册的搜索引擎数目越多，企业的主页被访问的可能性就越大。对于分类目录型的搜索引擎,在关键词的选择上要根据浏览者对关键词的拼写和查找习惯,提交有效的关键词和关键词的组合。至于像 Google 一样的搜索引擎则使用软件自动在网络上搜寻网页。

一般影响企业网站进行搜索引擎注册的因素有:标题、Meta 标签、关键词策略和网站或网页描述。

网上的搜索引擎允许用户按不同的方式来查找。就像图书馆里的索引目录,通过某些线索,如关键词、作者、书名等,就可以查出想要的图书。如,有些搜索引擎网站是按关键字查找的,只要键入关键字,就可找到一系列相关内容的网站地址。

(2)搜索引擎优化。搜索引擎优化既是一项技术性较强的工作,也是一项与企业特点息息相关、需要经常分析和寻求外部合作的工作。做好搜索引擎优化工作是与企业有效打理自己的网站分不开的,它的指导思想不是去迎合搜索引擎,而是尽最大努力方便访问者,寻找目标客户,迎合的是客户的方便性、高效性。实践证明,搜索引擎优化工作不仅能让网站在搜索引擎上有良好的表现,而且能让整个网站看上去轻松明快,页面高效简洁,目标客户能够直奔主题,使网站发挥沟通企业与客户的最佳效果。所以,非常有必要认识搜索引擎优化工作对于网站推广和网络营销的重要性。它是一项需要长期坚持的事情,而不是一劳永逸的。

(3)搜索引擎结果登录。搜索引擎结果登录,是指缴纳一定的费用后被收录,目前新浪、搜狐等均提供这类服务。它通常包括两种类型的收录:一种是普通型登录;另一种是推广型登录。普通型登录"仅保证收录你的网站,不保证排名和位置"。也就是说,你交了钱,他把你的网站放在他的数据库中,但同时在数据库中某企业还有成千上万的其他网站。当网民搜索的时候,你的网站会出现在非常后面的位置。如果网民有耐心一家一家看下来,才会访问到你的网站。显然,这种收录的推广效果不能保证,当然收费也会便宜些。

如果某企业希望排名靠前,那就要选择"推广型登录"。在推广型登录中,该企业的网站保证排在搜索结果第一页,从而被别人看到和访问的概率大大增加。"推广型登录"刚推出的时候,确实是一种优秀的网络推广服务,花费不多,效果明显,但是随着时间的推移,它的效果越来越差。为什么呢?因为提供这种服务的搜索引擎,保证把你的网站排在搜索结果第一页,但没有限定一页会放多少家网站。于是,参加服务的网站越多,第一页的内容就越多。为了解决排名问题,这些搜索引擎想出了一个"滚动排队"的方法,即所有排在第一页的网站,进行滚动,今天你排第一,明天就是第二,后天第三……不断往后排,直至排到最后一名;再过一天,又变成第一,循环往复。搜索引擎结果登录花费不多,是一种适合中小企业的网站推广形式。但由于服务模式的缺陷,它的效果不稳定,并不是最佳选择。

(4)搜索引擎竞价排名。搜索引擎竞价排名是近几年风靡世界的网络推广服务,它以"提升企业销售额"为直接 目标,具有覆盖面广、针对性强、操作灵活、投资回报高等特点。因为搜索竞价排名有众多其他类型服务不可替代的优势,从而逐渐成为网络推广的主流产品。

竞价排名也叫竞价排名推广或关键词(关键字)竞价排名,可以说是关键字竞价广告的通称,包括百度竞价排名、雅虎竞价排名、Google 竞价排名等。竞价排名是一些搜索引擎公司推出的一种按效果付费的网络推广方式。其具体做法是:广告主在购买该项服务后,通过注册一定数量的关键词,按照付费最高者排名靠前的原则,购买了同一关键词的网站按不同的顺序进行排名,出现在网民相应的搜索结果中。竞价排名是广告的运作,类似于广告位的拍卖行为,可以通俗的理解为:花钱在搜索引擎上买关键字的排名,谁出的钱多,谁的网站就排在搜索结果的前面。

竞价排名的基本特点是按点击付费,广告出现在搜索结果中(一般是靠前的位置),如果没有被用户点击,则不收取广告费。在同一关键词的广告中,支付每次点击价格最高的广告排列在第一位,下面其他位置同样按照广告主自己设定的广告点击价格高低来决定。

竞价排名与搜索引擎收费登录有类似的地方,但本质上很不一样。说它们类似,是因为它们都借助搜索引擎这个平台来进行推广;说本质不同,是因为竞价排名不是按照排名的时间长短收费,而是按照为客户网站带去的实际访问量收费。

根据用户的实际使用效果来看,竞价排名是真正能够帮助企业带来新客户、帮助企业提高销售额的最有效的网络推广服务。它极其适合希望自己的产品走向更大范围市场的中小企业用户。这种低成本、有效而灵活的营销方式会得到越来越广泛的应用。

3.3.2.2 网络广告宣传策略

网络广告是一种以消费者为导向、个性化的广告形式。消费者可根据自己的个性特点和喜好,选择是否接收、接收哪些广告信息。此外,网络广告还有覆盖范围广、信息量大、综合的视听效果、实时性和持久性的统一、定位及投放准确等优点。

企业不要忘记在自己网站的每张网页上设置横幅广告,否则就会浪费资源。同时还要尽量到别的网站上放置自己的广告,以达到宣传效果。企业与企业之间,可以在交换友情链接的同时互换横幅广告,或者参加广告交换组织,在相关的网站之间进行广告交换。为了获得最好的营销效果,除了免费的网络广告交换之外,通常还要在其他访问量高的、有影响力的网站或者潜在顾客集中的网站上购买广告空间,这时就需要选择合适的网络媒体。例如,在许多著名网站都会看到易趣的广告,如新浪、腾讯、搜狐、网易等。易趣所投放的广告都是最新的商品信息,就连年轻人最喜欢的 QQ 也有易趣的广告链接。

将网络广告用于网站推广,具有可选择的网络媒体范围广、形式多样、适用性强、投放及时等优点,适合于网站发布初期及运营期的任何阶段。

3.3.2.3 资源合作推广策略

每个企业网站均拥有自己的资源,这种资源可以表现为一定的访问量、注册用户信息、有价值的内容和功能、网络广告空间等,利用网站的资源与合作伙伴开展合作,可以实现资源共享、共同扩大收益的目的。在这些资源合作形式中,交换链接是最简单的一种合作方式，调查表明也是新网站推广的有效方式之一。交换链接或称互惠链接，是具有一定互补优势的网站之间的简单合作形式，即分别在自己的网站上放置对方网站的LOGO或网站名称并设置对方网站的超级链接，使得用户可以从合作网站中发现自己的网站，达到互相推广的目的。交换链接的作用主要表现在几个方面：获得更多访问量、增加用户浏览时的印象、在搜索引擎排名中增加优势、通过合作网站的推荐增加访问者的可信度等。交换链接还有比是否可以取得直接效果更深一层的意义，链接在访问量高的网站比链接在访问量低的网站更有优势。一般来说，每个网站都倾向于链接一些流量比自己高的，有知名度的网站，这样就相当于获得这个高质量网站的推荐，从而能增加访问者的信任度，同时也提高了网站的知名度和美誉度。自从Google等主要搜索引擎将网站的链接广泛度作为排名参考的重要因素以后，网站被链接越多，排名越高。

3.3.2.4 E-mail 策略

随着互联网的迅速普及，E-mail已经成为人与人沟通的主要手段。随着通信技术的快速发展，用手机发送E-mail也已变成现实，每天收发E-mail已经成为许多人生活中不可缺少的一部分。E-mail是增加访问量的重要方法，前提是不能大量发送未经许可的垃圾邮件。

(1)建立邮件列表。每月(或每隔2个月)向用户发送新闻邮件(电子通信/杂志)，这是与客户保持联系、建立信任、发展品牌及建立长期关系的最好方法之一。可以请网站访问者填写他们的E-mail地址，从而收取该网站的新闻邮件。发送邮件时需要采用群发服务器。建立自己的邮件列表需要长期的积累，是一项艰苦的工作，但其价值是巨大的，因此是网络营销的重要手段之一。

(2)租用目标客户邮件列表。这些邮件列表客户在邮件列表商的网站注册时表示同意接收某类别商业邮件信息，因此向这些用户发送你的产品信息是合法的，不属于垃圾邮件。

3.3.2.5 BBS 和新闻组推广策略

BBS和新闻组已经成为互联网上一个重要的组成部分，每天都有全球众多的访问者。如果你熟悉并利用好它们，在各个论坛及BBS上发布自己网站的消息，可以非常有效地推广你的网站。利用中文论坛的自动登录功能只要输入网站的相关信息就可自动将它们发布到论坛上，遵照网络惯例，不要在与自己网站所从事的内容无关的论坛上贴帖子。

杂志一直是信息传播的重要媒体之一，新闻组作为一种电子杂志也不例外。如果能将自己网站的消息在新闻组上发布，将会大大提高自己网站的知名度。有的新闻组，它以主页的开通及更新消息为主要内容。只要把自己网站的更新消息利用投稿功能寄给新闻组，此新闻组的所有注册用户就能收到此消息。

3.3.2.6 信息发布推广策略

将有关的网站推广信息发布在其他潜在用户可能访问的网站上，利用用户在这些网站获取信息的机会实现网站推广的目的，适用于这些信息发布的网站包括在线黄页、分类广告、论坛、博客网站、供求信息平台、行业网站等。信息发布是免费网站推广的常用方法之一，尤其在互联网发展早期，网上信息量相对较少时，往往通过信息发布的方式即可取得满意的效果，不过随着网上信息量爆炸式的增长，这种依靠免费信息发布的方式所能发挥的作用日益降低，同时由于更多更加有效的网站推广方法的出现，信息发布在网站推广的常用方法中的重要程度也有明显的下降，因此大量发送免费信息的方式已经没有太大价值，不过一些针对性、专业性的信息仍然可以引起人们极大的关注，尤其当这些信息发布在相关性比较高的网站上时。

3.3.2.7 病毒性营销策略

病毒性营销方法并非传播病毒，而是利用用户之间的主动传播，让信息像病毒那样扩散，从而达到推广的目的，病毒性营销方法实质上是在为用户提供有价值的免费服务的同时，附加上一定的推广信息，常用的工具包括免费电子书、免费软件、免费 Flash 作品、免费贺卡、免费邮箱、免费即时聊天工具等可以为用户获取信息、使用网络服务、娱乐等带来方便的工具和内容。如果应用得当，这种病毒性营销手段往往可以以极低的代价取得非常显著的效果。

总之，网站推广是个系统工程，而不仅仅是各种网站推广策略的简单应用。网络的发展为广大企业提供了一个极好的供求信息交流平台，如果能够有效利用，将会使企业销售额得到大幅度提升。在网络上，客户的访问，即“点击”，最能表现一种网络推广方式的真正价值。因此，企业应在网站推广总体策略指导下，根据其特点选用相应的方法，并在此基础上进一步采用各种网站推广策略的有效组合，以实现企业的最终目标。

3.4 网站建设实务

3.4.1 网站建设策划书的编制

一个网站的成功与否和建站前的网站策划有着极为重要的关系。在建立网站前应明确：建设网站的目的，确定网站的功能，确定网站规模、投入费用；企业网站是建成公司形象网站，还是产品推广网站；是做通过网站就直接赚钱的电子商务型网站；还是做成在同行业中造成影响的行业门户网站；网站建成后面对的是广大网友，还是只有特定的准客户。这些问题都必须明确，企业只有进行必要的市场分析、详细的规划，才能避免在网站建设中出现的很多问题，使网站建设能顺利进行。这些都需要前期策划好，才能为从一开始注册域名到后期的网站推广、网络营销等一整套流程理清思路。

网站建设策划是指在网站建设前对市场进行分析、确定网站的功能及要面对的客户，并根据需要对网站建设中的技术、内容、费用、测试、推广、维护等作出策划。网站建设策划对网站建设起到计划和指导的作用,对网站的内容和维护起到定位作用。

网站建设策划书应该尽可能涵盖网站规划中的各个方面,网站建设策划书的写作要科学、认真、实事求是。网站建设策划书应包含如下内容。

3.4.1.1 建设网站前的市场分析

(1)相关行业的市场是怎样的,市场有什么样的特点,是否能够在互联网上开展公司业务。

(2)市场主要竞争者分析,竞争对手上网情况及其网站规划、功能、作用。

(3)公司自身条件分析、公司概况、市场优势,可以利用网站提升哪些竞争力,建设网站的能力(费用、技术、人力等)。

3.4.1.2 建设网站目的及功能定位

(1)为什么要建立网站,是为了宣传产品,进行电子商务,还是建立行业性网站?是企业的需要还是市场开拓的延伸?

(2)整合公司资源,确定网站功能。根据公司的需要和计划,确定网站的功能:产品宣传型、网上营销型、客户服务型、电子商务型、行业门户型等。

(3)根据网站功能,确定网站应达到的目的、作用。

(4)企业内部网(Intranet)的建设情况和网站的可扩展性。

3.4.1.3 网站技术解决方案

根据网站的功能确定网站技术解决方案。

(1)采用自建服务器,还是租用虚拟主机。

(2)选择操作系统,用 Unix,Linux 还是 Windows?分析投入成本、功能、开发、稳定性和安全性等。

(3)采用系统性的解决方案,如采用 IBM、HP 等公司提供的企业上网方案、电子商务解决方案,还是自己开发。

(4)网站安全性措施,防黑、防病毒方案。

(5)相关程序开发。如,网页程序 ASP、JSP、CGI、数据库程序等。

3.4.1.4 网站内容规划

(1)根据网站的目的和功能规划网站内容,一般企业网站应包括:公司简介、产品介绍、服务内容、价格信息、联系方式、网上订单等基本内容。

(2)电子商务类网站要提供会员注册、详细的商品服务信息、信息搜索查询、订单确认、付款、个人信息保密措施、相关帮助等。

(3)如果网站栏目比较多,则考虑采用网站编程专人负责相关内容。

注意:网站内容是网站吸引浏览者最重要的因素,无内容或不实用的信息不会吸引匆匆浏览的访客。可事先对人们希望阅读的信息进行调查,并在网站发布后调查人们对网站内容的满意度,以及时调整网站内容。

3.4.1.5 网页设计

(1)网页设计有一定的美术设计要求,网页美术设计一般要与企业整体形象一致,要符合 CI 规范,要注意网页色彩、图片的应用及版面规划,保持网页的整体一致性。

(2)在新技术的采用上要考虑主要目标访问群体的分布地域、年龄阶层、网络速度、阅读习惯等。

(3)制定网页改版计划,如半年到一年时间进行较大规模改版等。

3.4.1.6 网站维护

(1)服务器及相关软硬件的维护,对可能出现的问题进行评估,制定响应时间。

(2)数据库维护,有效地利用数据是网站维护的重要内容,因此数据库的维护要受到重视。

(3)内容的更新、调整等。

(4)制定相关网站维护的规定,将网站维护制度化、规范化。

3.4.1.7 网站测试

网站发布前要进行细致周密的测试,以保证正常浏览和使用。主要测试内容如下。

(1)服务器的稳定性、安全性。

(2)程序及数据库测试。

(3)网页兼容性测试,如浏览器、显示器。

(4)根据需要进行的其他测试。

3.4.1.8 网站发布与推广

(1)网站测试后进行发布的公关、广告活动。

(2)搜索引擎登记等。

3.4.1.9 网站建设日程表

各项规划任务开始和完成的时间、负责人等。

3.4.1.10 费用明细

各项事宜所需费用清单。

以上为网站建设策划书中应该体现的主要内容,根据不同的需求和建站目的,内容也会有所增加或减少。所有建设网站之初一定要进行详尽的策划,才能达到预期的建站目的。

3.4.2 企业网站建设实例

下面介绍以万网为平台构建企业网站。

第一步,在浏览器的地址栏输入万网的域名(http://www.net.cn/),进入到万网首页,如图 3－16 所示。

图 3－16　万网首页

第二步，域名查询，在申请域名前首先要查询企业要注册的域名是否已经被人注册，如图 3－17 所示。

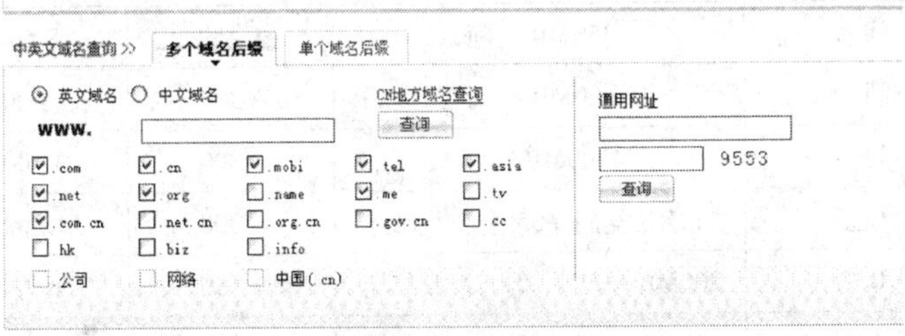

图 3－17　域名查询（资料来源：万网）

第三步，查询域名产品价格表，通过这个表格可以了解万网上各种域名产品的报价，企业根据需要购买合适的域名，选择合适的购买期限，如表 3－3 所示。

表 3－3　万网域名产品价格表（资料来源：万网）

NO.	产品名称	产品举例/说明	产品价格（元/年）	积分数（分/年）	详情/购买
1	CN 顶级域名	Good. cn	100	500	详情/购买
2	国际域名	china. com	139	500	详情/购买
3	. mobi 域名	haier. mobi	180 元/年	800	详情/购买
4	CN 中文域名	桂林. cn	320	1100	详情/购买

续表

NO.	产品名称	产品举例/说明	产品价格（元/年）	积分数（分/年）	详情/购买
5	国际中文域名	北京烤鸭.com	320	1100	详情/购买
6	新顶级域名	yangliwei.name	88	360	详情/购买
7	国别域名	www.cnedu.cc	400	800	详情/购买
8	域名增值	域名过户	10	40	详情/购买
9	通用网址	新浪 = sina.com.cn	500 起	1 800 起	详情/购买
10	集团邮局 S100	5GB 空间，支持 100 个企业级邮局	7 900 元/年起	23 700	详情/购买
11	绿色 G 邮箱（DIY－G）	空间大小自由定制	系统自动报价	系统自动核算	详情/购买
12	DIY－M 邮箱	空间大小自由定制	系统自动报价	系统自动核算	详情/购买
13	额外增加企业邮箱	空间大小自由增加	系统自动报价	系统自动核算	详情/购买
14	单机版软件系统	1000 用户	58 000	116 000	详情/购买
15	Ⅰ型空间	100MB 空间	200	1 200	详情/购买
16	Ⅱ型空间	150MB 空间	620	3 600	详情/购买
17	Ⅲ型空间	200MB 空间	900	5000	详情/购买
18	Ⅲ型.NET	300MB 空间	1 200	7 000	详情/购买
19	Ⅲ型 JAVA	300MB 空间	1 550	9 000	详情/购买
20	Ⅳ型空间	350MB 空间	1 450	8 600	详情/购买
21	Ⅴ型空间	600MB 空间	2 480	14 000	详情/购买
22	Ⅵ型空间	1200MB 空间	4 800	28 000	详情/购买
23	标准企业 C 型	350MB 空间 +35 个企业邮箱	1 800	12 691	详情/购买
24	标准企业 B 型	200MB 空间 +20 个企业邮箱	1 150	6 330	详情/购买
25	标准企业 A 型	150MB 空间 +10 个企业邮箱	780	4 376	详情/购买
26	专业个人型	100MB 空间 +5 个企业邮箱	320	1 790	详情/购买
27	专业企业型	600MB 空间	3 200	15 918	详情/购买
28	超强企业型	1200MB 空间 +100 个企业邮箱	5 800	33 879	详情/购买
29	JAVA 主机	300MB 空间 +35 个企业邮箱	1980	11 286	详情/购买
30	标准型 ASP.NET 主机	300MB 空间 +35 个企业邮箱	1 600	9 106	详情/购买
31	中国总机电话实名	普通实名～行业实名	1 000 起	3 600 起	详情/购买
32	速成网站（基础型）		680	3 400	详情/购买
33	速成网站（商务型）		1680	8 400	详情/购买
34	速成网站（全能型）		2680	13 400	详情/购买
35	自由 I 型主机	5G +512MB DDR	5 600	10 000	详情/购买
36	自由 II 型主机	10G +1G DDR	8 000	16 000	详情/购买

续表

NO.	产品名称	产品举例/说明	产品价格（元/年）	积分数（分/年）	详情/购买
37	独享主机 II 型	PD2.8G(双核) 1G DDRII	12 000	24 000	详情/购买
38	独享主机 II 型（南京电信）	PD2.8G(双核) 1G DDRII	9 800	19 600	详情/购买
39	独享主机 II 型（广东电信）	PD2.8G(双核) 1G DDRII	9 800	19 600	详情/购买
40	独享主机 II 型（大连网通）	PD2.8G(双核) 1G DDRII	9 800	19 600	详情/购买
41	独享主机 III 型	Xeon2.8G 1G DDRII ECC	15 000	30 000	详情/购买
42	独享主机 IV 型	Xeon 2.0GHz 双核 + 4G FB DIMMs ECC	24 800	50 000	详情/购买
43	主机托管	1U + 1IP	7 900	/	详情/购买
44	主机托管(南京电信)	1U + 1IP	6 500	/	详情/购买
45	ICP 经营许可证及咨询	材料整理及材料报送	2 000/次	4 000	详情/购买
46	网站制作套餐	基础展示型	4 000/套	8 000	详情/购买
47	窄告	海鸥 II 型(不点击不收费)	2 500/套	5 000	详情/购买
48	英文搜索引擎加注	Google 全球推广标准型	3 000/月起	6 600 起	详情/购买
49	英文搜索引擎加注	Yahoo 搜索引擎目录加注	3 500	8 000	详情/购买
50	万网短信	企业短信平台(web 版本)	2 000/套	4 000	详情/购买
51	万网短信	企业短信平台(API 版本)	2 000/套	4 000	详情/购买
52	安全服务器证书	Verisign 服务器证书(40 - bit)	5 000	10 000	详情/购买

第四步,查询以“.com/.net/.org”结尾的国际域名的报价,见图 3 - 18。

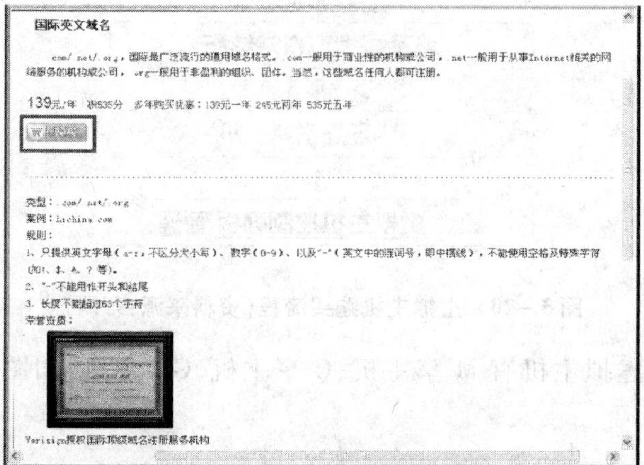

图 3 - 18　国际域名报价(资料来源:万网)

第五步，点击图 3 – 18 中的“购买”按钮，见图 3 – 19 所示窗口。

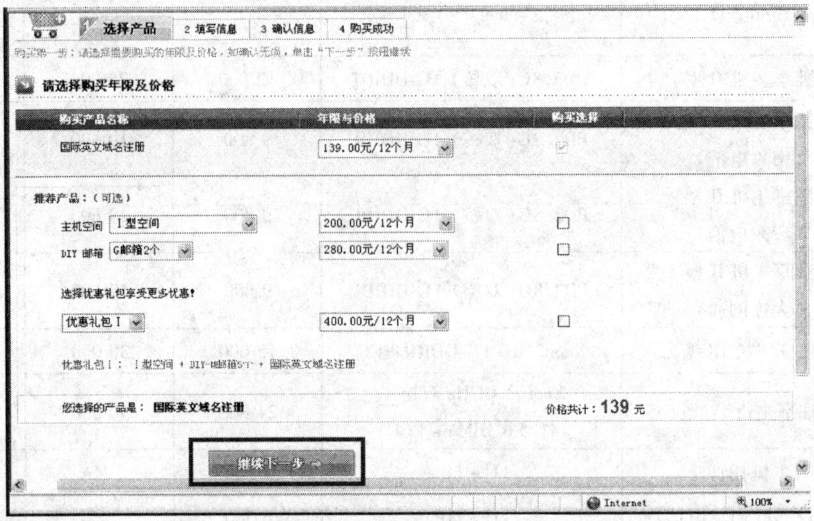

图 3 – 19　域名的购买(资料来源:万网)

第六步，域名申请好以后，购买虚拟主机，具体购买流程如图 3 – 20 所示。

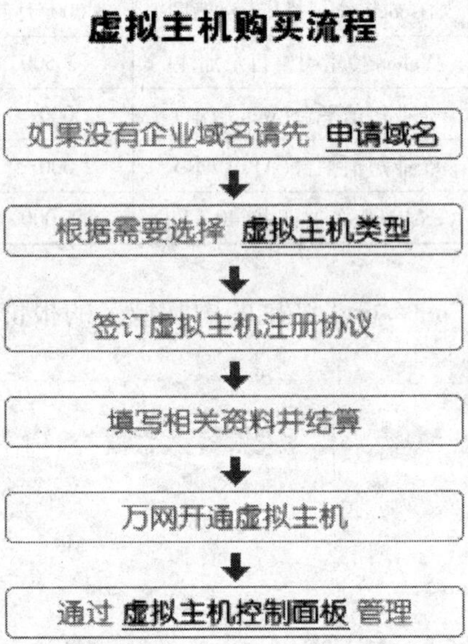

图 3 – 20　虚拟主机购买流程(资料来源:万网)

万网上提供的虚拟主机有 M 享主机、G 享主机、GX 主机，如图 3 – 21 ~ 图 3 – 23 所示。

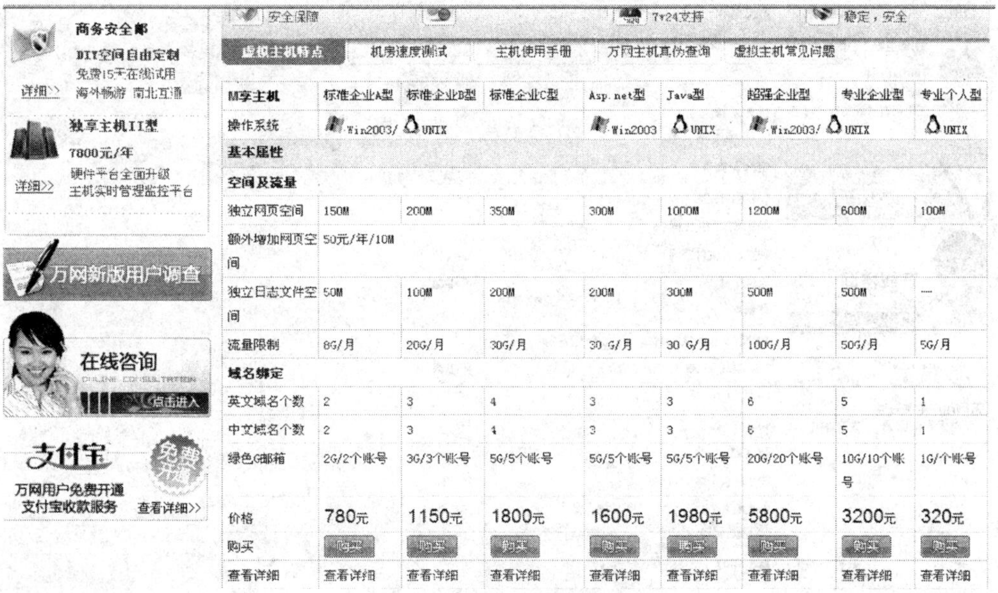

M享主机	标准企业A型	标准企业B型	标准企业C型	Asp.net型	Java型	超强企业型	专业企业型	专业个人型
操作系统	Win2003/UNIX			Win2003	UNIX	Win2003/UNIX		UNIX
基本属性								
空间及流量								
独立网页空间	150M	200M	350M	300M	1000M	1200M	600M	100M
额外增加网页空间	50元/年/10M							
独立日志文件空间	50M	100M	200M	200M	300M	500M	500M	—
流量限制	8G/月	20G/月	30G/月	30 G/月	30 G/月	100G/月	50G/月	5G/月
域名绑定								
英文域名个数	2	3	4	3	3	6	5	1
中文域名个数	2	3	4	3	3	6	5	1
绿色G邮箱	2G/2个账号	3G/3个账号	5G/5个账号	5G/5个账号	5G/5个账号	20G/20个账号	10G/10个账号	1G/个账号
价格	780元	1150元	1800元	1600元	1980元	5800元	3200元	320元
购买	购买	购买	购买	购买	购买	购买	购买	购买
查看详细	查看详细	查看详细	查看详细	查看详细	查看详细	查看详细	查看详细	查看详细

图 3－21　M 享主机(资料来源:万网)

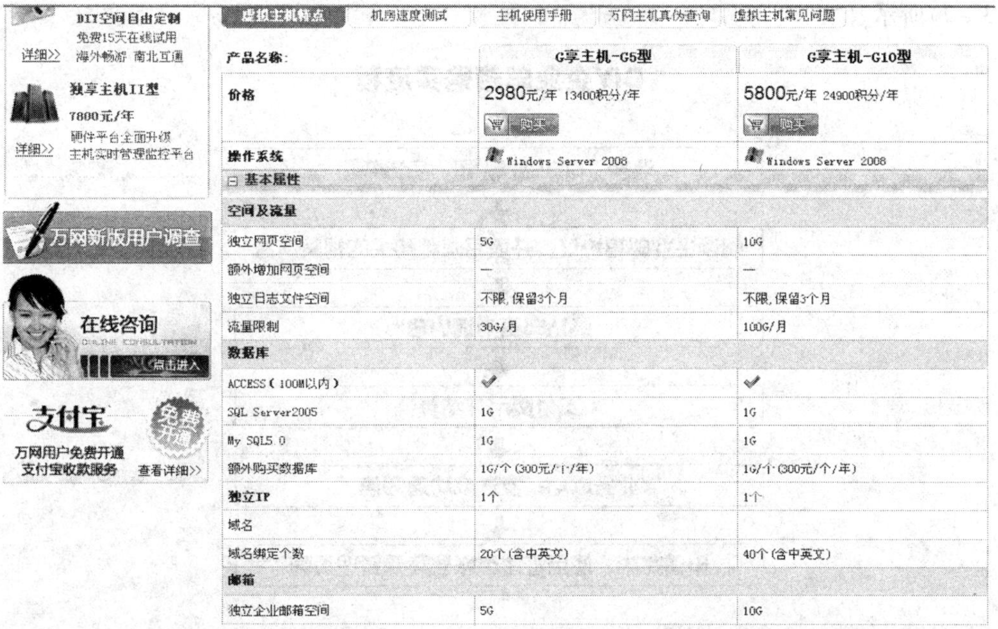

产品名称:	G享主机-G5型	G享主机-G10型
价格	2980元/年 13400积分/年 购买	5800元/年 24900积分/年 购买
操作系统	Windows Server 2008	Windows Server 2008
⊟ 基本属性		
空间及流量		
独立网页空间	5G	10G
额外增加网页空间	—	—
独立日志文件空间	不限，保留3个月	不限，保留3个月
流量限制	30G/月	100G/月
数据库		
ACCESS（100M以内）	✔	✔
SQL Server2005	1G	1G
My SQL5.0	1G	1G
额外购买数据库	1G/个(300元/个/年)	1G/个(300元/个/年)
独立IP	1个	1个
域名		
域名绑定个数	20个(含中英文)	40个(含中英文)
邮箱		
独立企业邮箱空间	5G	10G

图 3－22　G 享主机(资料来源:万网)

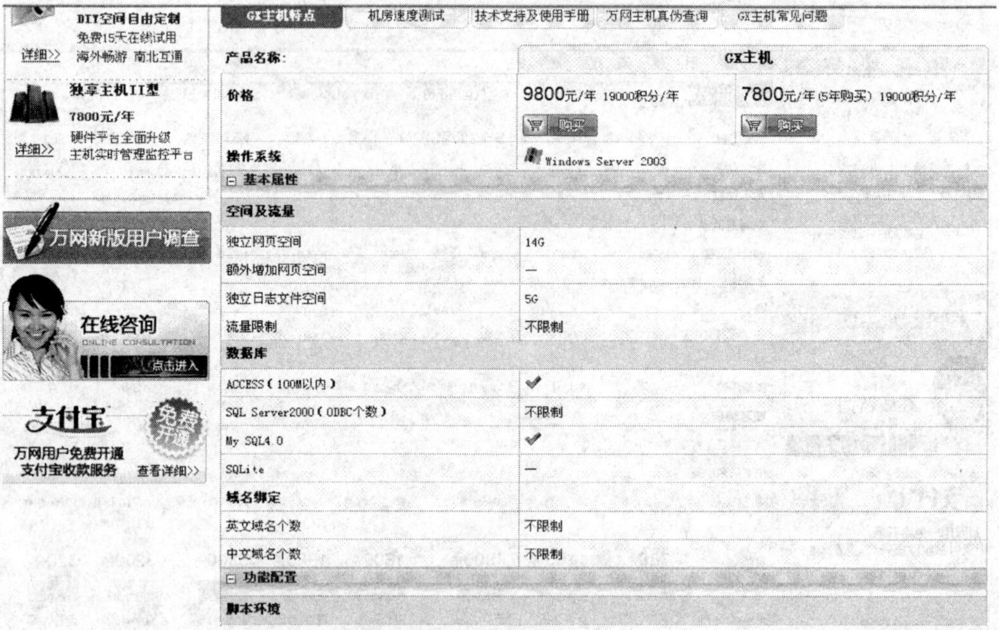

图3-23 GX主机(资料来源:万网)

第七步,虚拟主机选择购买好后,可以购买企业邮箱,企业邮箱的购买流程如图3-24所示。

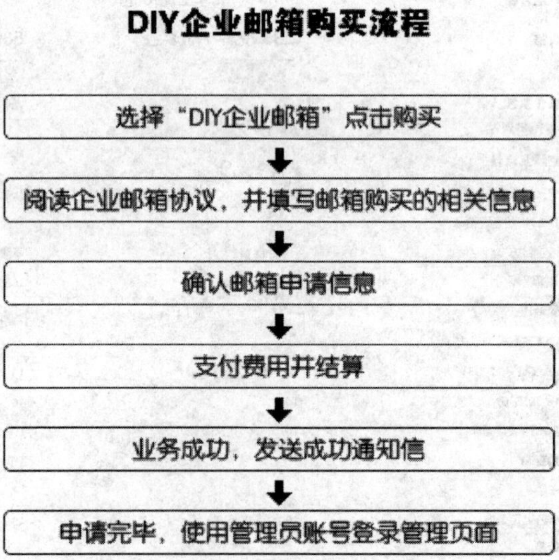

图3-24 企业邮箱购买流程(资料来源:万网)

万网提供的企业邮箱有集团邮局、绿色G邮箱、企业邮箱三种,企业还可以先免费试用,如图3-25所示。

图 3－25　万网企业邮箱产品类型(资料来源:万网)

绿色 G 邮箱的报价,如图 3－26 所示。

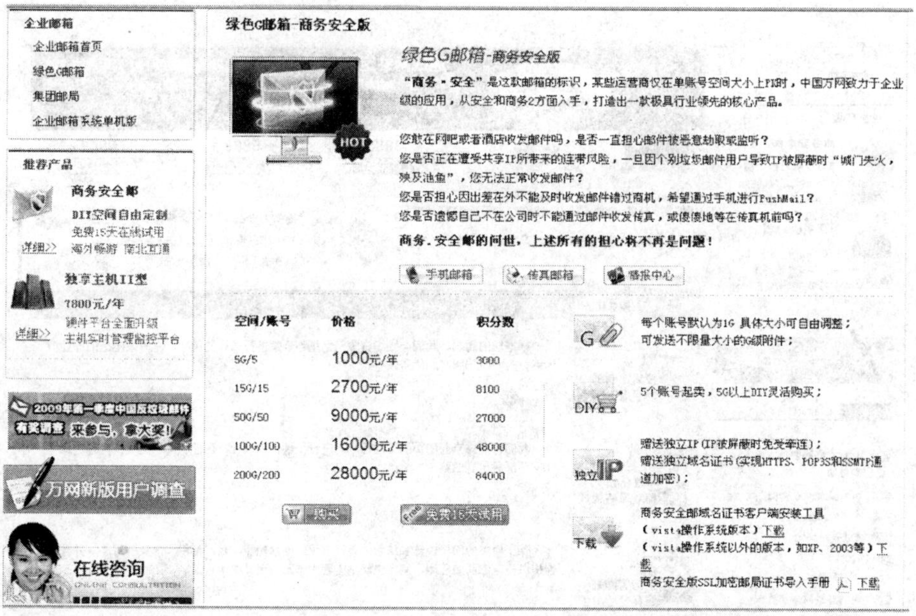

图 3－26　绿色 G 邮箱——商务安全版的报价(资料来源:万网)

第八步,企业邮箱购买以后,下一步就是进行网站的建设,万网提供了三种网站建设的方案:速成网站、速成定制、项目定制,如图 3－27 所示。

图 3-27 网站建设方案(资料来源:万网)

• 速成网站提供的服务如图 3-28 所示。

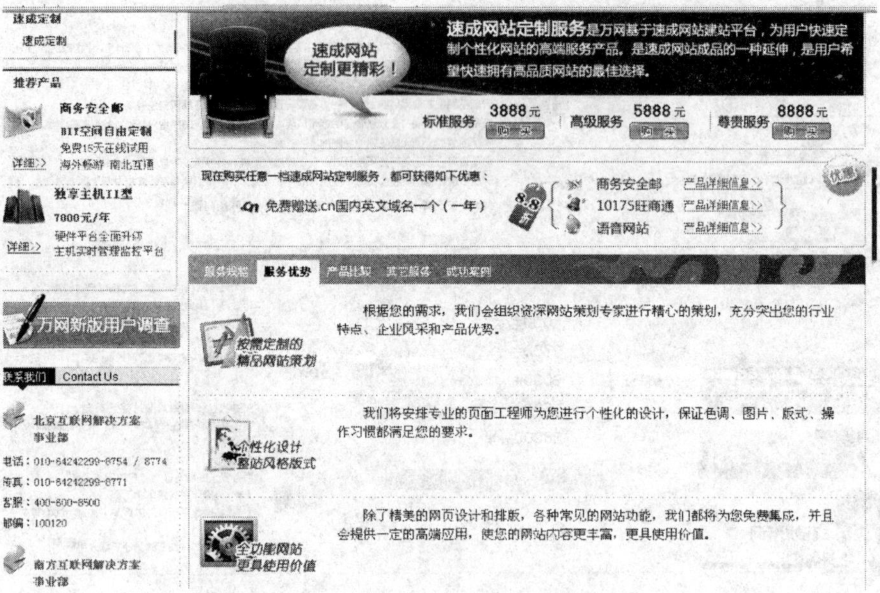

图 3-28 速成网站内容(资料来源:万网)

• 速成定制的模板,如图 3-29 所示。

图 3－29　速成定制模板(资料来源:万网)

打开其中的“服装加工时尚典雅版”。可以看到网站的相关产品配置和报价,见图3－30。

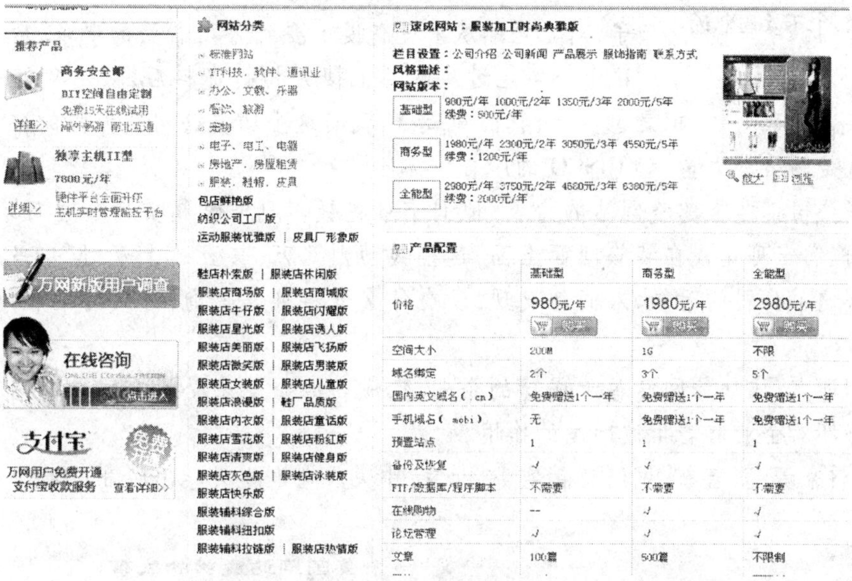

图 3－30　服装加工时尚典雅版产品报价和配置(资料来源:万网)

第九步,网站的推广。万网上提供了 Google、雅虎等搜索引擎的推广方式和报价,如图3－31 的所示。

图 3－31　网站推广方案及报价(资料来源:万网)

开阔视野——

还有你所不知道的

网站的力量

有一个朋友告诉我,他们成交了一笔金额数十万元的单子,对方竟然从来没有提出要到公司看看的要求,后来才知道这个公司经过从网站上搜索相关资料后,认定我们这个朋友公司的实力是最好的,但是事实上,我们知道,比我们这个朋友公司实力强的公司不止一家。这就是网络的力量,如 CISCO 的广告一样。

很多公司都非常忽略网站的力量,他们宁可花钱印刷非常精美的公司目录、公司产品简介,他们宁可花钱在装修门面上面,这些钱动则几万,甚至几十万,但是当人们希望更加了解这个公司的时候,人们却发现,没有什么资料可以查询,进入网站后,网页设计非常一般。

案例评点:成功的网站源于成功的企业,但成功的企业未必皆有成功的网站。网站建设的好坏对企业有着推波助澜的作用。

(资料来源:张善智.网络营销实务.北京:中央广播电视大学出版社,2008)

开阔视野——

还有你所不知道的

一个英国网站成功的故事

对于英国的潘克赫斯特夫妇,6 日可说是一个有着特殊意义的日子。这一天,他们把自己亲手创立的“老友重逢”网站“卖”给了英国独立电视台。虽说他们从中获利 3 000 万英镑,但那种看着自己的孩子就要离家远去的感觉,恐怕只有他们自己知道了。

● 迫切想知道同学情况

现年41岁的史蒂夫·潘克赫斯特和38岁的朱莉·潘克赫斯特有一个女儿,名叫安珀。开设网站的设想起初是朱莉提出的。原因很简单,在朱莉生下安珀之后,兴奋之余的她好奇地想知道曾经的同学中有多少人已经为人父母,便想方设法和同学取得联系,并由此产生了建立一个公共网站的设想。

于是,设立这个网站的"光荣任务"自然而然地落到了身为网络工程师的丈夫身上,这对于他来讲并不是一件难事。就这样,"老友重逢"网站应运而生了。潘克赫斯特夫妇俩戏谑地称,"老友重逢"就是他们的"第二个孩子"。

● 网站发展迅速

从建立之初到现在,"老友重逢"已经走过5个年头,它也从一个简单的设想演变成一个成功的神话。由于该网站为人们找到昔日的同学或朋友提供了一个很好的平台,而且注册费仅为5英镑,容易为大家所接受,所以很快受到了大家的欢迎。目前全英国已有1 200万人注册成为该网站的用户,也就是说全英国1/5的人都是该网站的会员。

在这5年中,"老友重逢"为很多失散多年的同学带来了福音。其中最值得夸耀的事迹就是一位失忆症患者通过"老友重逢"和以前的同学获得了联系,从而找回了一部分最珍贵的记忆。

● 被重金收购

"老友重逢"网站的成功引起了媒体的关注。经过谈判,本月6日,英国独立电视台同意以1.2亿英镑的价格收购该网站,潘克赫斯特夫妇将从中获利3 000万英镑。

虽说大赚了一笔,史蒂夫却表示自己不知道拿这3 000万去干点什么。他有些无奈地说:"我们就像那些中了彩票却一脸不高兴的人一样,拿着这么多钱却不知道用在什么地方。"

案例评点:需求源于生活,成功基于需求,机遇总是留给有准备的人,因此只有勤于思考、善于观察和分析才能不断发现商机,进而真正抓住商机,潘克赫斯特夫妇的成功正说明了这一点。

(资料来源:张善智.网络营销实务.北京:中央广播电视大学出版社,2008)

案例学习——看看你的分析能力

典型案例分析——空调销售网站营销策划案例

据笔者观察,在中国(也包括国外)大大小小的企业网站中存在着非常严重的通病,网站中的内容是想怎么写就怎么写,全然不顾访问者感受如何?正确的观念是,访问者真正需要的是什么,就紧紧围绕这种需求展开。笔者以一个营销空调器的网站为例来说明问题。通常,主页中的导航条大致可描述成这样:

主页 | 公司介绍 | 产品介绍 | 我们的服务 | 与我们联系

访问者通过点击进入相关页面。在最主要页面的最显眼位置滔滔不绝地介绍公司的规模大、实力雄厚、技术先进,并配以办公楼、厂房等图片,总裁坐在老板椅上向大家说:“我代表我们空调器厂全体同仁欢迎各位光临,并竭诚为大家提供优质的产品和服务……”

在中国,许多人愿意与大公司做生意。在西方,人们更喜欢与小公司打交道。为什么?因为很多时候,小公司所提供的服务更具个性化,更人性化,更能体贴客户。笔者这里暂且不讨论大公司、小公司的问题。对互联网营销而言,如上的导航条是在自说自话,在向访问者说教,绝对不利站点的在线营销。企业非常尊重每一位来访者,他们的需求理所当然地成为企业站点的中心议题。网站中好的内容不应埋藏太深,不应让访问者在站点中来回寻找所需信息。企业将上面导航条更改如下,看看效果会如何?

在这个网站中,您将了解到:

① 如何辨别一台空调器的好坏?

② 如何选择一台适合您家庭的空调器?

③ 我们空调器有别于其他空调器的优点是什么?采用哪些核心技术?

④ 如何在此网站中订购我们的空调器?

⑤ 现在您在线订购我们的空调器会得到什么样的优惠?

⑥ 您订购后需等多久能在家里用上我们的空调器?

以客户为中心,以客户想了解的信息为标题并做相应链接,点击后出现解决问题的内容。客户在最短的时间内得到了他/她想得到的信息。此外,每个相关页面中尽可能出现鼓励访问者点击在线订购的词语。

在传统市场中,您可以花大量的钱来控制您的行业,驱逐您的竞争对手,为您获得最大的利益。然而,网络是开放的,它不可能令某人独断专行,网络是典型的无政府主义的社会结构。所以,您不能强加于他人传统的生意观,应该寻求共同交流,相同认可。言简意赅,站点中的内容不能想怎么写就怎么写。

案例点评:

以用户为中心,按照用户的需求设计网站。企业网站的成败往往取决于人们如何仔细确定一个个细节。真正懂得这一点的企业知道如何利用网络提高企业的知名度,创造新的宣传企业的工具,为企业用户提供更为人性化的服务,提高企业用户的忠诚度,做好一对一的个性化增值服务来留住已建立关系的企业用户。

(资料来源:http://www.em-cn.com)

班级讨论——加深你的知识理解

(1)通过网上资料,调查目前中国中小企业网站建设情况,并进行讨论。

(2)分别登录两家 B2B、B2C 或 C2C 网站,比较它们的优缺点。

(3)访问几个有代表性的商业网站,试分析它们的异同。

(4)访问 http://www.chinadomain.com.cn/,学习域名网空间的知识。

自己动手——锻炼你的实践能力

(1)访问 http://www. cnnic. cn/(或别的提供域名服务的网站),试着申请域名。

(2)建立一个介绍自己的主页,并将其放在 chinaren. com 上登录。

(3)为自己设计并制作一个个人网站,并给出推广方案。

(4)为一个销售小饰品的商业网站编制网站建设策划书。

本章复习——牢记本章主要内容

(1)企业为什么要建设网站?

(2)企业如何进行网站定位?

(3)企业网站具有哪些功能?

(4)企业如何进行网站建设?

(5)域名命名的技巧有哪些?

(6)域名如何管理?

(7)如何推广网站?

4

网络营销产品策略

【本章要点】

- 网络营销产品概述
- 网络营销产品策略
- 网络营销品牌策略
- 网络营销新产品开发

【学习要求】

通过本章学习,能够理解网络营销产品的整体概念及其特点;了解网络产品的生命周期规律,并能够根据客观规律运用产品营销策略和网络品牌策略;了解网络新产品的类型,掌握网络新产品的开发过程。

引导案例——
打开知识的大门

让顾客满意的赫兹租车公司

● 不麻烦的租车服务——从顾客角度改善租车流程

赫兹是全世界最受欢迎的租车公司,是第一家认识到维护顾客资料重要性的租车公司。他们详细地记录每位顾客的姓名、偏好车型、信用卡号、地址以及公司资料,并在1973年发展线上顾客资料库,将其命名为“赫兹第一俱乐部”,视之为节省顾客时间的行销工具。

20世纪80年代末期,赫兹的行销部门从一项经常性的顾客满意度调查中发现,赫兹第一俱乐部的会员经常抱怨:“为什么我一定得在机场里大排长龙,才能办好所有的租车手续?”于是,该公司业务副总裁史密斯领军,成立专案小组,研究如何改善忠诚的顾客群最在意的租车流程,并为他们的新计划命名为“赫兹第一金质俱乐部”,还立下雄心改善所有与顾客有关的流程,并在两年内拓展到全球各地。

经过研究,他们决定设计一个既便利又人性化的停车场。首先设立了两个电子看板,其中之一依顾客的姓名排序,并列出汽车停放的编号;另一个看板则是依汽车排序,并列出对应的车主姓名。如此一来,顾客只要一下接泊车就可以看到他们闪闪发亮的名字。此外,他们又在停车场加盖遮雨棚,所以无论是下雨或下雪,顾客都可以安心地打开行李箱,将行李放入,保证不会淋湿。另外,顾客应该如何向警卫人员出示身份证明?试试利用驾照检查如何?如此一来赫兹可以在检查顾客驾照是否有效的同时,确认他们的身份,并且根据车上预先列出的租车资料,确认顾客所领取的汽车正是他们先前所预订的。

- 提升租车服务品质——第一金质俱乐部计划

赫兹坚持第一金质俱乐部必须是一个全球统一的执行计划:无论顾客到何处,赫兹都将提供一致的服务。经过实地勘探之后,显然,唯有建立一个与全世界各地订车与柜台系统紧密结合的单一、全球的顾客资料库,才能提供给顾客全球一致的服务。该计划是将各国的顾客资料整合到新的大型全球资料库中,并且取代或重新规划部分系统的功能,以符合"第一金质"的精神。

1988 年,赫兹租车公司首先在美国 4 个地区试行第一金质俱乐部的计划,他们在这 4 个地区设置了显示顾客姓名的电子看板,并且配合新系统的使用让工作人员预先将顾客的租车资料列出并放在车上,确认每一部车在顾客一到时就可以开走。由于顾客的反应非常好,因此赫兹决定加紧脚步扩大实施。1989 年 4 月在美国境内正式推行第一金质俱乐部快速租车服务;1991 年拓展到加拿大;1992 年抵达欧洲;1993 年再扩展到亚太地区。现如今,赫兹已在全球各地拥有 600 个以上的第一金质俱乐部服务站点。并于全球的 38 个主要机场提供遮雨、无须排队、无须签署任何文件的租车服务。电子看板自动地显示顾客姓名以及租车的位置。顾客坐入车内,只要在出口处显示驾驶执照和租车单,就可以轻松地把车开走。

- 协助顾客前往目的地——推出车内计算机导航系统

赫兹高层认为地图并不足以协助驾驶人找到目的地,因此在 1984 年,赫兹成为全世界首家内建计算机导航系统与电子屏幕的租车公司。这套设备提供给顾客当地详细的路况,包括抵达某地点的距离与时间等。并且它在美加地区提供六种语言,在欧洲地区提供九种语言的选择服务。顾客还可以透过设在机场内的触控式屏幕选择特定的旅馆、餐厅或观光点,然后从赫兹的服务据点列出详细的驾驶路线。后来赫兹还进一步改善此项服务,将全球定位导航系统列为租车服务的选用配备,大大地方便了顾客的出行。

- 改善还车流程——简便轻松的还车手续

除了上述服务之外,赫兹还在还车流程上首先提供线上自助服务。

首先,顾客和旅行社可在线上查询与订车。当赫兹的全球自动化行销小组计划成立网站时,他们清楚地知道自己的两大目标:一是让顾客轻松地获得相关的租车资讯,二是提供旅行社与赫兹的便利通道。旅行社通过网站预约,仍然可以获得和电脑预约系统相同的佣金,因此提高了他们的积极性。

顾客可以上网输入希望租车的地点与时间、选择喜欢的车款,并且查看是否有车。至于第一金质俱乐部的会员,赫兹则视其档案资料予以不同的折扣优惠。

与此同时,赫兹公司提供的线上自助服务还包括顾客自行维护个人的基本资料。赫兹是少数几个善用顾客基本资料达 10 年以上的企业之一。赫兹鼓励顾客可随时自行更改基本资料的设定。但除非他们通过电话、邮寄或传真告知赫兹此更改是经常性的设定,否则所有的变更都会被视为是短期的改动。这样就解决了关于顾客资料更新的问题。如今,第一金质俱乐部的会员已可以随时上网更新基本资料。

(资料来源:Patricia B. Seybold,“Customers. com:How to Create a Profitable Business Strategy for the Internet and Beyond”, Patricia Seybold Group, Inc.)

■ 赫兹租车公司是如何成为全世界最受欢迎的租车公司的?

互联网的迅速增长给消费者和企业出售产品提供了激动人心的机会。通过互联网购买使企业的销售降低了成本,改进了它们的客户服务,加强了它们与顾客和供应商的交流。计算机及计算机外延产品、工业用品和软件包是主要的网上购物内容。消费品只占互联网的一小部分,但是增长迅速,消费品中的购买主要是证券、旅游和书籍。通过网络营销,公司可以提供产品,包括商品、服务和创意,这会带来独特的益处,即提高顾客的满意度。

4.1 网络营销产品概述

企业的营销活动一般来说是首先从确定向目标市场提供什么产品开始的,然后涉及定价、分销、促销等方面的决策。随着社会生产力以及网络和信息化的发展,产品策略不仅已逐渐演变为满足消费者需求的营销策略,而且由原来单一的实物产品策略转化为实物产品策略、服务产品策略和信息产品策略三位一体的产品策略。

4.1.1 产品整体概念及其层次

4.1.1.1 产品整体概念

产品整体(Total product)概念是指提供给市场,能够满足消费者或用户某一需求和欲望的任何有形物品和无形产品。有形产品包括产品实体及其品质、特色、式样、品牌和包装等,无形产品包括可以给买主带来附加利益的心理满足感和信任感的服务、保证、形象和声誉等。

产品整体概念包含以下五个基本层次的思想。

(1)核心产品(Core Product)。核心产品是向顾客提供的产品的基本效用或利益。

(2)形式产品(Basic Product)。形式产品是指核心产品借以实现的形式或目标市场对某一需求的特定满足形式。形式产品由五个特征所构成,即品质、式样、特征、商标及包装。

(3)期望产品(Expected Product)。期望产品是指购买者在购买该产品时期望得到的与产品密切相关的一整套属性和条件。

（4）附加产品（Augmented Product）。附加产品是指顾客购买形式产品和期望产品时所提供的产品说明书、保证、安装、维修、送货、技术培训等。

（5）潜在产品（Potential Product）。潜在产品是指现有产品在未来的可能演变趋势和前景。

【小链接】

奔驰汽车公司的整体产品

奔驰汽车公司认识到提供给顾客的产品不仅是一个交通工具，还应包括汽车的质量、造型、功能与维修服务等，以整体产品来满足顾客的系统要求，不断创新。奔驰公司的产品从小轿车到255吨的大型载重车共160种，3 700多个型号，以创新求发展是公司的一句流行口号，其推销网与服务站遍布全国各个大中城市。

4.1.1.2 产品整体概念层次

相应的，在网络营销中，产品的整体概念分为以下五个层次。

（1）核心产品层次。核心产品是指产品能够提供给消费者的基本效用或益处，是消费者真正想要购买的基本效用或益处。

例如，消费者购买计算机是为了学习、利用计算机作为上网工具；购买软件是为了压缩磁盘空间、播放MP3格式的音乐或上网冲浪等；人们在旅馆住宿真正要购买的是“休息和睡眠”；人们购买洗衣机并不是为了获得装有某些机械、电器零部件的一个箱子，而是为了这种装置能代替人力洗衣服，从而满足消费者减轻家务劳动的需要。

（2）有形产品层次。有形产品是产品在市场上出现时的具体物质形态。对于物质产品来说，第一，必须保障产品的品质；第二，必须注重产品的品牌；第三，注意产品的包装；第四，在式样和特征方面要根据不同地区的亚文化来进行针对性加工。

可供旅客“休息与睡眠”的出租房间所组成的旅馆，可以给听众带来美的享受的音乐会，以及微波炉、出国旅游、全面的体检等等都属于有形产品。如，电话机的核心功能是通话，但要配之以一定的外观设计、颜色、形状、款式等，而并不是只要具备了通话功能就能让顾客满意。

（3）期望产品层次。期望产品是指购买者在购买该产品时期望能得到的利益。在网络营销中，顾客处于主导地位，消费行为呈现出个性化的特征，不同的消费者对产品的要求常常是不一样的，顾客在购买产品前对所购产品的质量、使用方便程度、特点等方面的期望值，就是期望产品。

对于旅馆的客人来说，期望的是干净的床、毛巾、可以洗澡的卫生间、电话和安静的环境等。

（4）延伸产品层次。延伸产品是指由产品的生产者或经营者提供的购买者的需求，主要是帮助用户更好地使用核心利益的服务。延伸产品又称附加产品，在网络营销中，对于物质产品来说，延伸产品层次主要体现为提供满意的售后服务、送货、质量保证等。

IBM 公司提供的产品，不仅是提供主机本身，还提供包括终端、存储设备、打印设备等硬件系列，而且包括所附带的服务，如使用说明书、软件系统、程序设计服务、维修服务以及保证等。

(5)潜在产品层次。潜在产品层次是在延伸产品层次之外，由企业提供能满足顾客潜在需求的产品层次，它主要表现为产品的一种增值服务，它与延伸产品的主要区别是顾客没有潜在产品层次仍然可以很好地使用顾客需要的产品的核心利益和服务。在高新技术发展日益迅猛的时代，有许多潜在需求和利益还没有被顾客认识到，这需要企业通过引导和支持来更好地满足顾客的潜在需求。

4.1.2 网络营销产品特点

由于网络的虚拟性，顾客在利用网络购买产品之前，无法直接接触和感受产品，限制了产品的网上营销。因此，目前适合在互联网上销售的产品通常具有以下特征。

4.1.2.1 产品性质与质量

网上销售的产品应该与高新技术或与计算机、网络有关。网络购买者在购买前往往无法尝试或只能通过网络来尝试产品，产品质量对顾客来说非常重要，质量在网上可测定的产品，往往更容易受到顾客青睐。

一些信息类产品如图书、音乐等比较适合网上销售。还有一些无形产品，如服务也可以借助网络的作用实现远程销售，如远程医疗。

对于在购买决策前无须观察或尝试的产品或服务，就适合用互联网进行市场营销，例如飞机票和电影票。

4.1.2.2 产品式样与包装

网上消费者的个性化需求决定了网络营销产品的式样必须满足此种需求。通过网络传送的无形商品可无任何包装，但其他实体性产品应采用适合专业配送的包装。

4.1.2.3 产品品牌

在网络营销中，产品或企业的消息要引起顾客的注意力必须具备明确、醒目的品牌。

4.1.2.4 产品价格

由于互联网的特殊性，网上用户比较认同网上产品的低廉特性；其销售成本也低于其他渠道的产品，因此在网上销售产品一般采用低价位定价。

4.1.3 网络营销产品分类

由于网络的限制，只有部分产品适合在网上销售，但随着科学和技术的不断发展，将会有越来越多的产品在网上销售。在网络上销售的产品，按照性质的不同，可以分为两大类：即实体产品和虚体产品。

实体产品是指有具体物理形状的物质产品，以一定的实物形态呈现出来。计算机、网络相关产品或高新技术产品等目前适合在网上销售。

虚体产品一般是无形的，即使表现出一定形态也是通过其载体体现出来，产品本身的性质和性能必须通过其他方式才能表现出来，产品的功效和核心利益通过满足顾客的心理需求得到体现。

在网络上销售的虚体产品又可以分为两大类：软件和服务。软件包括计算机系统软件、应用软件和游戏软件。服务可以分为普通服务、信息咨询服务和网络营销服务三大类。

4.1.4 产品的生命周期与各阶段营销策略

企业产品在市场上的销售情况及获利能力是随着时间的推移而发生变化的。这种变化的规律就像人和其他动物的生命一样，产品在市场上也经历了从诞生、成长到成熟，最终走向衰亡的过程。在产品市场周期的每一个阶段，都有它不同的特点。因此，企业要根据产品生命周期的不同阶段制定相应的营销策略。

4.1.4.1 网络产品生命周期

(1)产品的生命周期概念及其阶段划分。

- 产品生命周期的概念。所谓产品生命周期(Product Life Cycle)是指某产品从进入市场到被淘汰退出市场的全部运动过程，受需求与技术的生命周期影响。
- 产品生命周期阶段划分。产品生命周期分为四个阶段：产品导入阶段(Introduction Stage)，市场成长阶段(Growth Stage)，市场成熟阶段(Maturity Stage)和市场衰退阶段(Decline Stage)，如图4-1所示。

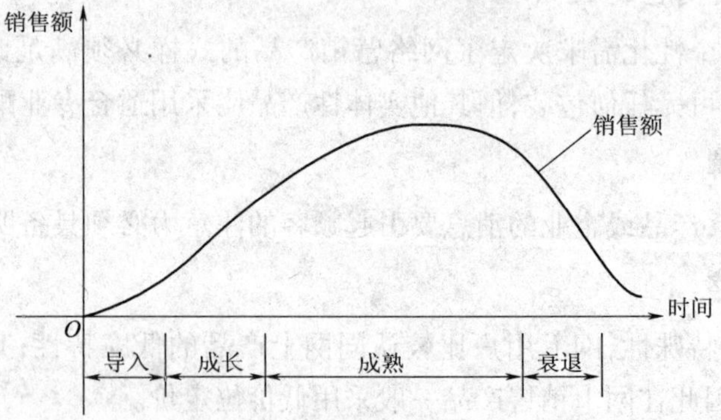

图4-1 产品生命周期曲线及其阶段划分

(2)网络时代产品生命周期面临的挑战。

- 消费者对产品使用意见和建议反馈时间缩短。网络的互动性使得企业在把产品推出市场的同时，就可以得到消费者对产品的意见。
- 成功产品的生命周期缩短。当一种新产品成功后，竞争对手立即就会对之进行模仿,从而使新产品的生命周期大为缩短。

(3)网络产品的生命周期。网络产品从本质上来说,其和传统意义上的产品并无不同,其市场生命周期同市场营销理论中的一般产品一样,也分为四个阶段:导入期、成长期、成熟期和衰退期。与各个阶段相对应的是与营销策略和利润量有关的不同的机会和问题。在网络营销时期,由于网络营销的互动性,厂家与消费者建立了更加直接的联系,企业在销售产品时,可以通过网络迅速、及时地了解和掌握消费者的需求状况,新产品从一开始上网那一刻起,就知道了产品应改进和提高的方向,老产品还处于成熟期时,企业就开始了下一代系列产品的研制和开发工作,系列产品的推出取代了原有衰退期的产品,通过网络营销的企业可根据其产品所处的阶段或将要进入的阶段,制定更好的网络营销策略以适应其生命周期中不同阶段的特点,如图 4-2 所示。

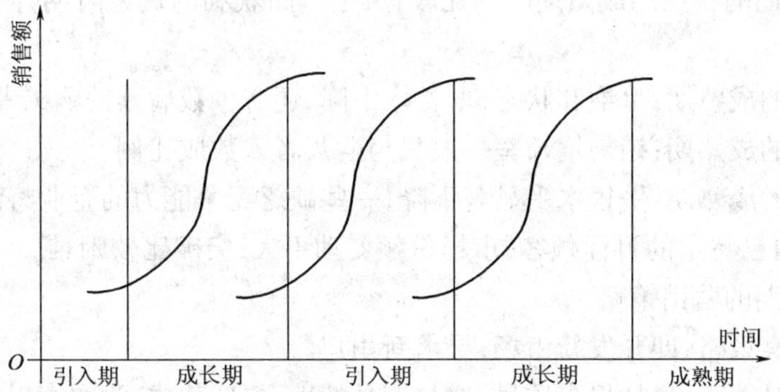

图 4-2　网络产品生命周期曲线及其阶段划分

4.1.4.2　产品生命周期各阶段营销策略

(1)导入期的特点和营销策略。

第一,导入期的特点。

- 消费者对该产品不了解,销售量小。
- 没有建立理想的营销渠道和高效率的分配模式。
- 价格决策不方便确立,广告费用和其他营销费用开支较大。
- 产品技术、性能还不够完善,市场竞争者较少。
- 利润较少,承担的市场风险较大。

第二,导入期的营销策略。

- 控制投资规模,保证新产品的质量。
- 努力让顾客产生兴趣并试用新产品。
- 应采用低价或免费试用定价策略。

(2)成长期的特点与营销策略。

第一,成长期的特点。

- 销售量增长较快,市场竞争加剧。

- 产品已定型,技术工艺比较成熟。
- 理想的营销渠道建成,价格走低,销售额的比率下降。
- 促销费用水平基本稳定或略有提高,单位生产成本的下降快于价格下降,企业利润将逐步抵达最高峰。

第二,成长期的营销策略。

- 逐步改善产品的质量,形成产品差异化。
- 树立良好的产品品牌形象,让潜在顾客认牌购买。
- 降低产品价格,争夺低收入、对价格敏感的潜在顾客。

其四,为顾客提供整体解决方案和产品升级,提高顾客忠诚度。

(3)成熟期的特点与营销策略。

第一,成熟期的特点。成熟期时间比较长,是产品获利的黄金时期,同时也是竞争异常激烈的阶段。

- 成长中的成熟期:呈饱和状态,增长率下降,还有少数后续的购买者。
- 稳定中的成熟期:销售增长率一般只与购买者人数成比例。
- 衰退中的成熟期:销售水平显著下降,一些缺乏竞争能力的企业将渐渐被淘汰;竞争者之间各有自己特定的目标顾客,市场份额变动不大,突破比较困难。

第二,成熟期的营销策略。

- 采用改良策略,即开发新市场,寻求新用户。
- 改进产品策略,包括提高质量、增加产品特性、更新款式、为顾客提供增值服务。
- 营销组合改良,是指通过改变定价、销售渠道及促销方式来延长产品成熟期,以适应激烈的市场竞争形势。

(4)衰退期的特点与营销策略。

第一,衰退期的特点。

- 产品销售量迅速下降。
- 价格已下降到最低水平。
- 多数企业退出市场。

第二,衰退期的营销策略。

- 集中策略,即把资源集中使用在最有利的细分市场、最有效的销售渠道和最易销售的品种、款式上。
- 维持策略,即保持原有的细分市场和营销组合策略,把销售维持在一个低水平上。
- 榨取策略,即大大降低销售费用,以增加眼前利润。

产品生命周期各阶段的特点与营销目标总结如表 4-1 所示。

在网络时代,在引入期应尽快完善产品性能,改进工艺,提高质量,加快促销工作,打开销路,以缩短投入期限;成长期应改进产品性能,改进工艺,提高生产率,减低成本,保证产品市场占有率和品牌信誉;成熟期应设法维持和扩大销售量,改进工艺,提高质量,并着手更新换代工作,以开发下一代新产品;在衰退期,应加大新产品开发研制力度,尽快推出新产品占领市场和组织转移老产品退出市场。

表4-1 产品生命周期各阶段的特点与营销目标

	导入期	成长期	成熟期	衰退期
销售量	低	剧增	最大	衰退
销售速度	缓慢	快速	减慢	负增长
成本	高	一般	低	回升
价格	高	回落	稳定	回升
利润	亏损	提升	最大	减少
顾客	创新者	早期使用者	中间多数	落伍者
竞争	很少	增多	稳中有降	减少
营销目标	建立知名度,鼓励试用	最大限度地占有市场	保护市场,争取最大利润	压缩开支,榨取最后价值

4.2 网络营销产品策略分类

4.2.1 网络营销产品的选择策略

目前网络发展趋势是所有有形的、无形的产品都可以在网上进行营销活动,但是因电子科技水平、支付方式、物流发展状况等诸多因素存在限制,还不能完全达到这一要求,所以,选择网络产品时应注意以下几个问题。

第一,充分考虑产品自身的性能。经济学把产品划分为两类:一类称做可鉴别性产品,即消费者在购买时就能确定或评价其质量的产品。一般来说,可鉴别性产品由于标准化程度较高而比较容易在网络营销中获得成功。如,书籍、计算机等,这些产品的标准化程度比较高,消费者一般在购买之前就能够对其技术参数以及产品质量、使用效能等作出预测。另一类称做经验性产品,即消费者只有在使用之后才能确定或评价其质量的产品。该类产品由于受到网络虚拟性的限制,其用户大多是已经使用过该产品的客户,新用户由于缺乏对产品的直观感受而采取谨慎的态度,所以大规模的网络营销很难实现。此类产品例子如服装、食品、化妆品等。

因此,企业在进行网络营销时,可以选择将可鉴别性高或标准化高的产品作为首选的对象和应用的起点。

第二,充分考虑实物产品的营销区域范围及物流配送系统。同时,企业还要考虑到自身产品的营销商的覆盖范围。防止出现远距离的用户购买时无法配送而使企业的声誉受到影响或在进行配送时物流费用过高的现象。

4.2.2 网络营销产品文案策略

产品文案有广义与狭义的区别。狭义的产品文案是用文字来表现的,是由标题、产品正文、产品口号等组成的。广义的产品文案是由三个部分组成,即文字的产品文案、图案图形、网页,并形成一体化的设计制作。消费者在作出购买决策前,一般会仔细查看产品的说明,了解产品的详细情况,然后作出买或不买的决定。而好的产品文案,是介于目标受众和产品之间的一种桥梁,受众通过产品文案来理解和认识产品,产品文案则能引导受众更好地理解和接受产品。产品文案的风格各有不同,清晰的、幽默的、华丽的、逻辑的、跳跃的、洋洋大观的、化繁为简的,能使目标受众由浏览进入到驻足购买,是好的产品文案的标准。好的产品文案必须能够清楚表达该产品的所有卖点,并且用强烈的视觉冲击力吸引住网购群体。它动用的资料和工具是全方位的,有主体的产品说明、客体的体验报告、截图、照片、表格、插图、视频、动漫、转载、口号、即时通信工具等等,全部围绕一个中心:这是一个什么产品？目标受众为什么要购买这个产品？

一个能够打动消费者的广告必须依靠精良的文案,而在策划过程中的消费者定位、公众的心理及广告的表现形式是整个文案设计的精髓。如果对这三个重要环节把握恰当,就能合理准确地反映广告创意,得到很好的广告效益。

4.2.3 提供产品信息策略

为用户提供全面的信息服务,是网络营销主要功能的优势所在。在为用户提供产品信息服务时可采用以下策略。

第一,建立"虚拟展厅"。用立体逼真的图像,辅之以方案、声音等展示自己的产品,使消费者如身临其境般感受到产品的存在,能对产品的各个方面有一个比较全面的了解。在建立"虚拟展厅"传递信息时,为了更好地满足消费者的需求,企业可以在"展厅"中设立不同产品的显示器,并建立相应的导航系统,使消费者能迅速、快捷地找到自己需要的产品信息。

第二,设立"虚拟组装室"。在"虚拟展厅"中,对于一些需要消费者购买后进行组装的产品,可专门开辟一些空间,使消费者能根据自己的需求,对同一产品或不同产品进行组合,更好地满足消费者个性化需求。

第三,建立自动的信息传递系统。首先企业要建立快捷、及时的信息发布系统,使企业的各种信息能及时地传递给消费者;其次要建立信息的实时沟通系统,加强与消费者在文化、情感上的沟通,并随时收集、研究、分析消费者的意见和建议,在改进产品开发、生产及营销的同时,对于企业有帮助的信息提供者,应给予相应的回报。

4.2.4 方便查询策略

一家企业,如果把自己所有的产品介绍、图片等信息都一一列在主页中,是没有必要并且毫无意义的。调查研究表明,网上购物者多为理智型的消费,事先对所需商品特性、价格等有一定的了解与计划,上网后,一般会到合适的分类目录中查找,如果知道商品名称,也许会直接查询,如果找不到合适的目录或查询没有结果的话,这个顾客也许很快会离开这个网站,转而投向其他竞争者的网站。所以,企业在设计自己的网站时,就应对自己所有的产品进行科学、细致的分类,并且从多个角度进行分类,在给自己的产品命名时,也应尽量使用产品的通用名称或者大众经常用的称呼,并给自己的产品同时设置多个名称,以最大限度地保证消费者能在最短时间内找到产品。

4.2.5 网络营销产品参与策略

利用网络提供的产品,除了将产品的性能、特点、品质以及为顾客服务的内容充分显示外,更重要的是以个性化为顾客导向的方式,针对个别需求提供一对一的营销服务,利用网络优势,提高消费者参与的程度。

第一,利用电子布告栏或电子邮件提供在线售后服务或与消费者作横向沟通。

第二,提供消费者间、消费者与公司间在互联网上的讨论区,以此了解消费需求,作为公司改进产品、开发产品的参考。

第三,互动服务系统,可依据客户需求自动适时地利用网络提供有关产品的服务信息。

例如,汽车商在网络上提醒客户有关定期保养的通知,花店提醒客户有关家人生日的时间,银行提醒客户定期存款到期,教师提醒学生考试日期与应做的准备等。

第四,企业各个部门的人员可以利用网络进行网上研发讨论,将有关产品构想或雏形通过网络公告,引发全球各地有关人员进行讨论。

第五,通过网络对消费者进行意见和建议调查,借以了解消费者对于产品特性、品质、商标、包装及式样等方面的意见,协助产品的研究开发与改进。

第六,在网络上提供与产品相关的专业知识,增加产品价值的同时也提升企业形象。

例如,汽车商提供车辆的维护保养常识,家电企业介绍家电产品的性能、使用和注意事项等以提升自身形象,拉近与消费者的距离。

第七,开发电子书报、电子杂志、电子资料等信息产品,并利用网络提供物美价廉的服务。

第八,让消费者在网络上充分展示自己的需求并可亲自参与设计,企业据此提供个性化的产品与服务。例如,对服装、鞋帽、箱包等诸类商品可让消费者亲自参与设计。

4.3 网络营销品牌策略

品牌是整体产品的重要组成部分,品牌是一种企业资产,是一种信誉,由产品品质、商标、广告口号、企业标志、公共关系等混合形成。

从网络品牌资产角度来讲,品牌内涵指品牌的知名度、美誉度、认同度、忠诚度。在网络营销中,品牌及品牌价值在企业营销中的地位和作用显得日益重要,并成为企业竞争的重要手段。网络营销品牌是消费者选择产品和服务的重要依据。

4.3.1 网络营销品牌特征

网络营销品牌有以下几点特征。

第一,网络品牌是网络营销效果的全面体现。网络营销的每个环节都与网络品牌有间接或直接的关系,从网站策划、网站建设到网站推广、顾客关系和在线销售,都与网络品牌紧密相关。如网络广告策略、搜索引擎营销、供求信息发布等各种网络营销方法均对网络品牌产生影响。

第二,网络用户是网络品牌价值的体现途径。网络品牌的价值体现了企业与互联网用户之间建立起来的和谐关系。网络品牌是建立用户忠诚的一种手段,因此对于顾客关系有效的网络营销方法对网络品牌建设同样是有效的。如,集中了相同品牌爱好者的网络社区,在一些大型企业如化妆品、保健品、汽车行业、航空公司等比较常见,网站的电子刊物、会员通信等也是创建网络品牌的有效方法。

第三,有价值的信息和服务是网络品牌的核心内容。例如,Google 是最成功的网络品牌之一,当我们想到 Google 这个品牌时,头脑中的印象不仅是那个非常简单的网站界面,更主要的是它在搜索方面的优异表现,Google 可以给我们带来搜索效果的满意。

第四,网络品牌建设是一个长期的过程。网络营销是一项长期的营销策略,对网络营销效果的评价用一些短期目标并不能全面衡量。网络品牌建设是一个长期的过程。

第五,网络营销品牌推动了电子商务向前发展。在全球商业网站多如牛毛的情况下,消费者对品牌的忠诚度会越来越低,网站品牌形象的建立,也就比传统营销时代更加重要。在网络时代的数字战场上需以品牌作为引导,将品牌带入与消费者的互动中。

【小链接】

根据哈利斯互动公司(Harris Interactive)调查显示,网友对网站品牌普遍是健忘的。提到零售网站知名度,网友首先想到的总是亚马逊、eBay、Egghead 等,意见研究公司(Opinion Research)公布的调查结果更显示,亚马逊、价格在线、eBay、E - Tradez 在电子商务网站中名列前四,但从第五名起,品牌知名度百分比就大幅滑落。也有学者认为,消费者对品牌的好感及信任需要时间的累积。

品牌仍是无形价值的保证形式。在网上购物,品牌更为重要。消费者的购买行为是经由认知、信任进而产生行动的过程。与传统营销一样,良好的品牌形象在用户潜意识中就是信誉保证。

4.3.2 网络品牌的塑造

在网络上建立品牌形象,如果是一个全新的品牌,可以从现实与虚拟两个世界同时考虑,建立一个有策略性的个性品牌。如果是传统品牌上网营销,那么要考虑究竟是延续既有的品牌形象,还是利用网络的全新环境,塑造一个全新的形象。如果已有一个在真实世界中苦心经营多年的品牌形象,在网络上营销时要注意以下几个问题。

第一,正确评价网络品牌资产。品牌忠诚是网络品牌资产的基石,但网络品牌资产常常不能反映品牌忠诚的真实情况。

【小链接】

2001 年 2 月的《经济学人》指出,根据股市价值的评估方法,亚马逊网上书店的品牌资产是零售巨头沃尔玛的两倍。但是,网络品牌资产的基础是否牢靠?是否能和传统品牌一样具有长久的生命力呢?通过对网络品牌的领军者亚马逊书店和传统零售商品牌中的常青树沃尔玛从认知、相关、表现、优势和忠诚五个方面进行了比较,检测表明:虽然亚马逊和沃尔玛的品牌资产都很高,但作为品牌资产基础的顾客忠诚度却有很大差异。沃尔玛的顾客忠诚度已经相当稳固,而亚马逊还没有建立起相对稳定的顾客关系,顾客看到的更多的是亚马逊的时尚和新潮,他们很容易将注意力投向竞争品牌。亚马逊只有建立了更加牢固的顾客关系,才能在与其他网络零售商的竞争中真正处于领先地位。否则,品牌资产的优势将随着顾客忠诚度的丧失而消逝。

以上研究说明,网络品牌的经营者,在看到品牌资产增长的同时,更应该冷静分析品牌忠诚度的稳定情况,随时警惕竞争对手对忠诚顾客的侵蚀。

第二,关注网络口碑。网络的口碑效益主要在网络社区中进行。匿名的顾客在网络社区中发表意见,其中有的意见对网站不利,会对其他顾客产生消极的情绪。如果任由这种信息散播开去,网站的信任度就会大打折扣。因此网站管理者应当关注相关社区的言论,及时化解网络舆论危机。

第三,传统媒体作为有力补充。企业网站的品牌忠诚度是以现有企业的顾客忠诚度为基础的,忠诚顾客多,关注企业网站的顾客自然也会多。在传统大众媒体和渠道建设中投入资金建立的顾客忠诚度会自然拉动企业网站的忠诚度。

第四,收集顾客信息应该适度。网站必须权衡收集顾客信息所带来的对顾客细分服务的优势以及如此一来对顾客隐私保护心理的危害。网站不应收集大量的顾客信息,而应适度地收集并更好地利用这些信息。

第五,顾客最关注的并非界面。网络用户更加关注网站提供的信息是否能满足自身需要,网站的回应是否及时,而不是网站界面是否花哨。网站应该把精力多放在个性化的信息服务、增加讨论组以提高回应效率上。至于界面,只要方便好用就可以了。

第六,及时更新网页。忠诚顾客往往是以娱乐为目的的人,他们访问网站的频次高,而每次停留的时间短。为了维护忠诚顾客应该及时更新网页,提供新鲜的娱乐性强的信息。旗帜广告的链接也应该随着网页的更新而提供新的信息。

第七,关注低端消费者。虽然网上顾客以高收入者为主,但这并不表明高收入者的顾客忠诚度也高。研究发现,网络品牌的忠诚度与顾客消费水平无关,有的网上顾客消费不高却是忠诚消费者。因此,网上零售商应该同样关注低端消费者的忠诚度。

4.3.3 网上品牌和传统品牌的关系

第一,网络品牌的目标对象不同。网上的消费者相对来说是一个小群体,与现实世界中的目标群体有所不同,要根据这一特定群体的特性界定品牌。

【小链接】

1999 年 10 月,美国著名的服饰品牌 Banana Republic(香蕉共和国)建立了一家网上商店(www. bananarepublic. com),除了卖男女服饰外,还有家庭饰品和个人礼品。但其下属的 GAP 公司在网络上瞄准新的细分市场:1997 年推出以上班族休闲为诉求的 Gap 网站,1998 年推出儿童与青少年网站 Baby Gap 与 Gap Kids,1999 年则推出家庭形象的 Banana Republic 网站,至于 GAP 公司的另一个品牌 Old Navy(www. oldnavy. com)则走年青活泼的路线,从网站风格、内容规划都充满互动性与游戏感。Old Navy 与 Banana Republic 的网站形象明显不同。

第二,网络品牌形象塑造工具的不同。传统媒体常常利用影像和声音,可以让受众经由尝试到确信的过程,建立起对品牌的印象,而图像和声音在网络的传输上受到频宽的限制,不能支持动态图像随心所欲地表达,无法产生像电视广告一样的效果。

第三,网友对品牌的信任内容与传统品牌有所不同。传统品牌一般是通过企业承诺的品质和条件等获得消费者对自己的信任,而在网络上还要加上对网友隐私权与安全性的保证。

第四,网上品牌识别要素与传统品牌有异同。网上品牌识别要注意和传统品牌识别的延续性与创新,包括理念精髓、符号表达(标准字体、大小、颜色、LOGO、配色和位置)等。

【小链接】

神舟载人飞天之际,"杨利伟"即被抢注

2003 年 10 月 15 日,将作为中国载人航天飞船神舟五号成功发射的重要历史突破而被永远记入史册,尽情体验了伟大太空之旅的"中国航天第一人"杨利伟,一日间成为十几亿中国人的期待,全球万众瞩目的焦点!

围绕着 38 岁的前战斗机飞行员杨利伟的种种报道,除了他绕地球飞行 14 圈,他是第 431 位进入太空的地球人,绕地球第二圈时他是坐姿,他是满族人,他有一个酷爱游泳、溜冰的儿子外,还有一个绝对新发现——那就是几乎所有关于"杨利伟"的域名都在即刻之间纷纷被抢注,包括以中文拼音构成的 yangliwei. com、yangliwei. net、yangliwei. org、yangliwei. com. cn、yangliwei. cn,还有新增顶级域名 yangliwei. info,中文域名"杨利伟. com","杨利伟. 中国","杨利伟. cn",此外,通用网址"杨利伟"也早在上午 11 时被来自杭州的注册人通过商务中国(www.bizcn.com)抢注成功,另外,据商务中国的域名 whois 查询数据显示,该名称一天内的搜索量达到上万,一些诸如"载人航天"、"载人航天飞行"、"神舟五号"等的通用网址已经被注册机构 CNNIC 保护起来。

中国商务专业人士指出,追踪和抢注一些高关注率名词构成的域名、通用网址,这样的火爆场面早就在国外出现过。现在,中国网民对域名的反应能力大大提高,已经可以在极短的时间内对相关域名在网络中产生的"热效应"作出判断,果断进行抢注,以期在未来的网站经营中获得最大关注率。这都显示了域名、通用网址价值的日渐突显以及强大的吸引力,并且正在改变着人们的思维方式、投资行为。

4.4 网络营销新产品开发

4.4.1 网络营销新产品开发概念和意义

4.4.1.1 新产品的概念

新产品即在某个市场上首次出现的或者是企业首次生产销售的整体产品。产品整体概念中任何一部分的创新、革新和改良,都可视为新产品。除此之外,企业将现行产品投向新的市场,对产品进行市场再定位,或通过降低成本,生产出同样性能的产品,对市场或企业而言,也可称之为新产品。新产品可分为以下几类。

(1)全新新产品。全新新产品 指应用新技术、新原理、新工艺或新材料研制出的市场上前所未有的产品。开发全新新产品通常需要庞大的资金、先进的技术水平,并需要有一定的需求潜力,故企业承担的市场风险较大。

(2)换代新产品。换代新产品指在原有产品基础上,采用或部分采用新技术、新材料、新工艺研制出来的新产品,它使原有产品性能得到明显改进、质量得到明显提高。例如,洗衣机从单缸洗衣机发展到双缸洗衣机和全自动洗衣机,电视机由黑白电视机到彩色电视机、数字电视机等。

(3)改进新产品。改进新产品指对现有产品的质量、性能、结构、功能、包装、款式等方面加以全面或局部改进的新产品。这类产品性能并没有本质性或革命性的突破。例如,电熨斗加上蒸汽喷雾,电视机配置遥控器开关。

(4)仿制新产品。仿制新产品指对市场上已经出现的产品进行引进或模仿、研制生产出的产品。开发这种产品不需要太多的资金和尖端的技术。

4.4.1.2 开发新产品的意义

(1)新产品开发既推动了社会进步,又促进了生产力发展。新产品开发是科学技术进步和社会生产力发展的结果。同时又可以进一步促进科学技术和社会生产力的发展,推动社会不断进步。

(2)新产品开发在满足消费需求的同时也提高了企业效益。企业需要不断地开发出新产品,适应消费需求新的变化,从而扩大企业市场销售量,提高企业赢利水平。

(3)新产品开发可以进一步巩固市场,保证市场占有率。不断研制开发新产品,可以使企业同时拥有多种产品,由新产品不断填补老产品退出市场的位置,能使企业的市场销售量和利润始终保持平稳上升,保证一定的市场占有率。

(4)新产品开发能应对竞争,减少风险。企业产品的竞争能力在很大程度上取决于企业是否能及时向市场提供适销对路的新产品。一个企业如果不能经常不断地向市场推出技术先进的新产品,就无法与竞争对手较量。

4.4.2 网络时代新产品开发策略

4.4.2.1 网络营销新产品种类

网络营销新产品有下面几种类型,但策略制定的环境和操作方法不一样。

(1)新问世的产品,即开辟全新市场的产品。

(2)新产品线,即使得公司首次进入现有市场的新产品。

(3)现有产品线外新增加的产品,即补充公司现有产品线的新产品。

(4)现有产品的改良品或更新,即提供改善了的功能或较大感知价值并且替换现有产品的新产品。

(5)降低成本的产品,即提供同样功能但成本较低的新产品。

(6)重新定位产品,即以新的市场或细分市场为目标市场的现有产品。

4.4.2.2 网络营销新产品构思与概念产生

网络营销新产品开发的首要前提是新产品构思和概念形成,主要是依靠科研人员的创造性推动的。

新产品的构思可以来自顾客、科学家、竞争者、公司销售人员、中间商和高层管理者,但最主要来源还是依靠顾客来引导产品的构思。通过与顾客的交互性,通过信息技术和网络技术来记录、评价和控制营销活动,来掌握市场需求情况。网络营销通过其网络数据库系统处理营销活动中的数据,并用来指导企业营销策略的制定和营销活动的开展。

网络营销数据库系统的特点:

- 在营销数据库中每个现在或潜在顾客都要作为一个单独记录存储起来,只有了解每个个体的信息才能细分市场,并可通过汇总数据发现市场总体特征。

- 每个顾客记录不但要包含顾客一般的信息如姓名、地址、电话等,还要包含一定范围的市场营销信息,即顾客需求和需求特点,以及有关的人口统计和心理测试统计信息。

- 每个顾客记录还要包含有顾客是否能接触到针对特定市场开展的营销活动信息,以及顾客与公司或竞争对手的晚易信息。

- 数据库中应包含顾客对公司采取的营销沟通或销售活动所作反映的信息。

- 存储的信息有助于营销策略制定者制定营销政策,如针对目标市场或细分市场提供何种合适的产品或服务,以及每个产品在目标市场中采用何种营销策略组合。

- 在对顾客推销产品时,数据库可以用来保证与顾客进行协调一致的业务关系发展。
- 数据库建设好后可以代替市场研究,无须通过专门的市场调研来测试顾客对所进行的营销活动的响应程度。
- 信息和自动控制与顾客的交易,自动营销管理已成为可能,但这要求有处理大批量数据的能力,在发现市场机会的同时对市场威胁提出分析和警告。大型数据库提供的高质量的信息使得高级经理能有效进行市场决策和合理分配有限的资源。

利用网络营销数据库,企业可以很快发现顾客的现实需求和潜在需求,从而形成产品构思。通过对数据库的分析,可以对产品构思进行筛选,并形成产品的概念。

4.4.2.3 网络营销新产品研制

与过去新产品研制和试销不一样,顾客可以全程参加概念形成后的产品研制和开发工作。顾客参与新产品研制与开发不再是简单的被动接收测试和表达感受,而是主动参与和协助产品的研制开发工作。

同时,与企业关联的供应商和经销商也可以直接参与新产品的研制与开发,通过互联网,企业可以与供应商、经销商和顾客进行双向沟通和交流,可以最大限度提高新产品研制与开发速度。

4.4.2.4 网络营销新产品试销与上市

通过网络营销来推动新产品试销与上市,是比较好的策略和方式。但网上市场群体有一定的局限性,消费意向比较单一,所以并不是任何一种新产品都适合在网上试销和推广的。一般对于与技术相关的新产品,在网上试销和推广效果比较理想,这种方式一方面可以比较有效地覆盖目标市场,另一方面可以利用网络与顾客直接进行沟通和交互,有利于顾客了解新产品的性能,还可以帮助企业对新产品进行改进。

利用互联网作为新产品营销渠道时,要注意新产品能满足顾客的个性化需求的特性,即同一产品能针对网上市场不同顾客需求生产出功能相同但又能满足个性需求的产品,这要求新产品在开发和设计时就要考虑到产品式样和顾客需求的差异性。

例如,Dell 计算机公司在推出计算机新产品时,允许顾客根据自己的需要自行设计和挑选配件来组装自己满意的产品,Dell 公司可以通过互联网直接将顾客订单送给生产部门,生产部门根据个性化需求组装计算机。因此,网络营销产品的设计和开发要能体现产品的个性化特征,适合进行柔性化的大规模生产,否则再好概念的产品也很难在市场让消费者满意。

开阔视野——还有你所不知道的

休闲游戏运营商的产品差异竞争战略

游戏产业本身虽然属于互动数字内容产业,也属于休闲产业,同时又是一个横跨互联网、计算机、软件、消费电子等诸多领域的综合体。

以上海盛大为代表的一批互联网企业凭借着网络游戏的代理、开发和运营，在中国市场上取得了巨大的成功，获得了可观的利润。像网易这样老牌的门户网站公司也将很大的精力投入游戏的运营，推出了《梦幻西游》、《大话西游2》、《飞飞》、《大唐》等大型游戏，深受玩家欢迎。而除以上介绍的这些MMOG/RPG类的大型网络游戏外，以休闲放松为主题的网络休闲游戏已经成为新的游戏增长点。在网上打打扑克、玩玩台球、下下五子棋、玩玩俄罗斯方块等，已经成为一种新的时尚，吸引了一大批忠实的玩家用户。巨大的市场前景也吸引着越来越多的竞争者进入，其中"QQ游戏中心"和中国游戏中心就是其中两个各具市场竞争特色的佼佼者。

中国游戏中心成立于1999年，隶属于深圳电信，是一个以为用户提供休闲棋牌游戏为主营业务的娱乐网站，在华南、华中等地区影响巨大。经过5年的发展，到2004年，中国游戏中心已经拥有过亿的注册用户，同时最高在线人数突破30万，仅次于联众棋牌世界，成为当时中国第二大休闲棋牌游戏网站，在业界享有"北联众、南中游"的美誉。

深圳腾讯公司以开发、运营即时通工具QQ起家，全面涉足互联网增值业务领域，并连年占据中国移动"移动梦网"最大内容提供商(ISP)的位置。QQ最高同时在线人数超过700万。腾讯于2003年8月成立"QQ游戏中心"，涉足休闲棋牌游戏领域，凭借庞大的QQ用户群和优秀的营销策略，发展迅猛，于2004年年底成功超越联众和中国游戏中心，成为中国第一大休闲游戏门户网站。

从某种意义上来说，创造顾客就是创造差异。有差异才能有市场，才能在强手如林的同行业竞争中立于不败之地。差异化营销所追求的"差异"是产品的"不完全替代性"，即在产品功能、质量、服务、营销等方面，本企业为顾客所提供的是对手不可替代的。"QQ游戏中心"和中国游戏中心就各自实施了差异化的营销策略，取得了各自在休闲游戏市场上的领先地位。

- 市场细分策略的差异化

市场细分是差异化营销战略的基础。细分市场、目标用户群定位差异化的过程正是企业不断发掘用户需求，通过对目标用户的产品态度、利益追求、生活方式、心理特征等进行生动的交互和响应，从而更准确地切入市场的过程。"QQ游戏中心"和中国游戏中心首先就通过细分市场，分别锁定了各自的用户群。

"QQ游戏中心"锁定学生用户为主要用户群。"QQ游戏中心"作为互联网棋牌休闲游戏市场的后进入者，面对已经非常强大，拥有庞大用户的市场领导者——联众和中国游戏中心，如何细分市场，准确、明晰地锁定自己适当的目标消费群，成为其制定差异化竞争策略要考虑的首要问题。中心在成立之初，就紧紧依靠自己原有的庞大的QQ用户群，将目标消费者定义为QQ用户中乐于接受休闲棋牌游戏的那一部分用户。这部分用户的覆盖面十分广泛，主体是小学高年级学生、中学生、大学生。年龄段在11岁到25岁这一区间。此定位让"QQ游戏中心"最大限度地利用了腾讯公司的用户群优势，将使用QQ聊天工具的广大用户都变成了QQ游戏的潜在用户。

中国游戏中心以年轻白领为主要消费群。在“QQ 游戏中心”迅猛发展的同时，中国游戏中心也认识到了这个新的竞争对手的巨大潜力。通过市场调查和分析，中国游戏中心将自己的主要目标用户群定位在了年轻的白领阶层。这部分人主要是年龄段在 20 岁到 35 岁之间的上班族，他们在繁忙的工作之余，没有时间和精力去尝试大型的网络游戏，而更愿意花少量的时间玩玩休闲棋牌游戏，放松心情。

- 产品定位策略的差异化

企业只有通过提供与众不同的产品和服务，满足特定顾客特殊的需求，才能形成企业的竞争优势。同时由于产品具有某种特殊性，提高了某一细分市场顾客的忠实程度，从而使该产品和服务具有很强的进入障碍。潜在的竞争者要想进入这一细分市场，必须克服这种产品的独特性带来的障碍，同时也由于顾客对企业提供的与众不同的产品或服务具有某种程度的忠实性，当这种产品价值发生变化时，顾客对价格的敏感程度因为营销提供物的独特性而降低。从而使企业在同行业的竞争中形成一个隔离地带，减少了被竞争者夺取的可能性。由于企业的产品与服务具有某种特殊性，便可以使企业依赖顾客的信任在与替代品的较量中，比同类企业处于更为有利的地位。“QQ 游戏中心”和中国游戏中心产品的产品定位策略的差异化十分明显。

“QQ 游戏中心”以休闲游戏为突破产品。针对年轻的学生用户群的消费需求，结合本企业在互联网娱乐产品线上强大的技术开发能力，“QQ 游戏中心”一开始就采取了和联众、中国游戏中心差异化的产品策略，以期避免同质化竞争。它在将自己的产品定位在棋牌游戏上的同时，还大力发展 QQ 用户喜爱的休闲类游戏，比如泡泡龙、对战俄罗斯方块、3D 台球等。此类休闲游戏很多都是原来单机游戏中极受欢迎的产品，现在放到了一个更为广大的游戏平台里，使用户能够在这里和其他玩家进行对战，在休闲游戏的同时还能结交许多朋友，因此，很快便被市场认可和欢迎。

中国游戏中心的地域化游戏产品策略。中国游戏中心选取的突破口是针对不同地域、不同城市的年轻白领的需要，开发出具有地方特色的棋牌产品，如江西麻将、福建扑克等。由于这些棋牌游戏与当地的游戏规则、叫法完全一致，很受用户欢迎。

案例学习——看看你的分析能力

国产老牌重生——“回力”网络营销分析

“回力”作为中国历史最悠久的轮胎品牌，无疑是老牌国货的一面旗帜，该商标于 1935 年 4 月 4 日作为运动鞋的品牌被注册。而近年来在阿迪达斯、耐克等品牌效应日益明显、鞋类行业竞争日益激烈的情况下，消费者对国有老品牌审美疲劳，“回力”品牌近乎被遗忘，其市场份额也被压榨。

为“卷土重来”，“回力”与业界著名互动传媒机构奥迈思(AMgLabs)合作，通过“再生再来”计划唤醒国产老品牌。“再生再来”计划不仅保留老品牌原有的真实、中国味儿的品牌精髓，还灌注活力、创造等新元素，双管齐下重塑了经典。

“回忆回力”活动从 2008 年 12 月开始到 2009 年 3 月结束。此举在中国及国际上都赢得了广博而深远的关注。回忆“回力”的所有媒体发布价值迄今已超过700万人民币。

“回忆回力”活动的成功为国产老品牌的复兴提供了以下启示：

● 借力怀旧情结，体现中国元素

奥迈思对品牌精髓进行了深度挖掘和创新，包括产品创意表现、形象和包装。无论是产品设计还是新品发布，“回忆回力”以庆祝“回力”独特的文化历史的方式来唤起消费者对“回力”的回忆，其营销策略都是通过独特的中国设计和庆祝“回力”文化历史的角度来展开。

在基本设计上，回力产品的颜色进行了调整及质量提升，颜色调整以鞋的红色胶底为主，中国红、龙图腾文化以及中国独有的方块字、红黄相间的设计更是迎合了百年奥运的主题。

而且，“回忆回力”标志会出现在鞋舌头背面，附加了金属鞋扣设计。富有时代感、生命力的设计也吸引了不少年轻人。

● 吸引意见领袖，展开口碑营销

“回忆回力”计划以设计师作品展览发布会和公关策略来吸引一些意见领袖，并把他们与“回忆回力”的原创精神相联结，同时激发那些喜欢街头运动文化的人们来参与讨论；通过15位创意大师的精心诠释和3位摄影师富有张力的视觉表现，带出了“新回力”的灵魂所在：与“老回力”一脉相承又紧扣时代脉搏。作品一面世就受到消费者的追捧，更有大批“回力迷”们在网上发贴盛赞。

遍布全球的千余位的创意设计师展示了他们对这个非同一般鞋款的共同热爱，激发中国原创精神这一理念，已成为国际创意界的新亮点。

● 博客营销显优势

博客营销确实是极具互动价值的手段。双语博客应然而生。回力在博客中激起运动鞋的狂热者去互相分享和讨论回力的新品牌信息、品牌身份和产品故事，由此让更多的人来重新发现这个品牌的崭新形象。

据统计，每位浏览者平均花费了5分钟的时间在“回忆回力”博客上，在过去的三个月内，重新来访的浏览者增加了8倍之多。

● 媒体报道加快传播速度

大众媒体是创立品牌知名度和“再生再来”计划的关键媒介。

一个中央电视台体育频道的纪实节目，以重塑“回忆回力”的内容进行了5分钟的专题报道。居中国首位的在线电视频道——搜狐网的文化专栏进行了时长8分钟的对“回为”品牌和“再生再来”计划的报道。除了国内电视台、电台、杂志和报纸的报道以外，“再生再来”计划也吸引到了百余个国际性创意文化类网站的关注和曝光。

（本文转载自中国电子商务研究中心：http://www.100ec.cn/detail--4955090.html，作者：林景新）

班级讨论——加深你的知识理解

(1)适合互联网上销售的产品一般具有哪些特征?

(2)在网络上销售的产品,按照产品性质的不同,可以分为哪几类?

(3)试述商标与域名的联系与区别。

(4)简述利用网络创造品牌的要点。

(5)试述网络新产品开发的过程。

自己动手——锻炼你的实践能力

在教师指导下,由学生自由组合成4~8人为一组的研究性学习小组,并确定负责人。由教师确认选择2~3个类型的产品作为研究的样本。

要求:各小组组织市场调研,针对样本产品的整体概念、市场生命周期等问题收集市场

信息、确定所研究产品的整体概念和市场生命周期阶段,然后根据研究结论,针对该产品的竞争和营销现状提出改进方案。主要回答以下问题:

(1)该产品的产品整体概念可以怎样表达?

(2)该产品处于生命周期的什么阶段。

(3)该产品有何进一步开发的机会?

(4)该产品的品牌能否延伸、包装可否进一步调整?

本章复习——牢记本章主要内容

(1)网络营销中产品的概念与特点是什么?

(2)网络产品的营销策略有哪些?

(3)网络时代的新产品开发策略有哪些?

5

网络营销价格策略

【本章要点】

- 网络营销定价概述
- 网络营销定价策略

【学习要求】

通过本章学习,能够在了解传统营销定价的基础上,掌握网络营销定价的概念和特点,能够辨析网络营销定价与传统营销定价的异同,知道网络营销定价的影响因素,重点掌握各种网络营销定价策略。

引导案例——打开知识的大门

何伟和魏赫确定了经营产品后,两人通过各种途径找到了合适的供货商,可以以较低的价格拿到货物。两人在开心之余,又遇到了一个棘手的问题:这些商品的网上零售价格如何确定?定一个低于绝大多数网上同类产品的价格,可能会吸引一些消费者,但是他们的利润就会降低,而且会不会由于过低的价格而使消费者怀疑商品的品质;如果定价较高,又无法吸引消费者,因为网上消费者很容易做到货比三家。一个崭新的任务又摆在了他们面前,即确定怎样的产品价格才能吸引相当数量的消费者,保证能够获得较好的利润。

卖金锡顾问公司曾对2 463 家公司作过调查,研究表明,定价与利润之间有很明显的关系,定价每改善1%,则利润可提高11.19%。可见,制定恰当的价格对于网络营销者而言是十分重要的。对于何伟和魏赫来讲,解决问题的关键在于要找到影响网络营销定价的因素,选择适当的网络营销定价方法与基本准则,进而结合他们的营销目标,确定出合适的价格。

当网络营销市场还处于起步阶段的开发期和发展期时,企业进入网络营销市场的主要目标是占领市场求得生存发展机会,然后才是追求企业的利润。此阶段网络营销产品的定价一般都是低价甚至是免费,以便在迅猛发展的网络虚拟市场中寻求立足机会。但是企业是经不起长期低价和免费策略的,免费只能是商业运营的一种"辅助手段",而不是目的,"走遍全球,也找不到以免费来生存的企业,它不可持续。"所以,通过给企业所提供的服务和产品制定合理的价格以获得利润,是每个要进行网络营销的企业必须考虑的问题。

(资料来源:编者整理于中国劳动社会保障部教材办公室组织编写的《网络营销》教材)

5.1 网络营销定价概述

价格是市场营销组合中唯一为企业提供收益的因素,同时又是企业参与市场竞争的重要手段之一。在市场经济中,产品或服务的价格是由市场供求关系决定的,供求关系的变化导致价格的变化。同时,价格又是一个重要的经济杠杆,价格的变化反过来又影响市场供求。事实表明,定价是否恰当,会直接影响甚至改变消费者的购物倾向,进而影响到企业产品的销量和利润额。因此,如何制定合适的价格,已经成为许多企业开展营销活动竞相关注的焦点。为了使读者能够对网络营销定价有一个更为清晰的认识,本节先简单介绍影响传统营销定价的因素和传统营销定价方法。

5.1.1 传统营销定价

5.1.1.1 影响企业定价的主要因素

(1)定价目标。定价目标是指企业通过制定特定水平的价格,凭借价格产生的效用达到的预期目的。企业在定价之前必须首先确定定价目标。定价目标是企业营销目标的基础,是企业选择定价方法和制定价格策略的依据。

定价目标取决于企业的总体目标。不同行业的企业,同一行业的不同企业,以及同一企业在不同的时期、不同的市场条件下,都可能有不同的定价目标。不同的定价目标,有着不同的含义和运用条件,企业可以据此制定产品的价格。一般情况下,企业定价目标有以下几种:以维持生存为定价目标、以当期利润最大化为定价目标、以市场占有率最大化为定价目标、以应付与防止竞争为定价目标等。企业的定价目标不都是单一的,更多的是一个多元的结合体。企业在选择定价目标时一般应考虑企业的战略目标、市场定位和产品特性,以及市场整体状态等,以便正确、合理选择定价目标。

(2)市场需求。需求是在一定的时期,在既定的价格水平下,消费者愿意并且能够购买的商品数量。市场需求状况与价格密切相关。根据需求规律,当影响商品需求量的其他因素不变时,商品的需求量随着商品价格的上升而减少,随着商品价格下降而增加。同时,需求的变化也会影响企业的产品销售以至企业营销目标的实现。如果生产出来的产品是社会不需要的,就会导致产品滞销和积压。因此,市场需求状况是企业制定价格的重要因素,任何生产者都应该能够快速应付需求的变化。

(3)产品成本。产品成本是影响企业定价的基本因素。企业定价必须首先使总成本得到补偿,要求产品价格不能低于平均成本,这是获利的前提条件,也是企业价格的下限。产品成本是由产品在生产过程和流通过程中耗费的物质资料和支付的劳动报酬所形成的,其一般由固定成本和变动成本两部分组成。平均成本是指生产每一单位产品平均所需要的成本,即等于总成本/总产量。产品价格与平均成本相等时的点称为收支平衡点,此时企业获得的收益与付出的成本相等,刚好收支相抵。当产品价格大于平均成本时,企业就有可能赢利;反之,则亏损。

(4)竞争因素。在市场竞争日趋激烈的形势下,企业在定价前必须仔细研究每一个竞争对手所提供的产品质量和价格,然后有意识地利用它们作为制定自己价格的一个起点,并通过自己的定价目标去对付竞争对手。企业必须采取比竞争对手更为有利的定价策略才能取胜。对竞争状况的分析,包括三个方面:第一,企业要分析自身竞争地位。如果企业相对力量较弱,可以采用与竞争对手相同或略低于竞争对手的价格出售产品的方法;如果企业相对力量较强,可以采用高于竞争对手的价格出售产品的方法;为了防止其他企业加入同类产品的生产,企业可以采用低价格的方法,提高进入壁垒,阻止其他企业进入该市场。第二,企业必须估计竞争对手可能针对本企业的价格作出的反应。第三,企业要分析自身所提供产品的质量。如果企业提供的东西与一个主要竞争对手所提供的东西相似,企业可以把价格定得接近于竞争对手;若企业提供的东西相对较次,企业应采取低于竞争对手的价格出售产品;若企业提供的东西是相对较优,企业可采用高于竞争对手的价格出售产品。

除以上四种主要因素外,企业定价时,还要对产品本身的特点、政府政策等各种因素进行综合分析。

5.1.1.2 定价方法

企业在掌握了各种相关影响因素的资料后,就开始具体定价工作,这是一项十分复杂又难以掌握的工作。在激烈的市场竞争中,任何企业都不能只凭直觉随意定价,而必须借助科学的、行之有效的定价方法。

定价方法是企业为实现其定价目标所采取的具体方法,在实际定价过程中,企业的定价方法有很多。不同市场竞争能力的企业所选择的定价方法是不同的,而且,即使采用同一类定价方法,不同企业所选择的计算方法也会有所不同。一般情况下,定价方法可以归纳为三类:成本导向定价法、需求导向定价法和竞争导向定价法。

(1)成本导向定价法。成本导向定价法是以产品的成本为主要依据,综合考虑其他因素制定价格的定价方法。这是最简单、应用相当广泛的一种定价方法。这类定价法有很多具体形式,其中应用最多的是成本加成定价法和投资回收定价法。成本加成定价法是指在单位产品成本的基础上,加上预期的利润额作为产品的销售价格的定价方法。投资回收期法是指企业为了确保投资按期收回,并获得利润,根据投资生产的产品或劳务的成本费用及预期的生产产品或劳务的数量,确定能实现营销目标价格的定价方法。

(2)需求导向定价法。需求导向定价法是指企业在定价时不再以成本为基础,而是以消费者对产品价值的理解和市场需求的状况来确定价格的定价方法。它包括:认知导向定价法、逆向定价法和习惯定价法三种定价方法。认知导向定价法,是根据消费者对企业提供的产品价值的主观评判而不是根据卖方成本来制定价格的一种定价方法。逆向定价法,是依据消费者能够接受的最终销售价格,考虑中间商的成本及正常利润后,逆向推算出中间商的批发价和生产企业的出产价格的定价方法。习惯定价法,是企业按照市场长期以来被消费者接受和承认的已经成为习惯的价格来定价的一种方法。

(3)竞争导向定价法。竞争导向定价法就是主要依据竞争对手的价格来定价,而不是过多地考虑成本及市场需求因素。在现代市场营销活动中,竞争导向定价已被企业广泛采用。具体形式有:随行就市定价法、密封竞标定价法和主动竞争定价法。随行就市定价法,是以行业的平均价格水平,或竞争对手的价格为基础制定价格的定价方法。密封竞标定价法主要应用于投标交易方式,是指在招标竞标的情况下,企业在对其竞争对手了解的基础上定价。主动竞争定价法,与随行就市定价法相反,它不是追随竞争者的价格,而是以市场为主体,以竞争对手为参照物的一种常用的营销绩效定价方法,一般为实力雄厚或独具产品特色的企业所采用。

不同的定价方法不仅各有特点,而且可以相互补充,企业在实际营销活动中可选择采用。在实际定价过程中,企业必须全面分析市场环境、产品特点、消费心理和需求状况等因素,正确选择定价方法,从而顺利实现营销目标。

5.1.2 网络营销定价

5.1.2.1 网络营销定价与网络营销价格的定义

网络营销定价是指网络营销企业给网上营销的产品或服务制定价格。

网络营销价格是指企业在网络营销过程中买卖双方成交的价格。网络营销价格的形成过程较为复杂,受到诸多因素的影响和制约,如传统营销因素和网络自身对价格的影响因素。

在传统营销环境中,产品或服务供求双方沟通的障碍导致信息不对称,企业一般以自身需要为基础来制定价格,消费者是价格的接受者。消费者由于对价格信息所知甚少,所以在讨价还价中,总是处于不利地位。互联网的出现,一方面使得消费者收集产品价格信息的成本大大降低,而且还能得到很多免费的信息;另一方面,由于网络的开放性和互动性等特征,使得企业也能够利用互联网增强对目标市场需求信息和潜在顾客为获得该产品所愿意支付的成本的了解,从而提高产品定价的有效性,进而提高企业的市场竞争力。

5.1.2.2 网络营销定价特点

开放快捷的互联网使企业、消费者和中间商对产品的价格信息都有比较充分的了解,因此网络营销定价与传统营销有很大的不同。网络营销定价与传统的定价相比显示出以下新的特征。

(1)全球性。网络营销市场面对的是无时空限制、开放的和全球化的市场,用户可以在世界各地直接通过网站进行交易,而不需考虑该网站是属于哪一个国家或者地区。通过互联网,企业目标市场从过去受时空限制的局部市场,一下子拓展到范围广泛的全球性市场,这导致企业在网络营销产品定价时,必须考虑目标市场范围的变化给定价带来的各种影响因素。

如果企业产品的销售目的地的状况与传统市场类似,则可以采用统一市场策略。例如,阿里巴巴有国际网站和国内网站,分别适用于国际贸易业务和国内贸易业务。企业可以根据需要,利用该网站,采用统一市场策略,把产品推广到全世界。

但是,在大多数情况下,企业产品的销售目的地与传统市场不同,如果企业仍然采用针对本土的定价方法,可能反而对网络市场全球性作用的发挥有反作用。为解决这个问题,企业可采用全球化和本土化相结合的方法,在不同市场的国家建立地区性网站或者利用各国的地区性网站来销售产品,以适应不同地区市场消费者需求的变化。

(2)低价位定价。互联网使用者的主导观念是网上的信息产品是免费的、开放的、自由的。在早期互联网开展商业应用时,许多网站采用收费方式想直接从互联网赢利,结果被证明是失败的。目前,网络营销产品的定价一般是低价甚至是免费的。

首先,网络消费者对价格更为理性。网络消费者可以通过开放的互联网掌握产品的各种价格信息,并对其进行充分地比较和选择,对他们来说,只有确定自己的选择和交易是合算的,才会实施购买行为。这就迫使开展网络营销的企业以尽可能低的价格出售产品,增大了消费者的让渡价值。如果在网上定价过高或者降价空间有限的产品,在现阶段最好不要在网络市场上销售。如果面对的是工业、组织市场,或者产品是高新技术的新产品,网上顾客对产品的价格不太敏感,主要是考虑方便、新潮等因素,这类产品就不一定要考虑低价定价的策略了。

其次,网上产品定价较传统定价要低因为有着成本费用降低的基础。第一,通过网络市场,可以减少印刷费用与邮递成本,免交店面租金,节约水电费与人工成本。第二,网络营销能使企业绕过许多中间环节和消费者直接接触,消费者可以把对产品的意见或建议及时反馈给企业,消费者在一定程度上变成了企业产品的设计者,进而使企业产品开发和营销成本大大降低。同时,提高了产品设计和开发的速度,大大节省生产周期,提高企业生产效率。这就保证了企业有一定的降价空间来满足顾客的需求。第三,利用互联网可以把生产信息、库存信息和采购系统连接在一起,可以实现实时订购,企业可以根据需要生产,最大限度降低库存,实现"零库存"管理。这样,一方面减少资金占用和减少仓储成本,另一方面可以避免价格波动对产品的影响。比如,世界上最大的零售商沃尔玛,在跟踪产品的销售和库存上实施了先进的信息系统,对全球的经营业务点实施严格的控制,跟踪各商店每日的销售额、库存、定价和利润等数据,使之有条件降低其营运成本,以每日最低价的形式让利给消费者。

(3)顾客主导定价。传统市场中,产品的价格一般是以生产成本为基准,加上一定的利润率,就成为市场价格。在互联网市场中,消费者能及时获取产品及其价格的各种信息,通过综合这些信息决定是否接受企业报价并达成交易。同时,互联网的发展使需求由过去的被动选择转变为主动选择,顾客的需求引导着企业的生产。所以,在定价时,企业必须考虑消费者的心理特点和价格预期,以消费者为中心,根据生产成本和消费者对产品或服务价值的感觉来综合定价,以赢得消费者的接受和认可,使之产生购买欲望,实现双赢。

根据调查分析,由顾客主导定价的产品并不比企业主导定价获取利润低,根据国外拍卖网站 eBay.com 的分析统计,在网上拍卖定价产品,只有 20% 的产品拍卖价格低于卖者的预期价格,50% 产品拍卖价格略高于卖者的预期价格,剩下 30% 产品拍卖价格与卖者预期价格相吻合,在所有拍卖成交产品中有 95% 的产品成交价格卖主比较满意。因此,顾客主导定价是一种双赢的发展策略,既能更好满足顾客的需求,同时企业的收益又不受到影响,而且可以对目标市场了解得更充分。企业的经营生产和产品研制都始于顾客。

(4)价格透明化。在传统市场中,消费者获取产品价格信息的成本是很高的,信息的来源也是有限的,相对于卖方而言,消费者处于被动地位,卖方可以利用消费者对价格信息的无知为产品制定一个较高的销售价格而获取高额利润。互联网市场是一个开放的、透明的、信息共享的市场,在这个市场中,客户只要坐到计算机前轻点鼠标就可以及时获得同类产品或相关产品的价格信息,对价格及产品进行充分的比较,从而作出对自己最有利的价格选择。所以,企业在网络营销定价时,应充分分析竞争对手的报价。

(5)价格动态化。方便快捷的互联网能够使消费者及时获取各种产品的多个甚至全部厂家的价格信息,真正做到货比多家,这就决定了网上销售的价格弹性很大。因此,企业在制定网上销售价格时,应当科学量化每个环节的价格构成,制定出较为合理的价格策略。另外,随着消费者不断趋于理性化,企业在网络营销定价时要综合考虑各种因素,如消费者的价值观、消费者的偏好等。

在美国,民航票价随着顾客旅行时间的不同是动态变化的。工作日航班的票价高于周末的价格,晚上和凌晨的航班的票价比白天的低,而在飞机登机前“最后 1 分钟”往往可以买到惊人的折扣机票。在美国的航班上发现邻座的机票只花了 250 美元而你花了 1 500美元的事常常发生。在美国,要乘飞机的顾客只有在买票时才能知道确切的票价是多少。

【小链接】

网上智能比价

所谓“网上智能比价”系统主要用于电子商务网站的商品自动调价,该系统可帮助网站通过互联网来实时查询所有网上销售商品的信息,一旦发现有其他网站商品价格低于自身,系统可自动调低网站同类商品的价格。

据悉,“网上智能比价”系统已在电子商务网站当当网投入使用。在实时查询网上销售的所有图书音像商品信息后,一旦发现有其他网站的商品价格低于当当网,系统就会自动调低本网同类商品的价格,保持与竞争对手至少 10% 的价格优势。

不过消费者可能对于"价格战"一词早已"耳熟能详"。近几年国美、大中等家电卖场,从电视到空调、冰箱等大型家电商品,为争夺市场份额均打出价格牌来"争夺"顾客,因此在网络图书音像市场上,"网上智能比价"系统能否进一步扩大自身规模,保证用户实惠地选购到称心如意的商品无疑是一个关键。

5.1.2.3 网络营销定价的影响因素

价格是一个变量,它受到许多因素的影响和制约,包括企业的内部因素和外部因素。在网络营销环境下,这些影响企业定价的主要因素发生了很大的改变,企业应该充分认识到这些变化,并以此作为选择网络营销定价方法和策略的基础。一般来说,影响企业网络营销定价的因素主要有以下几个方面。

(1)定价目标。网络营销定价目标是指企业通过制定产品网络营销价格所要求达到的目的。它是企业选择定价方法和制定价格的依据。在网络营销中,市场还处于起步阶段的开发期和发展时期,企业进入网络营销市场的主要目标是占领市场求得生存发展机会,然后才是追求企业的利润。目前网络营销产品的定价一般都是低价甚至是免费,以求在迅猛发展的网络虚拟市场中寻求立足机会。

同企业传统营销定价类似,企业网络营销定价的目标主要包括:以维持生存为定价目标,以当期利润最大化为定价目标,以市场占有率最大化为定价目标,以应付和抑制竞争为定价目标等。

(2)产品成本。成本是产品价格构成中最基本、最重要的因素,也是网络营销定价的最低界限,对企业网络营销价格有很大的影响。

在网络营销中,成本因素的新表现是采购成本降低,由于实现了全球化的比价选购,资源的最佳配置,可以实现"零库存"管理,大大减少了资金占用和仓储成本。同时在全球可以选择最佳的生产厂家,加快新产品开发进度,大大缩短了生产周期,提高生产率,从而降低了生产成本。但这并不是说,在网络营销的环境下,企业一定要采用低价或者免费的价格策略。从长远来看,企业必须以成本界定最低价格,这样企业才能有经济效益,否则就无法正常运行。对于任何企业来说,成本在任何时候都是定价时必须考虑的因素之一,对于网络营销企业,网络营销的定价基础仍然是成本。

(3)顾客因素。在传统市场交易中,企业处于主导地位;而在网络营销环境中,消费者在交易过程中多处于主动地位,他们认定的产品价值将成为企业为产品定价的基础与关键。消费者利用互联网和浏览器就可以搜索到丰富的产品和价格信息,理性的分析产品的性价比,判断价格的合理性,作出对自己最有利的选择。消费者甚至可以与企业就价格进行协商,属于顾客主导定价。在网络营销环境中,传统的以生产成本为基础的定价方法正在被淘汰,用户的需求已成为企业进行产品开发、制造以及开展营销活动的基础,也是企业制定其产品价格时首先必须考虑的最主要因素。

(4)竞争因素。竞争因素也是影响企业网络营销定价的重要因素之一。竞争因素对价格的影响,主要考虑商品的供求关系及其变化趋势,竞争对手的商品定价目标和定价策略以及变化趋势。在实际营销过程中,以竞争对手为主的定价方法主要有三种:低于竞争对手的价格、与竞争对手同价和高于竞争对手的价格。

由于互联网导致的国际价格水平趋于一致的现象,一定程度上缩短了国别间的价格差别。这对采用差别定价策略的企业来说,面对全球市场和差异化定价,将必须作出新的选择。因为至少在现阶段,差价太大的产品在网络市场上一般不容易销售。因此在网络营销环境中,企业之间的竞争将从价格战转向品牌及产品的差异化。

(5)其他因素。除了上述四个主要因素以外,市场营销的其他组合因素,如产品、营销渠道、促销手段、消费者心理、企业本身规模、财务状况和国家政策等,都对会对企业的网络营销价格产生不同程度的影响。

5.2 网络营销定价策略

网络营销价格的形成是非常复杂的,它受到众多因素的影响和制约。定价是企业网络营销活动中的一项十分敏感又很难有效控制的工作,定价策略是营销策略的重要组成部分,为自己的产品或服务确定一个合理的价格是每个营销主体的重要工作。企业在制定网络营销定价策略时,不但要考虑运用传统市场营销价格理论,更要考虑网络营销的软营销和互动性的特征以及消费者易于比较价格的特点,对各种因素综合分析,使传统营销的定价策略在网络营销中得到应用的同时也得到创新。根据影响网络营销定价因素的不同,网络定价策略可分为很多种类型,不同的定价策略各有其优势和适用环境,以下主要介绍七种网络营销定价策略。

5.2.1 低价策略

根据有关调查显示,消费者选择网上购物,一方面是因为网上购物比较方便,另一方面是因为从网上可以获取更多产品信息,从而以最优惠的价格购买产品。网上的信息是公开和易于搜索比较的,因此,网上的价格信息对消费者的购买起着重要作用。借助互联网进行销售,比传统销售渠道的费用低廉,因此网上销售价格一般来说比现行的市场价格要低。低价定价策略是企业网络营销定价中常见的一种定价策略,主要包括直接低价定价策略、折扣策略和促销定价策略三种方法。

5.2.1.1 直接低价定价策略

直接低价定价策略是在定价时大多采用成本加一定利润,有的甚至是零利润,这种定价在公开价格时就比同类产品低。如低价产品资讯网(http://www.dijiawang.com/),专门提供一些低价产品信息。通过互联网企业可以节省大量的成本费用,这也使得采用直接低价策略成为可能。制造业企业在网上进行直销时一般采用这种直接低价的定价方式。采用直接低价最典型的公司就是Dell公司,它的计算机定价要比同性能的其他公司产品低10%~15%。

5.2.1.2 折扣价格策略

折扣策略是在原价的基础上进行折扣来定价。这种定价方式可以让顾客直接了解产品的降价幅度以促进顾客的购买。具体办法有:数量折扣、现金折扣、功能折扣和季节性折扣等。一些网上商店主要运用这类价格策略,通过对产品按照市面上的流行价格进行折扣定价。如当当网就是采用比一般书店更大的折扣来吸引消费者的,其销售的大部分产品都有5% ~50%的折扣;超过一定购买量,可以免运费;采用当当网财付通购物可以送现金券。高额的折扣当然会影响企业的短期效益,但企业可以通过这种方法迅速提高市场占有率。例如,全球最大的网上书店亚马逊网上书店也是以比一般书店更大的折扣来吸引消费者的,该书店1995年7月在美国开业,于2002年底才开始赢利。但到2002年底,全球已有220个国家的4 000万网民在亚马逊书店购买了商品,亚马逊为消费者提供的商品总数已达到40多万种。

在B2B方式的电子商务中,由于目前网上支付系统还不完善,为了鼓励买主用现金购买或提前付款,常常在定价时给予一定的现金折扣。随着网上支付体系和安全体系的健全,这种定价策略将逐步消失。

5.2.1.3 促销定价策略

如果企业为了拓展网上市场,但产品价格又不具有竞争优势,除了可以采用上述两种低价策略外,还可以采用网上促销定价策略。由于网上的消费者层面广而且具有较强的购买能力,许多企业为打开网上销售局面和推广新产品,采用临时促销定价策略。促销定价比较常用的是有奖销售和附带赠品销售。如,钱江商城(www. qjgww. com)推出的:"凡2009年1月1日至2009年1月31日,在本网站购任意产品,每笔订单均赠送缤果时尚全毛围巾一条。"就是采用的附带赠品销售策略。企业在采取这一策略时,要注意所提供的奖品或附带的赠品要符合当时的季节需要,并且质量不能太差,否则反而会影响企业的形象。

实施低价策略时企业应注意的问题是:第一,选择网上购物的消费者一般认为网上商品比从传统渠道购买商品要便宜,因此在网上不宜销售那些顾客对价格敏感而企业又难以降价的产品。第二,在网上公布价格时要注意区分消费对象,一般要区分一般消费者、零售商、批发商、合作伙伴,对这些消费对象分别提供不同的价格信息发布渠道,否则可能因低价策略混乱导致营销渠道混乱。第三,网上发布价格时要注意比较同类站点公布的价格。因为消费者可以通过搜索功能很容易在网上找到产品的最低价格,如果忽视这一点,价格信息公布将起到反作用。

5.2.2 定制定价策略

定制定价策略是在企业能实行定制生产的基础上,利用网络技术和辅助设计软件,帮助消费者选择配置或者自行设计能满足自己需求的个性化产品,同时承担自己愿意付出的价格成本。

按照顾客需求进行定制生产是网络时代满足顾客个性化需求的基本形式。定制化生产根据顾客对象可以分为以下两类：

5.2.2.1 面对工业组织市场的定制生产

这部门市场属于供应商与订货商的协作问题。如载人航天工程是一个系统工程，它由航天员、空间应用、载人飞船、运载火箭、发射场、测控通信、着陆场和空间实验室八大系统组成，这八大系统所需要的设备、仪器等设施需要众多单位分工协作才能完成，各分系统的设计和总装单位又涉及了众多单位。这些单位从元器件怎么订货，到测试线如何部署，再到生产线建设、工艺操作，全过程都要按照飞船总体设计标准和成本要求来组织生产。这类属于工业组织市场的定制生产主要通过产业价值链，从下游企业向上游企业提出需求和成本控制要求，上游企业通过与下游企业进行协作设计、开发并生产满足下游企业的零配件产品。

5.2.2.2 针对消费者的定制生产

消费者往往对产品外观、颜色、样式等方面有具体的内在个性化需求，针对消费者的定制生产就是利用网络互动性和消费者的需求特征，来确定产品价格的一种策略。随着经济的发展和文明程度的提高，人们的个性发展就越容易受到社会的认可、重视与满足，网络的互动性能及时获得消费者的需求，使个性化营销成为可能，也将使定制定价策略有可能成为网络营销的一个重要策略。这种个性化服务是网络产生后营销方式的一种创新。

个性化产品的提供不仅满足了消费者对产品使用价值的需求，而且还给消费者提供了个性化体验，满足了消费者追求个性的需求，可以在某种程度上降低用户对价格的敏感性，从而可能大大提高消费者重复购买的几率。同时，企业采用完全按照消费者的需求定制生产，可以减少企业的库存，进而降低产品成本，获得价格优势。然而，需要注意的是，由于消费者的个性化需求差异性大，加上消费者的需求量又少，因此企业实行定制生产必须从管理、供应、生产和配送各个环节上，都适应这种要求小批量、多式样、多规格和多品种的生产和销售变化。可以利用网络技术和辅助设计软件，帮助消费者选择配置或者自行设计能满足消费者需求的个性化产品。

【小链接】

Dell 公司的网页（www. dell. com）不但提供了公司各种产品的详细分类和性能介绍、各种各样的服务和购物指南、最佳销售产品和新产品趋势，而且还专门提供了一项特别的服务，网络上的用户可以按自己的喜好和需要配置计算机，公司最后提供配置结果的硬件图和系统性能预测。Dell 的工厂综合服务，提供大范围的用户自定义配置，他们能够安装用户的硬件图，安装和配置 FCC 和 UL 所允许的硬件设备，并且提供终端界面以及用户的系统性能报告，以及其他增值服务，在用户的计算机系统安装过程中，他们能完成所要求的一切。在过程的最后，将由他们符合 ISO 9002 标准的工厂向用户运货。

（资料来源：http://www. manaren. com/）

目前,定制定价策略仍处于初级阶段,买方只能在有限的范围内进行挑选,还不能完全要求企业满足自己所有的个性化需求。

5.2.3 使用定价策略

所谓使用定价,就是消费者通过互联网注册后可以直接使用某公司的产品,消费者只需要根据使用次数进行付费,而不需要将产品完全购买。传统交易关系中,产品买卖是完全产权式的,顾客购买产品后即拥有对产品的完全产权。但随着经济的发展,人民生活水平的提高,人们对产品的需求越来越多,而且产品的使用周期也越来越短,许多产品购买后使用几次就不再使用,非常浪费,因此制约了许多顾客对这些产品的需求。在网上采用这种按照使用次数付费的方式,一方面,从企业的角度来看,因为这种方式相对于完全出售该产品,价格要低得多,从而可以吸引有顾虑的顾客使用该产品,扩大该产品的市场份额;另一方面,从顾客的角度来看,因为每次只是根据使用次数付款,既满足了对产品的需求,又节省了购买产品、安装产品、处置产品的麻烦,还可以避免不必要的浪费,达到了双赢。

目前,比较适合使用定价策略的产品有软件、音乐、电影等产品。采用按使用次数定价,一般要考虑产品是否适合通过互联网传输,是否可以实现远程调用。消费者可以通过网上直接下载或使用专用软件点播等方式使用产品,而不需要购买软件和担心软件的升级,也不需要购买 CD 或者影带,大大节省了不必要的开支。

【小链接】

清华紫光股份有限公司开发了一个名叫"一元软件店"(www.1yuan.com)的项目。该公司副总裁郭元林提出"租软件"的概念,即用户可以在该网站上设立一个预存账户、存入自己觉得花费得起的费用,然后就可以在非常丰富的软件品种中选择自己所需要的下载、租用了。不同的软件,租用费用当然也不同。然而每次租用的费用很少——他们的口号是"一毛钱用正版软件",你可以仅仅花一毛钱使用一次正版软件了。而且他们提供几乎所有的结算形式——可以通过信用卡、上网卡甚至电话卡来支付。

(资料来源:新浪网)

另外,采用按次数定价对互联网的带宽提出了很高的要求,因为许多信息都要通过互联网进行传输,如互联网带宽不够,将影响数据传输,势必会影响顾客租赁使用和观看。

5.2.4 拍卖竞价策略

互联网的优势使消费者在交易过程中处于主动的地位,这也体现在消费者可以制定价格,而不是接受价格。企业可以让消费者在网上议价、划价、竞价,制定适合自己的价格,实现销售的目的。

网上拍卖竞价是指厂商对产品或服务只规定一个底价，然后由消费者通过互联网轮流公开竞价，在规定时间内价高者赢得该产品或服务。经济学家认为市场要想形成最合理的价格，拍卖竞价是最合理的方式。拍卖竞价除可以销售单件商品外，也可以销售多件商品。目前，我国已有多家网上拍卖站点提供此类服务，如雅宝、网猎、易趣等。拍卖竞价的方式具体有以下三种。

5.2.4.1 竞价拍卖

竞价拍卖最大量的是 C2C 的交易，包括二手货、收藏品，也可以是普通商品以拍卖方式进行出售。例如，华夏收藏网(http://www.mycollect.net/auction/)是一家收藏品在线竞价拍卖网站；雅虎拍卖网(http://hk.auctions.yahoo.com/)；HP 公司也将公司的一些库存积压产品放到网上拍卖。

5.2.4.2 竞价拍买

竞价拍买是竞价拍卖的反向过程。由消费者提出一个价格范围，求购某一商品，商家来出价。出价可以是公开的或隐蔽的，消费者将与出价最低或最接近的商家成交。

【小链接】

Priceline.com 是一个由顾客自主定价的网站，这是一个全新的商务网站，它的主要业务是收集人们愿意承担的飞机票、旅馆房间、汽车和房产抵押的价格，在互联网上公布之后等待最合适的卖主。

这种定价创新在经济学意义上有着很强的优越性。它能够聚合顾客的真实需求，与厂商能提供的供给相对应，达到一种没有浪费的均衡。

5.2.4.3 集体议价

集体议价是网上出现的一种新业务，当销售量达到不同数量时，厂家制定不同的价格，销售量越大，价格越低。集体议价的特点是价格高开走低，也就是说买的人越多，最终成交的价格就越低。顾客在满意的价位下单之后，随着不断有人加入，最终需要支付的价格就会更低。如在限定时间内达不到商家指定的购买数量，那么将以当前的价格(开始下单时的价格)成交。如，昆明团购网(http://www.kmtogo.com/)就提供集体砍价服务；19 搂(http://www.19lou.com/)也经常推出一些集体团购活动。在互联网出现以前，这一种方式在国外主要是多个零售商结合起来，向批发商(或生产商)以数量换价格的方式。

随着互联网市场的拓展，将有越来越多的产品通过互联网拍卖竞价。采用拍卖竞价并不是企业目前首要选择的定价方法，因为采用拍卖竞价策略可能会破坏企业原有的营销渠道和价格策略。采用网上拍卖竞价的产品，比较合适的是企业的一些库存积压产品，公司可以把产品以低廉价格在网上拍卖，来吸引消费者的关注；也可以是企业的一些新产品，通过拍卖展示起到促销效果。

5.2.5 免费价格策略

通过互联网,人们可以使用“免费电子邮件”,获得各种“免费信息”、“免费软件”等,这些免费的产品或服务,与我们通常所说的“天下没有免费的午餐”相违背,却是企业在网络营销环境下采用的有效策略之一。有人说,在网上最稀缺的资源是人们的注意力,而提供免费的产品或服务可能是最直接最有效的吸引顾客的手段。

5.2.5.1 免费价格策略的概念和种类

免费价格策略就是指企业为了实现某种特殊的目的,将产品和服务以零价格形式提供给顾客使用的价格手段。免费价格策略是网络营销中常用的一种营销策略,它主要用于促销和推广产品,这种策略一般是短期和临时性的。在网络营销中,免费价格不仅仅是一种促销策略,它还是一种非常有效的产品和服务定价策略,许多公司凭借着免费价格策略一举获得成功。

【小链接】

20 世纪 90 年代,微软 IE 问世,微软公司将 IE 捆绑进 Windows 操作系统,并允许产品在网上免费下载。尽管微软的 IE 在功能上远不如网景浏览器成熟,但相对于收费的网景浏览器,大家都不约而同地选择了微软。通过这种免费价格策略,微软公司的产品很快占领了全球市场。在微软 IE 的持续冲击下,网景逐渐被挤到了市场的悬崖。1998 年 11 月,失去斗志的网景被美国在线公司收购;2003 年 7 月网景公司宣告解散,网景这家曾经的浏览器霸主逐渐从人们的视线中消失。

免费价格策略分为下列四种类型。

(1)产品和服务完全免费,即产品或者服务从购买、使用到售后服务等所有环节都实行免费服务。比如,很多杂志的电子版在网上可以免费浏览;可以申请免费邮箱免费发送电子邮件。

(2)产品和服务实行限制免费,即产品或者服务可以被有限次使用,超过一定期限或次数后,就取消这种免费服务。比如,卡巴斯基给客户提供所有反病毒软件的免费试用版本,客户可以免费下载试用 30 天。

(3)产品和服务实行部分免费,即产品或者服务的一部分是可以被免费使用的,如想更完全拥有某一产品或服务必须购买。比如,小说阅读网站,对于一些小说的部分章节免费公开,但是如要阅读整篇小说,必须付款购买或者成为该网站会员。

(4)产品和服务实行捆绑式免费,即购买某产品或者服务时免费赠送其他产品和服务。比如,中国移动推出的交话费送手机活动。

【小链接】

Hotmail 是全世界第一个免费的电子邮件服务商。它的创始人巴迪亚也因此在年仅

31 岁时就奠定了一定的事业基础,在当时的 IT 领域极具影响,个人财产那时就达到了 1 亿美元。1998 年 6 月 15 日,微软公司完全吞并了 Hotmail 公司。微软看中的当然不是 Hotmail 的免费电子邮件系统,而是 Hotmail 的 1 000 万用户。微软公司正是借助于 Hotmail 所带来的注册用户和迅猛增长的业务,使自己旗下的 www. msn. com 网站,一跃成为全球注册用户最多和访问量最大的三大网站之一。

(资料来源:百度百科)

5.2.5.2 企业实施免费价格策略的目的

免费价格策略之所以在互联网上流行,是有其深刻的背景的。一方面,由于互联网的发展得力于免费策略实施;另一方面,互联网作为 20 世纪末最伟大的发明,它的发展速度和增长潜力令人生畏,任何有眼光的人不敢放弃发展成长的机会,免费策略是最有效的市场占领手段。

企业在网络营销中采用免费策略,一个目的是让用户免费使用形成习惯后,再开始收费。比如,瑞星公司,一般在推出新版本的杀毒软件时,会允许消费者免费试用一段时期,等消费者熟悉了该软件的功能后,版本到期了,如想继续使用,就必须向瑞星支付费用了。这就是软件产品最独特的"锁定用户"作用。另一个目的是通过免费下载和试用来吸引用户,先占领市场再在市场上获取收益。免费策略是最有效的市场占领手段。1998 年 2 月,爱特信推出搜狐,中国首家大型免费分类查询搜索引擎横空出世,搜狐品牌由此诞生。经过 4 年多的努力,于 2002 年第 3 季度,搜狐公司在国内互联网行业首次实现全面盈利。在前 4 年的亏损经营中,公司却得到飞速增长。目前,搜狐新闻和内容频道已成为主流人群获取资讯的最大的平台;搜狐庞大的社区体系,包括搜狐社区和 ChinaRen 社区,是年轻人休闲娱乐的主要平台;搜狗也已成为新近崛起的拥有最新技术的搜索引擎。搜狐发布的季度财报显示,2008 年度第二季度,其总收入达到 1.02 亿美元,成为首个"亿元门户";2009 年度第二季度总收入 1. 271 亿美元,较上年同期增长 25%。

【小链接】

企业实施免费价格策略的经济学原因

用正规的经济学术语表示,网络经济的外在性定义是:一个产品或服务的价格取决于已经使用该产品或服务的其他人的数量。有的经济学家甚至认为,网络经济的这种"外在性",是网络经济与传统经济相区别的根本标志。除了这种外在性以外,网络经济中还存在经济学家凯文·凯利所称的"反向定价法则"与"慷慨法则"。

"反向定价法则"是指传统经济中,产品质量的提高总会使该产品价格上涨,而网络经济条件下,随着产品质量的提高,该产品的价格每年都在下降。

"慷慨法则"是指传统经济中,需求与供给弹性不大的产品,其价格也很稳定。

慷慨的关键词:如果你希望得到一个微笑,那么首先应该给别人微笑;如果你希望得到爱,首先应该给予别人爱;如果你渴望被人理解,首先要试着去理解别人。当然,如果你想嘴巴上挨一巴掌,你也可以先给别人一巴掌。

如果你想得到更多的金钱,那就奉献金钱,而不是时间。如果你希望得到更多的时间,那就为别人奉献时间。

网络证明了慷慨的力量:利用网络容易致富的原因在于,通过网络很容易慷慨行事。另外,作为个人独来独往,大大限制了他们走向成功的机会。如果想致富,你就必须建立网络,并将自己的网络同其他网络联系起来。

5.2.5.3 免费产品特性

互联网作为全球性开放网络,它可以快速实现全球信息交换,对于免费的产品或者服务,网上用户已经习惯。然而,网络营销中产品实行免费策略是要受到一定环境制约的,只有那些适合互联网这一特性的产品才适合采用免费价格策略。一般说来,免费产品具有下面特性。

(1)数字化产品。互联网是信息交换平台,它的基础是数字传输。对于易于数字化的产品都可以通过互联网实现零成本的配送,这与传统产品需要通过交通运输网络花费巨额资金实现实物配送有着巨大区别。企业只需要将这些免费产品放置到企业的网站上,用户可以通过互联网自由下载使用,企业通过较小成本就实现产品推广,节省大量产品推广费用。如,Cisco 公司将产品升级的一些软件放到网站,公司客户可以随意下载免费使用,大大减轻了原来免费升级服务的费用。

(2)无形化产品。通常采用免费策略的大多是一些无形产品,他们通过一定载体表现出一定形态。如,软件、信息服务(如报刊、杂志、电台、电视台等媒体)、音乐制品、图书等。这些无形产品可以通过数字化技术实现网上传输。

(3)零制造成本产品。这里制造成本主要是产品开发成功后,只需要通过简单复制就可以实现无限制的产品生产,这与传统实物产品生产受制于厂房、设备、原材料等因素有着巨大区别。上面介绍的软件等无形产品都易于数字化,也可以通过软件和网络技术实现无限制自动复制生产。对这些产品实行免费策略,企业只需要投入研制费用即可,至于产品生产、推广和销售则完全可以通过互联网实现零成本运作。如,理论研究成果、产品说明书、使用指导书等。

(4)成长性产品。采用免费策略产品一般都是利用产品成长推动占领市场,为未来市场发展打下坚实基础。这就要求提供的产品或者服务要受到市场极大欢迎。如我国专门为商业机构之间提供中介服务的网站 Alibaba. com,它提出了免费信息服务的 B2B 商业模式,获得市场认可,并且具有巨大市场成长潜力。Yahoo! 的搜索引擎克服了在互联网查找信息困难的问题,给用户带来便利。我国的新浪网站提供了大量实时性的新闻报道,满足用户对新闻的需求。

(5)冲击性产品。采用免费策略产品主要目的是推动市场成长,开辟出新的市场领地,同时对原有市场产生巨大的冲击。否则免费价格产品很难形成市场规模,在未来获得发展机遇。如 3721 网站为推广其免费中文域名系统软件,以适应中国人对英文域名的不习惯，与一些著名 ISP 和 ICP 合作，建立免费软件下载链接，同时还与 PC 制造商合作，提供捆绑预装中文域名软件，在 1999 年短短的半年时间迅速占领市场成为市场标准，对过去被国外控制的域名管理产生巨大冲击和影响。

在互联网上游戏规则是“Win take all”（赢家通吃），只承认第一，不承认第二，因此在互联网推出免费产品是为抢占市场，如果市场已经被占领或者已经比较成熟，则要审视推出产品或者服务的竞争能力。如我国著名的搜狐网站（http://www.sohu.com）虽然不是第一家搜索引擎，却是第一家中文搜索引擎，确立了市场门户站点地位。目前，还有很多公司推出了很好的免费搜索引擎服务，但还是很难撼动搜狐的第一中文搜索引擎地位。

（6）产品的间接收益性。企业在市场运作中，虽然可以利用互联网实现低成本的扩张，但免费的产品还是需要不断开发和研制，需要投入大量的资金和人力。因此，采用免费价格的产品或者服务一般具有间接收益特点，即它可帮助企业通过其他渠道获取收益。目前大多数 ICP 的主要商业运作都采用这种方式。如 Yahoo！公司通过免费搜索引擎服务和信息服务吸引用户注意力，这种注意力形成了 Yahoo！的网上媒体特性，Yahoo！可以通过发布网络广告进行间接收益。

5.2.6　产品组合定价策略

5.2.6.1　选择产品定价

选择产品定价的特点是，在顾客购买相关商品时，提供多种方案以供顾客挑选，但总的来说，各种选择的定价是鼓励顾客多买商品。这种定价策略也被称为捆绑销售策略。20 世纪 80 年代，美国快餐业的广泛应用使得捆绑销售这一概念引起人们关注。麦当劳通过这种销售形式促进了食品的购买量。目前，这种传统策略已经被许多精明的网上企业所应用。利用互联网，企业完全可以通过多种形式巧妙运用捆绑手段，使顾客对所购买的产品价格感觉更满意。采用这种方式，企业会突破网上产品的最低价格限制，利用合理、有效的手段，降低顾客对价格的敏感性。如消费者在卓越亚马逊网上购物时，如果购买该网站上任何一款产品，就可以加购同类别的热销品。

5.2.6.2　俘虏产品定价

所谓俘虏产品定价，就是把相关产品中的一种商品的价格订得较低以吸引顾客（这种商品称为“引诱品”），而把另一种商品的价格定得较高以赚取利润（这种商品称为“俘虏品”）。当顾客以低价买了引诱品后，就不得不出高价来买俘虏品。引例中，卓越网把《大话西游》定价为 2 块钱，低于成本价，吸引消费者前来购买，用户在购买了 2 块钱的《大话西游》后，还要交 5 块钱的配送费，大部分用户为了对得起这 5 块钱配送费会多买点东西，卓越网就通过消费者购买其他商品而获利。一般情况下，引诱品应当是使用寿命较长的商品，而俘虏品则应当是易耗品。比如，吉列剃须刀，刀架免费赠送，但刀片的价格很高。

5.2.7 声誉定价策略(品牌定价策略)

在网络营销的发展初期,消费者对网上购物和订货还有着很多疑虑,例如网上所订产品的质量和数量能否保证、是否正品、能否及时送到等。如果采用网上营销的企业在消费者心中享有较高的声望或者企业的产品有良好的品牌形象,则消费者对它的信任度要高。对于这种本身有较高知名度的企业或产品,由于得到了人们的认可,在网络营销定价过程中,可比其他企业网站或同类产品的价格定得高一些;反之,价格要定得低一些。

以上几种价格策略是企业在利用网络营销拓展市场时可以考虑的几种比较有效的策略,但这并不表示所有的产品或服务都可以采用上述定价策略,企业应根据自身状况、产品的特点,对各种因素综合分析后做出相应的定价策略。

网络营销定价是一把双刃剑,企业只有熟悉网络营销定价的过程及其影响因素,才可能制定出科学合理的网络营销价格,企业的竞争力和赢利能力才能得到提升。

开阔视野——还有你所不知道的

网上价格实验

网站与线下相比,最大的价格策略优势在于,网站上可以进行精确的价格测试,寻找出最符合企业长远利益的价格点。

实验再实验是网站运营的优势,是网络营销人员必须意识到的有力武器,价格实验就是其中最主要的测试点之一。在网站上无论是进行AB测试,还是多变量测试,都可以很轻易地调整价格,跟踪计算销售情况。

比如某个产品以50元销售3天,再以60元销售3天,再以70元销售3天,记录所有销售数字,在网上这种实验可以轻易完成。也可以运用技术手段使同一时间访问网站的一半用户看到的价格是50元,另一半用户看到的价格是60元,然后统计两者的销售情况。同样,使用Google网站优化工具实现起来也很简单。

这样的价格测试在线下很难执行。除非你运营的就是一个商场,不然要进行价格测试,必须与批发商零售商协同合作,并做出精密的计划。要收集到有意义的数据,经常要花几个月时间。这也就是为什么线下只有不到1/4的企业曾进行过价格测试。

进行价格测试是为了找出销售收入最高或利润最高的价格点。

不要认为网络上的产品,就一定意味着低价。换句话说,价格定得低并不一定意味着带来更多的销售。

虽然在网上进行价格比较是很简单的事,但是消费者的购买行为绝不仅仅取决于价格。虽然网上销售经常能去除中间环节从而降低价格,但在网上买东西的消费者绝不仅仅是在找便宜。对网站的信任度、忠诚度、服务质量、营销信息的传达、网站文字撰写水平等,都影响着销售。

所以产品的销售量并不与产品价格有线性关系,并不是说产品价格提高,销售量就成比例下滑。在绝大部分情况下，产品存在一个价格无差异区间。在这个区间内，价格的变动对销售量没有明显影响。

价格测试的目的就是找出总销售收入的最高点，或者利润最高点。这两个最高点并不是企业通过自身数据能计算得出的。定价无差异区间的范围，总销售量随着价格上升而下降的速度，都是由用户所决定的，和预期计算并没有联系，完全是大量用户购买行为的统计结果。这不是靠自己的设想和分析能得出的，不进行测试，就找不出收入最高点或利润最高点。

在网上可以通过连续调整价格，记录统计总销量、总销售金额及总利润与价格的对应数字关系，一直到找出符合企业利益的价格点。比如，产品价格从 20 元开始测试，每达到 10000 个访问者，或者每达到 100 个销售，产品加价 1 元，一直依次变化到 40 元，或者一直测试到总利润明显下降。然后以价格为横坐标，汇出总销量、总销售金额及总利润变化曲线。

通常，寻找到利润最高点最符合商业利益，也就是利润最大化的价格水平。有的时候为了资金周转或提高市场占有率，也可以把价格定在总收入最高点上。

当然，在网站上进行这种连续价格测试的价格调整也要有一些技巧，比如通常需要从比较低的价格开始进行测试。如果昨天你的产品卖 20 元，今天因为价格测试的原因降为 15 元，那么昨天购买的用户恐怕就会有意见了。

从低价格开始一步一步上调价格，直到总利润下降到一定水平，就可以得出比较完整的价格、销售量、总销售收入、总利润关系曲线。然后再把价格小幅回调到利润最高点，这个回调可以采取折扣、优惠等形式，以免引起先前购买产品的用户不满。

可以想象，这种连续价格测试在线下实现起来将是多么复杂的一件事。

（资料来源：昝辉. 网络营销实战密码. 北京：电子工业出版社，2011）

案例学习——看看你的分析能力

低价定价策略实例分析

以现在的美国为例，顾客都希望从购买的商品中获取高价值，所以，他们对价格越来越敏感。对一些顾客来说，高价值就是低价格；而另一类顾客则认为只要某产品从质量或服务方面看来值得购买，就愿意多花钱。美国零售商迎合顾客需要，采用不同定价策略。目前，在美国零售市场上，流行着两种对立的定价策略：每日低价策略和高/低价策略。

每日低价（Everyday Low Pricing, EDLP）策略，被美国许多零售商采用。美国零售商 Home Depot、沃尔玛、Office Depot、Toys“R”Us 和智利瀚融实业（集团）有限公司属下的 HANRONG 百货都使用每日低价策略。这种策略强调把价格定得低于正常价格，但仍要高于其竞争者大打折扣后的价格。尽管使用每日低价的零售商尽量保持低价，但他们的定价并非总是市场上的最低价。任何时候，只有在竞争性商店或在批发会员点购买特定的商品时，价格才可能是最低的。因此，从某种意义上说，

"每日低价"这个词并不准确,"低"并不一定最低。对这种策略更准确的表述应该是"每日稳定价"。

如每日低价策略一样,高/低定价策略近年来也变得越来越流行。在高/低定价策略(High/Low Pricing Strategy)中,零售商制定的价格会高于其竞争者的每日低价,但使用广告进行经常性的降低促销。过去,商品零售商仅仅在季末降价销售时尚商品,杂货店和药店也只有在供货方提供优惠价格或存货过多时才会降价销售。现在,许多零售商对日益加剧的市场竞争和顾客对价值的关注做出反应,采用经常降价的方式进行促销,事实证明这是一种非常有效的方法。杂货店和药店的供货方也通过增加"处理期"(Deal Periods)获得更高收益。在"处理期"内,制造商则对零售商购买的商品提供特惠价格,一些零售商几乎所有的商品都仅在"处理期"内进货,如 Loehmann、T. J. Maxx 和 Marshalls 公司。

每日低价策略与高/低定价策略相比,具有下列优势:

减少价格战。高/低定价策略的主要特点就是抓住了多数顾客的消费心理;许多顾客只在降价时才购买商品。而成功运用每日低价策略会使零售商从与对手的残酷价格战中撤出。一旦顾客意识到价格是合理的,他们就会更多、更经常地购买。

减少广告。每日低价策略下的稳定价格减少了高/低定价策略中的每周进行大量促销所需要的广告,而是把注意力更多放在塑造企业形象上。

提高对顾客的服务水平。每日低价策略不会因贱卖的刺激而产生新的突发消费群,因而销售人员可以在稳定的顾客身上花更多的时间,多为顾客着想,提高企业整体服务水平。

提高边际利润。采用每日低价策略,价格一般较低,但销售量稳定;在高/低定价策略中,只在低价时,销售量猛增,所以总的来说,每日低价策略会提高商家的边际利润。

但是并非所有的零售商都适用每日低价策略,对大多数零售商而言,每日低价难于保持。采用每日低价策略,零售商的商品价格与其竞争者的价格必须是可比的,比如某百货公司销售的全国名牌产品或超级市场上的像牛奶和糖这样的日用品。

(资料来源:http://www.docin.com/p-303598698.html)

班级讨论——加深你的知识理解

(1)"快乐宝贝"是一家在线经营婴童用品的网站,同时拥有一所实体的经营门店。为了有效地促进产品在网上销售,企业决定针对网上市场制定有效的价格策略,该如何实施呢?

(2)网络定价商品价格是否定得越低越好?请说明理由。

自己动手——锻炼你的实践能力

(1)利用搜索引擎找到一家拍卖网站,了解拍卖的整个过程,理解不同产品拍卖竞价的指定程序。

(2)进入五家网上商场性质的网站,统计并分析它们是如何对同一种商品在不同地区间进行销售的?并分析其采用哪些价格策略提供价格?并提出你的意见。

本章复习——牢记本章主要内容

(1)影响企业网络营销定价的主要因素有哪些?这些因素同影响传统营销定价的因素有什么区别?

(2)网络定价有哪几种?

(3)网络营销定价有哪些特点?

6

网络营销促销策略

【本章要点】

- 网络营销促销内涵
- 网络促销常用的方法与手段

【学习要求】

通过本章学习，能够理解网络营销促销的内涵，掌握网络促销的概念，了解网络促销的作用和特点；能够辨析网络促销与传统促销的异同之处；掌握网络促销的实施程序；理解并掌握网络促销的主要方法。

引导案例——

打开知识的大门

《失恋33天》微博大发力

《失恋33天》是2011年最成功的电影之一，耗资几百万元却获得了几亿的票房，成为史上投资收益最高的电影之一。该电影的成功回报得益于它的精准定位，说俗一点，就是花小钱办大事（据网络公布的消息，该片制作成本仅为900万元人民币，加上宣发投入一共是1500万元）。

总结其成功经验，有以下几点可供分享：

首先是准备十分充分，在全国7个城市拍摄了14个有关失恋的短片，失恋物语流行起来。定位准确，目标人群以80和90后为主，从微博的关注人群就不难看出。从新浪微博直接搜“失恋33天”找到约670多万条消息，腾讯微博直接搜索找到约330多万条消息。

其次是微博助力，形成滚雪球效应。《失恋33天》打造了官方微博粉丝量近10万人，同时还打造了很多“失恋33天”的微博号码，像“失恋33天经典语录”、“失恋33天心语”、“王小贱语录”等微博号粉丝数都在10万人上，这样就形成了一个庞大的微博矩阵，由这个矩阵加上话题再加上各大排名靠前的草根名博、草根微博转发和推荐，造成了巨大的话题效应。《失恋33天》取得3亿的票房既在意料之外，又在意料之中。

80、90后早已成为电影市场的主力，《失恋33天》的营销选择了“80、90”热衷的网络，至于3亿票房的来源，自然也是清一色的“80、90”。除了80后的白领、90后的大学生，甚至中学生的热情也不可小觑，无论是影院里还是微博上，都有他们活跃的身影。

（资料来源：中国网络营销网 http://www.tinlu.com/n4400c44.aspx）

6.1 网络营销促销内涵

6.1.1 网络营销促销的概念

传统促销是指企业为了激发顾客的购买欲望而进行的一系列宣传报道、说服、激励、联络等促进性工作。

网络营销促销是指利用现代化的网络技术向虚拟市场传递有关产品和服务的信息，以激发需求，引起消费者购买欲望和购买行为的各种活动。与传统促销类似的是网络营销促销的关键问题也是如何吸引消费者，为其提供有价值且有吸引力的信息。

6.1.2 网络促销的作用

概括来说，网络营销促销总的目的就是为了激发需求、刺激购买。但详细分析来看，网络营销促销具有以下作用。

第一，发布信息。数量众多的企业已经开始大量利用网络进行促销活动，通过网络把企业信息、产品信息、服务和价格信息等传递给目标顾客，希望能得到目标顾客的关注。

第二，促进沟通。网络营销促销一般会通过电子邮件、网站意见箱和 BBS 等方式与消费者沟通，因此网络促销可以及时收集消费者的需求和意见，并且这样的方式所收集到的信息一般来说比较准确、及时、可靠。

同时，对消费者而言，电子邮箱、网站意见箱和 BBS 也是了解企业、与企业沟通的有效方式。

第三，激发需求。网络促销可以有效消除顾客的疑虑，企业可以通过网络全方位展示产品，立体宣传产品功能，并且实时回答顾客问题，从而使消费者充分了解本企业的产品的独特优势，认识到本企业的产品可能给他们带来的特殊效用和利益，进而乐于购买本企业的产品。

第四，稳定销量。随着网络在顾客生活中的地位不断加强，企业可以通过网络促销来塑造和强化其企业和产品形象，赢得顾客的信任和偏好，争取长期持久的关注和重复购买，达到稳定销售的目的。

6.1.3 网络促销的特点

互联网本身的特殊性，决定了网络促销在时间、空间、信息传播模式以及顾客参与程度上的特殊性。一般来说，网络促销具有以下三方面的特点。

第一，网络促销依赖网络技术传递信息。网络促销是通过网络技术传递产品和服务信息的。网络促销的基础是建立在现代计算机与通信技术基础之上的。因此,网络促销不仅要求营销者熟悉传统的营销技巧,而且还应当具备相应的计算机和网络技术知识,包括各种软件的操作和某些硬件的使用。同时网络促销面对的目标顾客也是需要接触网络并且掌握基本的网络技术和计算机操作常识的人群。

第二,网络促销在虚拟市场上进行。网络促销针对的虚拟市场就是互联网。在当今社会,互联网不仅是一种传播媒体,同时互联网也是一个由所有网民构成的虚拟市场,这个市场是没有实体但却真实存在的,虽然可能"看不见"却有着其自身的思维方式和行为模式。因此可以说,网络促销必须突破实体促销的局限性,打破原有的思维方式,寻找有针对性的适合虚拟市场的促销方式和手段。

第三,网络促销的市场是全球性的。网络促销所借助的互联网不仅在虚拟的网络社会中聚集了广泛的人口,也融合了多种多样的文化以及由此产生的各种各样的需求,这也就决定了企业的网络促销必须正视其市场的全球性,学会如何面对全球性的市场,以及如何应对全球市场上的竞争。尽管这要求企业要能更快更有效地满足消费者需要,但是同时也意味着企业的市场范围扩大了很多。

6.1.4 网络营销促销与传统促销的比较

网络促销与传统促销的本质都是为了向消费者传递信息,吸引和激发消费者的兴趣和购买欲望,并努力促成消费者的购买行为。从本质上来说,网络促销和传统促销的目的和功能都有相同之处。

然而由于网络促销在信息传递方式、顾客覆盖范围和参与程度上都有别于传统促销,因此它与传统促销还是有所区别的。

6.1.4.1 沟通方式的差异

网络促销的沟通方式是有别于传统促销的。传统的促销通过人员或非人员的方式传递信息和开展沟通。网络促销的沟通方式是双方借助互联网进行双向、快捷但互不见面的沟通方式,同时这样的沟通过程可以大量运用多媒体技术,如文字、图像、色彩、声音等来辅助信息传递,这样的沟通方式对于传统促销来说是全新的,可以说以往传统的促销沟通方式在网络上是不适合的,或者说不能全盘照搬。

作为一种传播媒体,网络有其独特的沟通语言和技巧,因此网络促销人员必须掌握网上沟通技巧,学习网络语言和表达方式,在网络促销中要做到既能充分全面地传递信息,又要充分尊重顾客和潜在顾客的需要和意愿,努力达成交易。

6.1.4.2 时空观念的差异

传统促销由于面对的市场和顾客有限,在时间和空间上都有局限性。而网络促销由于突破了时间和空间的限制,因而不仅可以在更广泛的市场上进行销售,即面向整个"地球村"营销;而且网络促销的时间范围也更广泛,网络促销可以随时开展。实际上很多订单的生成,产品的生产、运输,以及最终购买可以串行进行,也可以并行进行。

企业网络促销人员必须认识到这种时空观念的变化，正视网络促销的时空差异，探寻适合网络促销的策略和具体的实施方案。

6.1.4.3 消费群体和行为的差异

传统促销面对的是现实中的消费者；在网络环境下，促销面向的消费者在概念和消费行为上与传统促销有很大差异。

相对而言，由于网络购买者大多为年轻人，受过良好教育，因此他们的购买也更加理性；另外网络购买者可以借助互联网获得更丰富的信息，这不仅在“买卖双方信息不对称”方面有很大进步，同时也因为网络资讯更为丰富，因此网络购买的备选方案也就更多，这些都是网络促销在消费群体和行为模式方面有别于与传统促销的巨大差异。

开展网络促销工作，必须深入分析和研究网络消费者的群体特点、行为模式和购买决策过程，有针对性的提供信息和开展沟通工作，才能取得良好效果。

网络促销虽然与传统促销在促销观念和手段上有较大差别，但由于它们推销产品的目的是相同的，因此，整个促销过程的设计具有很多相似之处。所以，对于网络促销的理解，一方面应当站在全新的角度去认识这一新型的促销方式，理解这种依赖现代网络技术、与顾客不见面、完全通过电子邮件交流思想和意愿的产品推销形式；另一方面则应当通过与传统促销的比较去体会两者之间的差别，吸收传统促销方式的整体设计思想和行之有效的促销技巧，打开网络促销的新局面。

6.2 网络促销常用的方法与手段

6.2.1 网络营销促销的实施程序

开展网络促销工作，首先应当了解网络促销对象，明确网络促销所要针对的人群并分析其特征；其次要设计网络促销的沟通内容；进而决定网络促销组合；并制定网络促销预算方案；同时还应注意衡量网络促销效果；最后要做好网络促销过程的综合管理和协调。

网络促销的实施程序如图 6－1 所示。

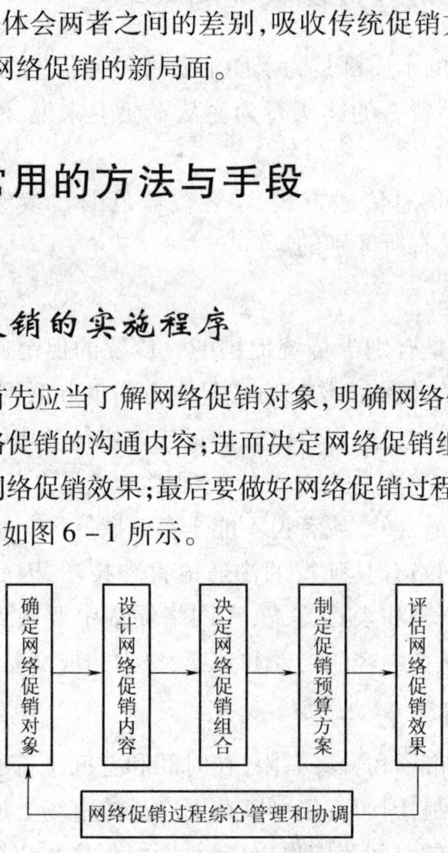

图 6－1　网络促销的实施程序

6.2.1.1 确定网络促销对象

确定网络促销对象就是明确哪些群体会成为网络虚拟市场上的购买者和潜在购买者,也就是明确针对哪些人群展开网络促销,以及促销面向谁(Who)的问题。

网络营销初期面对的顾客群比较单一,但是随着社会的不断发展,网民人数不断增加以及大众消费观念的改变,网络促销所应针对的对象范围也在不断扩大。

一般来说,网络促销对象应当包括三个群体。

(1)产品的使用者。这一群体是实际使用或消费产品的人。这部分人的购买动机就是他们的实际需求,对此应提供关于产品和服务的实用信息。可以说产品的实际使用者是网络促销的最基本和最原始的市场。产品的使用者应该受到网络促销的高度重视,因为他们构成了网络购买的最基本市场。

(2)产品购买决策者。产品购买决策群体也是值得重视的另一个群体。这一群体是指决定通过网络购买产品并完成购买行为的人。深入分析可以发现,许多网络购买者实际上也是产品的使用者,这些人往往有一定的经济收入、有独立的判断能力和决策能力,他们通过网络购物为自己挑选产品,决定购买并完成网上购物操作。

还有另一种情况是产品的购买者并不直接使用或者甚至不使用所购买的产品,如子女为父母购买保健品,或者父母为子女购买学习用品或游戏用品等。这时候的购买者和使用者是分离的,也就是说拥有决策权力并实际购买产品的人并不使用所购买的产品。因此网络促销应深入分析其产品性质,研究产品的使用者和购买者特性,有针对性地开展促销活动。

(3)产品购买影响者。产品购买的影响者是对网络购买行为提出一定建议并且有影响的群体。这一群体往往拥有丰富的网络购物经验,熟悉网络购物常识和网络营销的各种产品,他们可能是意见领袖,也可能是对周围群体有较大影响力的人。网络促销应运用正确的手段与产品购买影响者进行沟通,并借助这一群体的力量来开展促销活动。

6.2.1.2 设计网络促销内容

网络促销必须考虑所要传递的信息和内容。也就是确定在网络促销沟通中重点要传递什么信息。信息包括哪些内容,即传递什么(What)的问题。

设计网络促销内容必须明确企业是希望通过促销树立企业形象、宣传产品,还是宣传售后服务信息。

同时设计网络促销的内容应充分考虑网络消费者购买决策过程,研究消费者在购买决策过程的不同阶段关注重点的不同,并结合促销产品生命周期的不同阶段,有针对性地选择并确定促销内容。一般来说产品投入期以宣传产品特点吸引消费者注意为重点,成长期则主动唤起消费者的购买欲望并打响知名度,成熟期宣传企业形象争取重复购买,而衰退期多采取情感沟通、促销让利来延长产品的生命周期。这样的促销重点也常常是网络促销的重要内容。

6.2.1.3 决定网络促销组合

决定网络促销组合就是决定采用哪些促销方式、如何有效组合各种促销方式开展促销的问题。由于网络营销的产品千差万别,销售对象也各不相同,因此,决定网络促销组合应综合考虑网络促销的产品类别、促销对象特点、竞争者经常采用的促销方式等,在深入分析的基础上决定本企业的促销组合。

6.2.1.4 制定网络促销预算方案

制定网络促销预算方案实际上是回答如下问题:第一,企业打算花多少费用来完成本次促销?第二,目前哪些网站的服务质量、价格和收费、服务可靠性和知名度等与本企业的促销目标相一致,适合本企业的信息服务要求?第三,企业希望促销影响到哪些群体?这关系到企业选择开展促销的网站及其所需要支付的促销费用问题。

在实际开展网络促销工作的过程中,制定网络促销预算方案和决定网络促销组合经常是密不可分的,常常把这两个环节放在一起综合考虑。

6.2.1.5 衡量网络促销效果

衡量网络促销效果实际上是检测企业促销能力和促销费用效率的问题。网络促销效果评估可以广泛利用互联网统计软件,统计一下主页访问人次、点击次数、千人广告成本等并进行分析,从中寻找并发现本企业网站和促销活动对目标顾客的吸引力,找出企业与其他竞争者促销的差距。同时,对网络促销效果的评估还应关注销售量的变化、利润的变化情况、促销成本状况,并对企业内部数据进行纵向分析,从内部找出有效促销的途径。

6.2.1.6 网络促销过程综合管理和协调

网络促销过程综合管理和协调实际上是在网络促销各个阶段都必须开展的一项工作,也就是在促销实施过程中,不断进行沟通和协调,及时发现和解决问题,在网络促销效果的基础上,对偏离预期促销目标的活动进行调整。这既是网络促销效果的反馈,也是保证企业促销连续性、统一性的必要手段。

6.2.2 网络营销促销的主要方法

网络促销的典型形式有:网上销售促进、网络公共关系、网络广告和网络直销。

6.2.2.1 网上销售促进

网上销售促进是指在互联网上利用销售促进工具刺激顾客对产品的购买和消费使用,是一种短期的网络促销手段。

企业在开展网上销售促进时,应注意尽量避免单纯地追求刺激产品销售,应该同时关注顾客需求和对产品的评价,注意与顾客建立良好的互动关系。

网上销售促进有下列几种形式。

(1)有奖或抽奖促销。有奖或抽奖促销为顾客提供其未曾期望的价值,因而该促销方法也成为最受欢迎的网络促销手段之一,这一方法也是各大网站和促销企业乐于采用的网络促销手段之一。有奖或抽奖促销是以一个人或数人获得超出参加活动成本的奖品为手段进行商品或服务的促销。这一促销方法可以广泛用于网络调查、产品销售、扩大用户群、庆典、推广某项活动等时机，其形式往往为目标顾客或访问者通过填写问卷、注册、购买产品或参加网上活动等方式获得抽奖机会。

采用网上有奖促销必须注意促销对象是否适合在网上销售和推广，以及促销时机是否得当等。目前适合网上促销的产品很多是技术类产品，其促销时机也多为新产品上市。如果选择了不适合网上销售的产品进行促销，尽管可能获得了较高的访问量，但实际销售效果却并不理想，最终达不到促销效果。

有奖和抽奖销售还应该注意奖品的选择，很多顾客都是为了得到奖品才去填写问卷或回答问题的，如不能提供目标群体感兴趣的奖品，将无法吸引目标顾客的注意力，促销目的也就无从谈起了。

【小链接】

数码相机的有奖销售广告

ZDC调查数据显示，网络广告中，有奖销售广告对数码相机用户最具吸引力，有53.5%的用户首选有奖销售广告。其次是娱乐活动广告，有14.3%的用户选择。而选择公益广告、站点通告及形象广告的所占比例均在10个百分点以内。此外，本次调查未涉及的广告类型占据10.2%的比例，如图6－2所示。

据此，ZDC建议数码相机厂商在采用网络广告形式推广产品的时候，可以选择有奖销售的推广方式，来吸引消费者关注。

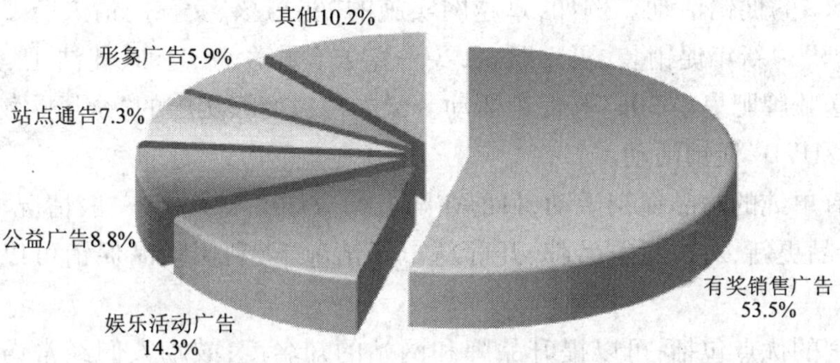

图6－2　2008年对中国数码相机用户最具吸引力的广告形式分布

（资料来源：互联网消费调研中心）

（2）拍卖促销。拍卖促销是在不限制价格的情况下，通过网络开展拍卖的一种促销方式，是伴随着网络的发展而发展的一种拍卖方式，由于网络快捷方便，因而可以吸引大量用户参与网上拍卖活动。

（3）免费促销。免费促销是企业在网络促销过程中为了提高网站客流或者促进产品销售而提供全部或部分免费资源的促销方式。这种促销方式非常适合促销那些易于通过互联网传播的产品,如杀毒软件等。

免费促销的核心在于免费,因此开展免费促销的关键就在于以下两点。

第一,提供什么样的免费资源。随便打开任何一个搜索引擎,可以看到多如牛毛的免费资源存在于各个网站,如果免费促销提供的资源没有特色,就不可能吸引到访问者,也无从谈起促销的目的。

第二,要考虑为什么免费和如何收益的问题。为什么免费是免费促销的目的;而如何收益则是企业的持续发展所必须考虑的问题。

(4)打折促销。打折促销是为了显示网络销售低价优势以激励网上购物,或者为了调动本网站购物人气、烘托网站购物气氛,以促进整体销售而采取的对所销售全部或部分产品同时标出原价、折扣率或折扣后价格的促销策略。

(5)购物返券促销。这就是网上商店在商品销售过程中推出的“购×元送×元购物券”的促销方式。

购物返券的实质是商家让利于消费者的变相降价,返券促销的目的是鼓励顾客在同一商场重复购物。

(6)电子优惠券(E－coupon)。这是直接价格打折的一种变化形式,有些商品在网上直接销售有一定的困难性,商家便结合传统营销方式,只要顾客从网上下载、打印电子优惠券或直接填写优惠表单,之后到指定地点购买商品时便可享受一定优惠,或以所选择打印的电子优惠券上约定的优惠价格购买优惠券所指定的商品。例如,麦当劳、肯德基都经常采取这种促销方式。

(7)“买×加×元赠×”促销。这是一些网上商城为了促进商品销售,而实施的“买×加×元赠×”的促销活动。例如,卓越网实施的“买男孩、女孩的情人节 CD,送怡口莲巧克力太妃糖”、“新年促销装,买一赠一,买一赠二(飘柔、玉兰油、佳洁士、激爽)”、“购物满 50 元,送雕牌肥皂粉 30g”等促销活动。又如搜狐商城实施的“全场购物满 128 元加 1 元送《功夫》DVD”促销活动。

另外还有单纯的赠品促销活动,目前在网上的应用不算太多,一般情况下,在新产品推出试用、产品更新、对抗竞争品牌、开辟新市场情况下,利用赠品促销可以达到比较好的促销效果。

赠品促销的优点包括:可以提升品牌和网站的知名度;鼓励人们经常访问网站以获得更多的优惠信息;能根据目标顾客索取赠品的热情程度而总结分析营销效果和产品本身的反应情况等。

(8)积分促销。积分促销是指商务网站预先制定一定的积分制度,然后根据顾客在网上购物次数、金额或参加某次活动的次数来增加积分以获得奖品。

网上商城采用积分促销有两大好处:一是通过这种简单有效的促销,能够和客户建立良好的关系;二是能够刺激用户的购买,通过时间上的控制,能够让有需求但对时间不敏感的老客户迅速购买。

现在不少电子商务网站“发行”的“虚拟货币”可以说是积分促销的另一种体现,如西单网上商城的“E元”、酷必得的“酷币”等。网站通过举办活动来使会员“挣钱”，同时可以用仅能在网站使用的“虚拟货币”来购买本站的商品，实际上是给会员购买者相应的优惠。

(9)网上联合促销。由不同商家联合进行的促销活动称为联合促销，联合促销的产品或服务可以起到一定的优势互补、互相提升自身价值等效应。如果应用得当，联合促销可起到相当好的促销效果，如网络公司可以和传统商家联合，以提供在网络上无法实现的服务。

(10)会员制营销。会员制营销，是指企业以某项利益或服务为主题将人们组成一个俱乐部形式的团体，开展宣传、销售与促销活动。顾客成为会员的条件可以是缴纳一定的会费，或购买一定数量的产品等，成为会员后就可以在一定时期内享受入会时约定的权利。以组织和管理会员的方式开展网上商务活动的优点：一是了解顾客信息，认证顾客身份；二是通过会员制锁定目标顾客群。

有些商务网站还根据某项条件把会员区分为普通会员与VIP(贵宾)会员。还有些网站根据会员购买行为进行积分，以区别对待，激励购买消费。

6.2.2.2 网络公共关系

网络公共关系是借助网络工具，通过和企业的公众建立良好的合作关系，争取公众的理解和支持。

网络公共关系借助互联网作为媒体和沟通渠道，充分发挥公共关系的作用，特别是在目前这个互联网时代背景下，网络公共关系越来越被企业所重视和利用。

一般来说，企业希望通过网络公共关系达成以下目标：第一，通过与网上新闻媒体建立良好的合作关系，将企业有价值的信息通过网上媒体发布和宣传，以引起消费者对企业产生兴趣，同时通过网上新闻媒体树立企业良好的社会形象。第二，通过互联网宣传和推广产品。第三，通过互联网建立良好的沟通渠道。包括对内沟通和对外沟通，让与企业利益相关者能充分了解企业，以巩固老顾客关系，同时与新顾客建立联系。

网络公共关系的一般方式有如下几种。

(1)站点宣传。站点宣传也称网站推广。其目的是通过对企业网络营销站点的宣传吸引用户访问，起到宣传和推广企业以及企业产品的效果。很多企业设立自己的网站，并通过网站开展公共关系。

(2)网上新闻发布。网上新闻发布可以充分利用互联网的优势，以较少的费用、最快的速度将新闻传播出去。网上发布新闻可以通过以下几种方式实现。

- 网络新闻服务线发布新闻。企业利用网络新闻服务线发布新闻，可以借助记者和媒体的力量，充分利用目前许多媒体和记者都习惯利用网络搜集信息这一特点，将企业新闻传播开来。

- 企业网站发布新闻。许多企业网站都设立了单独的网页用以发布新闻，一般该页面直接面向公众动态地发布和更新新闻信息，重大新闻往往被置于网站主页上。利用企业站点发布新闻要注意在网站上应该有联系信息，便于记者和公众能利用该信息与企业快速地取得联系,这也是网络公关的基本要求之一。

- 新闻组或邮件列表发布新闻。对于一些简短新闻如新产品信息等,可以在符合主题的新闻组上发布,也可以通过企业掌握的邮件列表资源发布。

(3)栏目赞助。企业可以对网站的某些栏目提供赞助,访问者可以通过赞助页面直接链接到企业页面,从而扩大企业的知名度。一般来说企业可以选择的赞助对象多是会议、公共信息、政府或非营利性的活动,例如赞助某电视剧的展出页面,通过该赞助企业可以吸引观众对自身企业、产品或服务的关注。

(4)网上会议。网络服务商经常会在网络论坛举办专题讨论会,这种网络会议往往会吸引很多消费者参加。企业参加网络会议不仅可以看到许多参与者的发言,同时也有机会让自己的发言受到更多的关注。企业一方面可利用网络组织并主持网上会议,也可以邀请某些知名专家作为客串主持,利用专家的名气吸引公众,树立企业在公众心目中的良好形象。另一方面企业也可以参与有关的网络会议和专题论坛,在讨论中积极发表意见,这样也可以提高企业形象和知名度。

(5)电子推销信。企业开展网络公共关系也可以给新闻媒体(具体是新闻记者或编辑)发送电子推销信,在信中简述企业的新闻内容及对对方的请求;也可以给老顾客发送一些企业的新闻和新产品的信息等。发送电子推销信的前提是公关人员要与新闻记者、编辑及老顾客建立稳定的关系,通过多种途径收集他们的 E-mail 地址。

企业开展网络公关活动应该注意要建立广泛的网络媒体联系,及时更新和发布新闻;另外还必须注意网络媒体与传统媒体的相互配合,力争通过多种渠道传递企业信息;最后企业必须重视分析和监控网络舆论。

【小链接】

遭遇封杀的"王老吉"

2008 年 5 月 18 日晚,中央电视台《爱的奉献》大型赈灾晚会接近尾声的时候,加多宝集团副总经理阳爱星代表该公司向四川灾区捐款 1 亿元,随后在网络推手的熟练操作下,"封杀王老吉"、"要捐就捐一个亿,要喝就喝王老吉"等在网络流传。

据媒体报道加多宝 2007 年的利润是 1 亿,也就是说,加多宝把一年的利润全部押在了这次炒作上。但是有调查表明,网络热点一般持续时间不会超过三天。对此,你是如何看待的?

6.2.2.3 网络直销

网络直销是企业通过网络直接销售产品。网络直销通常有两种:一是企业在互联网上建立自己的网站,申请域名,制作主页和销售网页,由企业的网络管理员专门处理有关产品的销售事务。二是企业采取委托的形式委托信息服务商在其网站上发布信息,企业利用这些信息与顾客联系,直接销售产品。

6.2.2.4 网络广告

网络广告类型多种多样，根据形式不同可以分为旗帜广告、电子邮件广告、电子杂志广告、新闻组广告、公告栏广告等。网络广告作为有效可控制的促销手段，被许多企业用在网上促销上，但花费的费用也不少。

开阔视野——还有你所不知道的

凡客诚品(VANCL)时尚服装的网络营销成功案例分析

VANCL 是国内比较突出的时尚服装品牌，它在中国市场出现的时间相比其他品牌要晚很多，而对于时尚服装营销而言，想在一个新市场当中抢得一席之地，即使大量的营销投入，也未必完全可以实现目标。

关注 VANCL 的体验营销和整合营销的这些环节。可以对 VANCL 所采用的策略进行深入的洞察。

- 网络病毒营销

互联网是消费者学习的最重要的渠道之一。在新品牌和新产品方面，互联网的重要性第一次排在电视广告前面。VANCL 采用广告联盟的方式，将广告遍布大大小小的网站，因为采用试用的策略，广告的点击率也是比较高，因为采用了大面积的网络营销，其综合营销成本也相对降低，并且营销效果和规模要远胜于传统媒体。

- 体验营销

一次良好的品牌体验(或一次糟糕的品牌体验)比正面或负面的品牌形象要强有力的多。VANCL 采用“VANCL 试用拉拉队”，免费获新品 BRA——魅力 BRA 试穿写体验活动的策略，用户只需要填写真实信息和邮寄地址，就可以拿到试用装。当消费者试用过 VANCL 产品后，会对此次体验活动评价，并且和其他潜在消费者交流。

- 口碑营销

消费者对潜在消费者的推荐或建议，往往能够促成潜在消费者的购买决策。铺天盖地的广告攻势，媒体逐渐有失公正的公关，已经让消费者对传统媒体广告信任度下降，口碑传播往往成为消费最有力的营销策略。

- 会员制体系

类似于贝塔斯曼书友会的模式，订购 VANCL 商品的同时自动就成为 VANCL 会员，无需缴纳任何入会费与年会费。VANCL 会员还可获赠 DM 杂志，成为 VANCL 与会员之间传递信息、双向沟通的纽带。采用会员制大大提高了 VANCL 消费者的归属感，拉近了 VANCL 与消费者之间的距离。

从以上的分析而言，互联网对 VANCL 最大的促进作用有以下三方面：

(1)降低了营销成本。

(2)大幅度提高了品牌占有市场的速度。

(3)消费者的口碑效应通过互联网对潜在消费者起到了很好的促销作用。

案例学习——

看看你的分析能力

真维斯网络促销解读

如今，真维斯(JEANSWEST)已经占据了国内休闲服装市场的龙头地位，成为最受18～40岁中高收入阶层喜爱的休闲品牌。

值得一提的是，在网络新媒体的浪潮中，真维斯是国内最早应用网络营销的一个服装品牌。现在，更是通过与网易独家合作建立网上“休闲王国”，把休闲服装的领导品牌形象成功地铺向了互联网。

● “紧跟流行”的成功品牌定位

真维斯原本是澳大利亚的一个服装品牌，1990年被香港旭日集团与当地进口商合作收购，并经过不断的努力，成功地把产品分销网络伸展到了新西兰等其他地区。1993年，真维斯进军中国内地市场，第一家真维斯店在上海开业。此时，市场上还没有休闲服饰的概念，真维斯以其大气而又不乏时尚的休闲服装设计风格，一下子博得了年轻人的喜爱。

经过10多年的发展，目前真维斯已在内地20多个省市开设了近1 000家专卖店，拥有现时中国最大的休闲服饰销售网络，当年的播种者已开始进入市场的收获期。

真维斯品牌的成功，归功于卓越的产品质量和优秀的产品设计，得益于10余年来建立的品牌形象和销售网络。更为关键的是，真维斯有着独到的品牌发展理念：紧跟流行而不引导流行，做到“名牌的大众化”。

真维斯董事长杨勋先生对此的解释是：“如果真维斯的市场定位是去引导流行或是去创造流行，真维斯可能走不了这么长的路。我们将真维斯定位在紧跟流行，就是要及时将世界上最新的、正在流行的东西拿过来，加入自己的设计风格，放到中国市场上。最广大的休闲服消费群就在中档服装的这70%～75%消费者中，如果放弃了这个市场而去做高端市场，胜算就会低很多。”

● 网易独家缔造真维斯线上“休闲王国”

真维斯在与客户的沟通交流方面，也走了与众不同的道路。真维斯没有找明星代言品牌，也鲜有电视广告的投放，却通过组织一系列倡导自由、休闲的活动来影响更多年轻、时尚的消费者。

早在2002年，网易就已经成为真维斯系列营销活动的独家网络合作媒体。作为国内最活跃的门户网站，网易连续多年帮助真维斯进行了成功的营销传播。近年来，真维斯连续举办了“真维斯杯校园服装设计大赛”，挖掘极具潜力的学生市场；举办了“真维斯休闲服装设计大赛”、“真维斯全国极限运动大师赛”、“真维斯中国模特大赛”以及正在紧锣密鼓进行中的“真维斯超级新秀评选”等一系列大型营销活动，来影响年轻消费人群。

另外，真维斯也非常注重利用网络这一以“年轻人”为主力受众的媒体来开展广告营销活动。时下，以网络媒体为平台的真维斯“休闲王国”活动正开展得如火如荼。

真维斯“休闲王国”，是一个大型消费者互动网络社区。在这个社区中，喜爱真维斯的消费者可以了解品牌的市场动态,参与一些饶有兴趣的互动活动和回馈客户的抽奖活动。

真维斯“休闲王国”为品牌与最忠实的消费者建立了更活跃的沟通渠道。消费者只要注册、登录真维斯“休闲王国”,就可以发现当今流行的休闲时尚是什么,真维斯最近又有哪些新品促销推广活动。

对于那些持有 VIP 卡的忠实消费者,真维斯在这里也为其提供了更多获取回报的机会。比如真维斯每年会举办“激赏之旅”会员活动,组成声势浩大的北京免费观光团,饱览北京名胜,参观每年一度的中国真维斯杯休闲装设计大赛总决赛等。这些活动的告知、参与都在网络社区中进行。

真维斯目前拥有数千万的 VIP 会员,其中 18 ~25 岁的消费者占到了多数,这些年轻的消费者喜爱时尚且已经习惯了与网络为伴的生活,他们通过网络形成共同的“兴趣团体”,每天都在进行与真维斯品牌形象、应季新品有关的信息传播和互动交流。

真维斯“休闲王国”创造了一个完全属于“休闲 ”的话语环境,成为无数喜爱休闲服装、休闲生活的消费者聚会的天堂。

“休闲王国 ”的网络合作伙伴,真维斯选择了最受年轻人喜爱的门户网站网易,分别在网易体育频道、论坛首页、娱乐频道这些年轻用户集中、用户活跃度高的频道设置了“休闲王国”的入口。

对于双方的合作,网易结合真维斯的消费者状况,提出了“真我阵营”的大论坛营销概念。真维斯认为借助论坛的形式与消费者沟通能够有效地达成营销目标,于是在此基础上,最终推出了“休闲王国”这样一个更具广度的消费者互动社区。

- 服装品牌的网络营销之道

服装品牌如何在网络上进行推广,真维斯的做法很具有借鉴价值。

真维斯“休闲王国”的策略定位,契合了真维斯“领先休闲品牌”的市场地位,能充分体现真维斯在休闲服装领域的专业性和权威性。现在,作为一个行业领导品牌,在通过电视媒体树立品牌的同时,同样需要在网络上确立品牌地位。“休闲王国 ”作为一个立体的网络营销概念,能够迅速被网络用户接受,使其品牌独占用户的大脑。

“休闲王国”为消费者与真维斯之间提供了一个即时互动的平台。在“休闲王国 ”中,消费者能体验真维斯的品牌理念和服装文化,了解真维斯最新推出的产品。还可以互相交流最新的休闲流行趋势,针对服装的设计、做工等提出自己的意见,这些信息会及时反馈到真维斯的产品生产与设计环节。消费者再去购买真维斯的产品时,看到根据自己的意见设计的服装时,会获得更大的认同感和满足感。

服装品牌营销很大程度上需要依靠口碑传播,网络媒体创造了一个口碑传播的理想环境。用户可以通过网络形成不同的“团体”,这些团体中的意见领袖可以影响周围人的购买行为。只要对真维斯产品有好的体验,消费者就可以将使用感受发到网上与大家分享,通过这种口碑效应,能带动某款服装产品快速流行起来。

目前国内已经拥有超过 1.11 亿的网民,但与此同时,网站的数量也数以万计。该如何选择合作网站？这取决于它对于网民的影响程度，门户网站是服装品牌的首要选择。以网易来说，作为领先的门户网站，不但拥有庞大的用户群体，网易首页、E-mail 更是在国内领先的高价值营销资源；同时，网易还是大学生首选媒体，在青年用户中具有突出影响力。这些优势，都能帮助服装品牌有效实现网络推广目标。

真维斯以紧跟时代潮流的营销理念，在网上建立了一个的“休闲王国”。借助网络营销的推动力，越来越多的消费者追赶着休闲潮流，跑进了这个属于自己的“休闲王国”。

（资料来源：编者整理于《中国网络营销传播网》2009－03－22）

■ 真维斯采取了哪些网络促销的方法？

■ 真维斯的成功给你有什么启示？

班级讨论——加深你的知识理解

（1）你是如何理解网络促销的？

（2）网络促销和传统促销有何异同？说说你的看法。

（3）如果你来做网络促销，你会具体做哪些活动？

（4）网络促销的具体方法有哪些？

自己动手——锻炼你的实践能力

（1）上网搜索一些电子商务网站，指出它们目前采用了哪些网络促销方法。

（2）比较淘宝（或其他）网站的 2～3 家不同商家的促销手段，指出其异同点，分析其优劣势并提出改进意见。

本章复习——牢记本章主要内容

（1）网络促销有何作用？与传统促销的作用有何区别？

（2）网络公共关系与传统的公共关系有什么区别和联系？

（3）网络营销促销的实施程序是怎样的？

7

网络营销渠道策略

【本章要点】

- 网络营销渠道概述
- 网络营销渠道策划
- 网络市场的中间商

【学习要求】

通过本章学习，能够理解网络营销渠道的内涵；了解网络直接营销和网络间接营销；掌握网络营销环境下新型中间商的类型与功能；了解网络订货与网络支付系统；辨识传统物流渠道与网络营销物流渠道的异同；了解网络营销物流配送的特征与流程。

引导案例——打开知识的大门

凡客诚品的二合一网络渠道策略

凡客诚品2011年销售额达65亿，2012年销售额达到100亿。

目前在新浪、腾讯、网易、搜狐等各大网站，以及迅雷等网络常用工具资讯条上，无处不见凡客诚品的销售踪影，其接触点之多超乎想象。如果这些接触点全部需要支付广告费，一定是一笔庞大的开支。凡客诚品真的需要支付这么多的广告费用吗？他们的网络销售又是怎么开展的呢？

在传统的营销传播环境下，品牌营销传播活动仅仅作为4P营销组合中的一个环节，因此品牌消费行为的达成还受到渠道、价格、包装、促销等多重因素的影响。而通过网络平台的运用，能实现品牌传播和销售渠道的完美整合。网络平台在4C营销组合中的消费者(Consumer)、成本(Cost)、便利(Convenience)和沟通(Communication)四个环节全面发力。通过网络平台不仅能有效降低营销传播成本，而且便利于消费者卷入品牌互动，实现消费者与品牌之间的沟通，及时达成品牌购买行为。

渠道的作用就在于产品的接触和产品销售。如果只有接触而没有销售，就是广告，广告效果会因为时间延迟而不能及时转化。如果能做到完整接触并且及时销售，这就是一条完美的渠道。按照这个标准，传统渠道中的电视直销起到了这样的作用，问题的关键在于电视时间长度的限制、高昂的费用、过高的折扣率使得能利用电视广告的企业非常有限。

凡客诚品的负责人陈年说:凡客诚品注重互联网上的推广,在网络投放的广告量占所有广告投放的60%以上。同时,凡客诚品利用网络的展示、接触和直接销售能力,实现了超过PPG的销售。陈年说:“发展到目前的规模,凡客诚品在广告方面的投入不及PPG的1/10,互联网推广以最佳的性价比让凡客诚品取胜,PPG有95%的销售来自平面广告,这些平面媒体的店租太贵,而VANCL是一家24小时不打烊的商店,店租很便宜”。更重要的是广告“卖点明确、制作精美”,抓住了消费者的眼球,让其产品销售与品牌同步得到提升,如有一款制作清新自然的翻卷广告,符合了服装夏季季节特性。隐藏在凡客诚品网络营销深层次的推广策略则是“以ROI为核心”,即广告与销售投入产出比要合理。假如巨额广告投入没有得到应有的销售收入回报,凡客诚品就会沦为第二个“PPG”。PPG花费了巨额的广告费,作为一家电子商务网站却过多依靠高昂的平面媒体推广,广告并没有带来应有的销售收入,最终因广告资金链断裂而失败。因此电子商务网站的网络广告推广,必须要坚持以“广告与销售投入产出比(ROI)”为基本评估标准。凡客诚品在多家网络广告联盟上投放CPS广告,CPS指的是按销售提成广告费用,许多个人站长在网站上投放了他们的广告,成立了自己的网站联盟,让广大站长和店长加入,根据销售额进行提成费用,这个形式也是属于CPS。在媒体选择上不仅注重带来的流量,更要注重广告与销售的投入产出比。

凡客诚品发展出一套以ROI为考核标准,可对门户、社区、CPS联盟等优胜劣汰,完全符合凡客诚品自身发展的整体营销策略,保证了凡客诚品平稳快速成长。而且用销售的回报来支付广告的投入,这种方式在网络的平台上,把产品的输出和广告完美地结合起来,把每一家网站的接触点都作为自己的渠道去看待,这就是凡客成功之道,就是我们所要学到的借助于网络进行渠道建设的非常有用的方法。

(资料来源:http://hi.baidu.com/cehuashi/item/9272574abf3f5f09e93504fd)

■ 凡客诚品如何建立自己的网络渠道?

■ 凡客诚品的成功之处在哪里?

在传统的商业竞争中,销售渠道是营销组合中的基本要素之一,销售渠道建设在公司的营销战略中具有举足轻重的作用。为了扩大市场占有率,有实力的厂商纷纷建立自己的专卖店,并在各大商场激烈地争夺销售空间,有时为此要付出巨大的代价。尽管目前网上销售环境还不很成熟,网上销售额占整个商品零售总额的比例还很低,除了专业的电子商务网站之外,只有少数工商企业通过网上销售取得显著成效。但是,随着上网人口的迅速增加和网上销售渐成气候,开拓网上销售渠道已经成为商家不可忽视的营销策略,网上销售的价值和发展前景是不容忽视的。正因为如此,网上销售渠道也被视为网络营销的基本职能之一。

7.1 网络营销渠道概述

7.1.1 网络营销渠道的内涵

营销渠道是指与提供产品或服务以供使用或消费这一过程有关的一整套相互依存的机构,它涉及信息沟通、资金转移和事物转移等。营销渠道就是商品和服务从生产者向消费者转移过程的具体通道或路径,亦称分销渠道。具体是指产品从生产企业向消费者或用户转移时所经过的环节和通道,以及相应设置的必要的销售机构等。

7.1.2 网络营销渠道的功能

营销渠道在商品流通过程中创造三种效用:其一,时间效用:解决商品在时间上不一致的矛盾。其二,地点效用:解决商品在空间上不一致的矛盾。其三,所有权的转移。

网络营销渠道与传统营销渠道一样,以互联网作为基础的网络营销渠道也应具备传统营销渠道的功能。作为一个完备的网络营销渠道应该具有三大功能:订货功能、结算功能和配送功能。

7.1.2.1 订货功能

提供方便消费者自由选择的产品信息,同时方便厂家获取消费者的需求信息以达到供求平衡。一个完备的订货系统,可以最大限度地减少库存,降低销售费用,从而提高销售利润。如,美国的 Dell 公司提供网上订货系统,它的销售额就高达每天 3 000 万美元,占公司收入的 60% 以上;我国联想公司(http//www. legend. com. cn)在其开通网上订货系统的当天订货额高达 7500 万。

7.1.2.2 结算功能

消费者在购买产品后,商家应提供多种方式方便消费者进行付款。目前国外流行的方式包括信用卡、电子货币、网上划款等。我国银行业主要有邮局汇款、货到付现、各类银行卡转账等方式付款。

7.1.2.3 配送功能

无形产品可以直接通过网络进行配送,如软件下载、MP3 格式音乐下载等;但有形产品涉及运输、仓储、存货控制和订单处理等问题,必须有专业配送公司。

7.1.3 网络营销渠道的特点

7.1.3.1 直接性

在传统营销渠道中,企业的产品销售通常借助中间商来完成。中间商在企业产品信息传递、购销和储运、货款支付等方面具有不可替代的作用,是企业完成产品销售的重要合作伙伴,在营销渠道中发挥不可或缺的作用。在网络营销中,由于网络具有实时性和交互性的功能,网上营销渠道从过去单向信息沟通变成双向直接信息沟通,对销售商品的数量几乎没有限制,查找非常方便,每天24小时开业,一些服务项目如订报纸、预约服务等,也都可以通过网上直销实现,这是传统商业所不具备的优势。

7.1.3.2 便捷性

网上营销渠道可以提供更加快捷的相关服务。一是生产者可以通过互联网提供产品服务,顾客可以直接在网上订货和付款,然后等着送货上门,这一切极大地方便了顾客;二是生产者可以通过网上营销渠道为客户提供售后服务和技术支持,特别是对于一些技术性很强的行业(如IT业),提供网上远程技术支持和培训服务,在方便顾客的同时,可以以最小成本为顾客服务。

7.1.3.3 高效性

传统间接营销由于存在多个中间环节,高效的产品销售往往以高额的营销费用和高效的合作伙伴为基础;直接销售尽管没有中间环节的影响,但营销费用却大大增加,市场拓展变得更加困难,营销的高效性也难以实现。而网络营销借助互联网的高效信息沟通,直接向目标市场传递产品,大量减少了传统分销渠道的流通环节,有效降低了成本。对于网上直接营销渠道,生产者可以根据顾客的订单按需生产,做到实现零库存管理。同时网上直接销售还减少了过去依靠推销员上门推销的销售费用,最大限度控制营销成本。

7.1.3.4 专业化

网络间接销售渠道的中间商是传统营销渠道中间商的进一步发展,它不仅具有传统中间商的一般功能,而且融入网络信息技术。中间商的交易效率和专业化程度非常高,规模效益的发挥也不再受经营场地的限制。

互联网的广泛性和高效性,拉近了世界各地在时间和空间上的距离。无论在哪里,顾客都可以快速获得相关产品的信息,通过比较分析作出购买决策,随时进行网上订购。

7.1.4 网络直接营销

7.1.4.1 网络直接营销的概念

日本早稻田大学江尾弘教授认为:“企业以消费者基本资料为基础,通过各式各样的手段直接提供消费者商品信息,从消费者手中获得商品订单并供给消费者商品,这种营销是把过去制造者的营销和零售业营销予以升华并直接结合的企业营销。”美国直销协会(DMA)对直接营销(Direct Marketing,DM)的定义是:“一种互动的营销系统,它利用一种或多种广告媒体对各地的消费者产生影响,借以获得加以衡量的反应或交易。”

因此,直接营销可以理解为是通过不同广告媒体(如直接信函、电话、目录与邮购、电子零售、有线电视、报纸、杂志、广播、电子目录等)与消费者或企业进行沟通的一种互动式营销方式，以能给企业新提供的产品或服务产生直接的回应（例如直接订购、询问或提供展览商品等信息）。

7.1.4.2 网络直接营销的优势

（1）创造产需直接见面。根据市场订单需求，确定生产。

（2）为买卖双方都产生直接的经济利益。企业低价销售产品，消费者可以理性获取低价产品。

（3）充分利用网络工具进行促销活动，迅速扩大产品的市场份额。

7.1.4.3 网络直接营销的缺点

许多商家和企业在互联网上建立了网站，网络访问者缺乏耐心一个个去访问一般的企业主页。因此，企业必须重视公共关系，重视消费者需求的差异性，在网页和信息创新方面加强改进，树立企业良好的形象，扩大访问者的数量，吸引消费者眼球。

【小链接】

20 世纪 80 年代以来，直接营销（又称“直效营销”、“直复营销”）在欧美各地发展迅猛，被营销学家们誉为“划时代的营销革命”。直接营销业已成为一种趋势。作为一种推广与销售相融合、企业与顾客交互式的新型营销方式，直接营销在欧美发达国家业已发展成为一个独立的行业。以美国为例，直接营销实现的销售额约占全美国整个零售额的 60%。国外运用直接营销做得非常成功的企业很多，如美国的时代华纳公司、戴尔公司、安利公司、沃特—迪斯尼公司等。而雅芳化妆品的直接营销一度被西方企业界认为是“无法模仿的营销”。美国数据库营销之父纽威尔在《21 世纪行销大趋势》一书中指出：“现在，在北美各行各业里，资料库行销、关系行销和顾客管理是个被广泛应用的行销投资法则，它正在改变业者对行销的种种看法和观念。未来，将不再是对一般市场进行行销，而是我们必须学习如何对‘差异市场’进行行销。”

（资料来源：http://www.yuanmiao.com/shichangyingxiao）

7.1.5 网络间接营销

7.1.5.1 网络间接营销概念

网络间接营销，是指网络营销者借助网络营销中间商的专业网上销售平台发布产品信息，与顾客达成交易协议。网络营销中间商是融入互联网技术后的中间商，具有非常强的专业性，根据顾客需求为销售商提供多种销售服务，并收取相应费用。

【小链接】

Amazon 的间接销售渠道

当你从 Amazon 公司在线购买图书时，这些图书最早是源于某个出版商，然后由批发商将其买断。Amazon 公司在这里工作只是通过它的互联网网站收集整理消费者的订单然后将订单发给批发商处理。批发商如能供货则将书发到 Amazon 公司的仓库里。接着在 Amazon 公司的仓库里,批发商发来的图书经过分装后再最后递送到各个消费者手里。

为什么在以上 Amazon 的网络间接销售案例中,有这么多离线成员的参加?其实在看这个问题的时候要从两个方面来看,首先我们应该注意到图书是一种有形的商品,所以是无法实现完全数字化的搬运、集中和分类的。其次我们应该看到 Amazon 在网络销售渠道中能够生存的原因是因为它提供了一些有效的分销功能,这些功能增强了它在分销渠道中的权利,也使得那些它能够不需要砖石水泥的空间就能够利用互联网来实现交易。

7.1.5.2 网络间接渠道客观存在的原因

(1)市场交易过程趋于简化。间接营销渠道由于网络商品交易中间商的参与,使交易过程简化了许多。假设市场上有 5 个生产者和 5 个消费者,在没有中间商进入的情况下,每一个生产者要想把自己的产品销售出去,需要面对 5 个消费者,每一个消费者要想购买需要的商品,也需要面对 5 个生产者,共需发生 25 次交易关系,如图 7-1 所示。

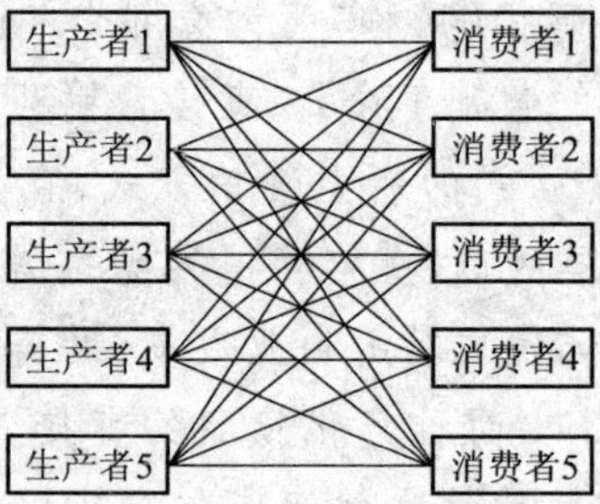

图 7-1 买卖双方信息直接传递

如果生产者和消费者之间增加一个中间商,发挥商品交易机构集中、平衡和扩散的功能,则每一个生产者只需通过一个中间商的途径与消费者发生交易关系,每个消费者也只需通过一个中间商的途径与生产者发生交易关系。这样从直接营销渠道必然发生 25 次交易减少到有间接渠道的 10 次交易(见图 7-2)。如果生产者和消费者数量增加,交易简化程度会更大。

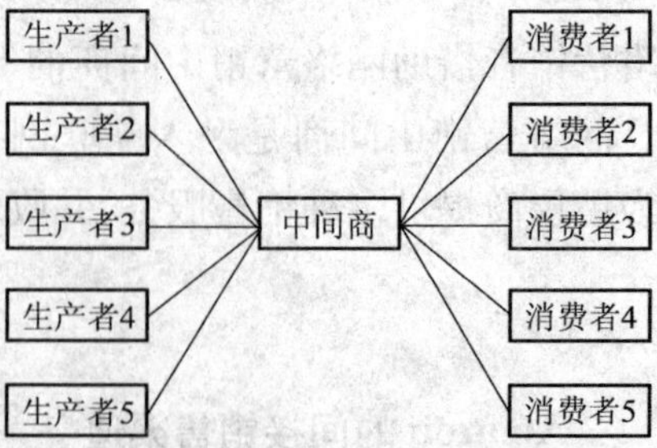

图 7-2 有中间商时买卖双方的信息传递

(2)利用网络商品交易中介机构促使平均订货量达到规模化。网络交易中介机构能以最短的渠道销售产品,满足消费者对商品价格的需求,同时通过计算机进行有效分析,组织商品的批量订货,满足生产者对规模经济的要求,从而有效地减少订货成本,增加资金资源的利用率。

(3)使用网络商品交易中介机构形成交易活动的常规化。网络商品交易中介机构在虚拟市场上进行全天候24小时的运转,跨越了时空的限制;买卖双方的意愿通过固定的统一表格和规范予以表达,将不存在扯皮现象;中介机构有自己所属的(或紧密合作的)配送公司分散在全国各地,可以最大限度减少运输费用;网络交易严密的支付程序日渐成熟,增加了买卖双方彼此的信任感。显然,由于网络商品交易中介机构的规范化运作,减少了交易过程中的许多不确定因素,降低了交易成本,提高了交易成功率。

(4)网络商品交易中介机构便于买卖双方信息收集。在传统的营销过程中,买卖双方都会注重信息的收集,这既要付出大的费用,也要承担一定的风险。信息来源有极大的局限性,致使生产者难以作出正确的经营决策,消费者也难以找到他们真正需要的商品。网络交易中介机构可以改变这种状况,为信息收集提供方便。在该中介机构里,聚集了全国乃至全世界的众多厂商的成千上万种商品。它们对这些商品实行分类检索,每种商品均有详细的信息资料。买卖双方完全可以在不同地区、不同时间,在同一网址上查询不同的信息,交流不同的意见,在中介机构的协调下,匹配供应和需求。

7.2 网络营销渠道策划

7.2.1 传统营销渠道策略

7.2.1.1 分销渠道的层次

在产品从生产者转移到消费者的过程中,任何一个对产品拥有所有权或负有推销责任的机构,就叫做一个渠道层。按照渠道层次的多少,可以分为长渠道和短渠道。常见的消费品销售渠道有四种基本的类型:生产者→消费者;生产者→零售商→消费者;生产者→代理商或者批发商→零售商→消费者;生产者→代理商→批发商→零售商→消费者。工业品销售渠道有三种基本的类型:生产者→工业品用户;生产者→代理商或者工业品经销商→工业品用户;生产者→代理商→工业品经销商→工业品用户。

7.2.1.2 分销渠道的宽度

分销渠道的宽度是指渠道的每个层次使用同种类型中间商数目的多少。根据渠道的宽窄,分销策略可分为以下几种。

(1)广泛销售策略。采用这种策略,主要因为企业的商品数量大、市场覆盖面广、便于推销产品,使用户随时都可以买到此种商品。一般日用品和通用的工业原材料可以采用这种策略。采用这种策略,生产企业应负担较多的广告费和促销费,以利于调动中间商的积极性。

(2)有选择的销售策略。这种策略是指生产企业精心挑选一部分批发商和零售商来经营自己的产品。采用这种策略,由于中间商数目较少,有利于厂商之间相互紧密合作,同时,也能够使生产企业降低销售费用和增强控制能力。

选购消费品、耐用消费品、新产品试销以及大部分生产资料商品,都应根据产品和市场的特点,选择较为合适的批发商和零售商。而中间商的具体数目,应该根据具体情况而定,一般来说应该既要使中间商有足够的市场覆盖面,又能够保证企业的商品能够及时的销售出去。

(3)独家经营销售策略。生产企业只选择一家中间商,赋予它经销自己商品的权利。通常情况下,生产企业在特定的市场范围内,不能再选择其他中间商来推销自己的商品,而选定的经销商也不能再经营其他同类的产品。生产企业和中间商双方可以通过签订协议作出明确的规定,这种策略主要适合于某些特殊的消费品和工业品、某些高档高价的消费品,以及具有独特风格的某些商品。

需要进行售后服务的电器商品以及需要进行现场操作表演并介绍使用方法的产品采用这种策略,有利于调动中间商的积极性以更好地去推销商品,同时,生产企业对中间商的售价、宣传推广、信贷和服务等工作可以加强控制,更好地配合协作,从而有助于提高厂商的声誉和商品的形象,增加经济效益。

7.2.1.3 销售渠道选择的影响因素

(1)产品因素,包括单位产品的价值量的大小、产品重量和体积的大小、产品的式样和时尚性、产品的易腐性、产品的标准化程度和服务、产品市场生命周期等。

(2)市场因素,包括市场覆盖面的大小、用户的购买习惯、市场销售的季节性和时间性、竞争者的销售渠道等。

(3)企业本身的因素,包括公司的规模和声誉、管理能力和经验、销售渠道的控制程度等。

(4)环境因素。

7.2.2 网络营销渠道建设

7.2.2.1 订货系统

网上企业在设计订单时要尽可能地减少顾客的劳动,尽可能地方便、易于操作。

(1)订单页面设计便于操作。为了减少顾客填写太多的信息,最好采用现在流行的“购物车”(Shopping Cart)方式模拟超市,让消费者边看边选择商品,在购物结束后一次性结算。为了使顾客更详细地了解商品,可以设置产品页面链接,以便向顾客导航详细信息。

(2)明确告知顾客交货时间和范围。产品页面上不仅提供产品性能及使用方面的信息，而且应给出产品的价格、库存总订货量和交货时间等相关信息，一般能够链接到公司的数据库上，可以随时了解货物库存情况。

(3)应提供商品分类查找功能方便查找。分类查找功能能够使消费者在最短的时间内找到所需要的商品，同时还要提供如性能、外观、品牌等方面的重要信息。

(4)提供方便顾客自主选择的货物运输方式。通过物流信息系统，向顾客提供相关货物运费、税收等信息，并在网上设置一个专门的免费电话，方便顾客随时咨询。

(5)注意客户机密的安全。为了取信于顾客必须采取维护客户机密的措施，要请求准许后公布客户信息，而且也只能把数据发布给合理使用的第三方。

(6)结算方式方便可行。考虑到目前消费者的购物心理的实际情况，应该尽可能地提供多种方式方便消费者选择，同时还要考虑网上结算的安全性。

【小链接】

一个职业经理人创业的故事

Z君任职于珠江啤酒公司，负责一个地级市的啤酒销售。他从一个普通的业务员做起，用了两年的时间，上升到该地区的区域经理。在这两年的时间里，他的足迹踏遍了该地市的几乎每一个乡镇，对该地区的地理情况了如指掌，更重要的是，经过两年的啤酒销售经历，他自信自己已经拥有了一张由地市到县城再到乡镇的强大批发网络。他之所以这么自信，有他的理由：首先，该地级市从市区到县城再到乡镇几乎所有从事快速消费品批发销售的批发商们都跟他打过交道，或者说是曾有生意上的往来；其次，他负责管理的某啤酒公司在该地区的经销商以及二批商乃至三批商都是该地区批发行业的佼佼者，而且大部分合作非常愉快，批发商们通过经销该啤酒，既赚了钱又赚了下级网络，批发商们普遍对他比较信服或尊敬；鉴于以上原因，他踌躇满志，已不再满足于做个每个月拿固定工资的职业经理人了，觉得拥有这么好的网络，应该自己做点事情。经过一番前期的筹备，他的新公司很快开张，并且拿到了省内另外一家著名啤酒公司在该地区的代理权。凭着他以前做珠江啤酒的网络，新啤酒很快在该地区全面上市。凭着他以前的威望和关系，新啤酒全面上市只是第一步，接下来他要把这些网络彻底拉过来，只做新啤酒，不做珠江，打败珠江。三个月过去了，结果十分令人意外，网络二批商们纷纷抱怨新啤酒价格高，经销商利润薄，促销政策变化快，市场投入不够等，最后他十分自信和骄傲的网络不仅没有给他带来预期的收益，反而集体背叛了他，新啤酒在网络的销售陷于停滞。为什么这张曾经令一位职业经理人十分自信的网络会离他而去呢？答案在于五个字：管理与维护。作为一个职业经理人，建造一张网只是一个基础、一个开始，要想保持这张网对你的忠诚度，并利用它来提高附加值，必须对这张网不断地进行修护工作，也就是管理与维护。否则的话，织得再好的一张网也会随着风吹雨淋变得破烂不堪而毫无价值。

7.2.2.2 网上支付

(1)网上支付系统。网上商店的交易是在网上完成的，交易时交货和付款在空间和时间上是分离的,消费者购买时一般必须先付款后送货,付款时可以用网上支付系统完成网上支付。

网上支付系统包括以下四个主要部分:

• 电子钱包(e-WALLET),负责客户端数据处理,包括客户开户信息、货币信息以及购买交易的历史记录。

• 电子通道(e-POS),这里主要指从客户端电子钱包到收款银行网关之间的交易部分,包括商家业务操作处理(负责商家与客户的交流及订购信息的发出)、银行业务操作处理(负责把交易信息直接发给银行)、来往信息的保密。

• 电子银行(e-BANK),这里电子银行不是完整意义上的电子银行,而是在网上交易过程中完成银行业务的银行网关。包括:接受转账卡、信用卡、电子现金、微电子支付等支付方式;保护银行内部主机系统;实现银行内部统计管理功能。

• 认证机构(Certificate Authority),负责对网上商家、客户、收款银行和发卡银行进行身份的证明,以保证交易的合法性。

网上支付系统是一个系统工程,它需要银行、商家、消费者和信息技术企业的共同参与,系统中缺少任何一个环节都无法正常运行。目前电子支付面临的最大问题是引导和教育消费者对电子支付了解和认同,以便树立消费者良好的信用,逐步消除消费者对网上支付的隐私、安全存在顾虑。

(2) 网上支付方式。网上支付是指电子交易的当事人,包括消费者、厂商和金融机构,使用安全电子支付手段通过网络进行的货币支付或资金流转。主要有以下三类:

• 电子货币类,如电子现金、电子钱包等。其中,电子现金是一种以数据形式流通的货币,它把现金数值转换成一系列的加密数据序列,通过这些序列数来表示现实中各种交易金额的币值。

• 电子信用卡类,包括智能卡、借记卡、电话卡等。其中,智能卡在卡片内安装了嵌入式微型控制芯片,可以存储数据,卡上的价值受个人识别码(PIN)保护,只有用户能够访问。在电子商务交易中,智能卡的应用类似于实际交易过程,网上交易时通过发卡银行完成。

• 电子支票类,如电子支票、电子汇款(EFT)、电子划款等。其中,电子支票是一种借鉴纸张支票转移支付的,利用数字传递将钱款从一个账户转移到另一个账户的电子付款形式。电子支票的支付是在商户与银行相连的网络上以密文的方式传递的,多数使用公用关键字加密签名或 PIN 代替手写签名。

(3)网上支付的安全控制。在网上商店进行网上购物时,消费者面对的是虚拟商店,对产品的了解只能通过网上宣传介绍完成,交易时消费者需要将个人重要信息如信用卡卡号、密码和个人身份信息通过网络传送。由于因特网的开放性,网上信息存在被非法截取和非法利用的可能,存在一定的安全隐患。同时,在购买时消费者将个人身份信息传送给商家,可能被商家掌握消费者的个人隐私信息,有时这些隐私信息被商家非法利用,因此网上交易还存在个人隐私被侵犯危险。

随着技术的发展和网上交易的规范，现在出台了一系列的网上交易安全规范如 SET 协议，它通过加密技术和个人数字签名技术，保证交易过程信息传递的安全和合法，可以有效防止信息被第三方非法截取和利用。为防止个人隐私受到侵犯，避免交易中泄露个人身份信息，电子现金的出现是一种有效的匿名电子支付手段，它的原理很简单，就是用银行加密签字后的序列数字作为现金符号，这种电子现金使用时无须消费者签名，因此在交易过程中消费者的个人身份信息可以不被泄露，从而保护个人隐私。

7.2.2.3 网络营销中的物流

物流业已成为供应链中非常重要的部分。由于企业的性质不同，产品经营方式不同，以及企业的实力情况不同，所以供应链中一般存在以下四种主要物流运作模式可供选择。

(1)传统自营物流模式。传统自营物流模式，是指企业自身拥有物流的运输、仓储、配送等功能，在进行业务过程中只存在供方和需方的物流活动，供需双方按照交易协商合同规则各自进行运输配送以及安排货物的存放保管等物流活动。有两种模式：①第一方物流该模式是需求方为采购而进行的仓储、货运物流，如赴产地采购、自行运回商品。②第二方物流。该模式是供应方为了提供商品而进行的仓储、货运物流，如供应商送货上门。

该模式适用范围如下：

- 企业生产的产品品种繁多、标准化程度低、样品销售困难，从而只能商务合一的情况。
- 兼做销售、收款和配送的情况。
- 企业的运输量适中，运输量波动比较小。

开展网络营销的厂商，优劣势如下：

- 便于直接掌握消费者的第一手反馈资料，改进服务。
- 减少了由第三方送货所带来的附加的管理协调费用，降低了产品成本。
- 简化了货物流通环节，便于提高送货效率。
- 建立自营物流系统的难度比较大，同时投入也大，管理任务繁重。

例如，IBM 公司就是典型的自营物流模式。IBM 公司的自营物流系统“蓝色快车”之所以获得成功，靠的是严密的管理和组织，包括新的运作方法以及新的经营观念。对于货物的管理、货物的分发、货物的跟踪，IBM 都有一套完整的信息系统，可以确定货物上的是第几列车、什么时候到达某个城市、谁签收、是否签收等等。

(2)功能外包物流模式。功能外包物流模式是基于传统运输、仓储等功能的企业或部门分别承包供需双方一系列的物流工作、任务或者功能的一种外包型物流运作模式。它介于自营物流与现代第三方物流之间，一般以生产商或经销商为中心，物流部门、企业几乎不需专门添置设备和业务训练，只完成承包服务，不参与企业的生产和销售计划，管理过程相对简单。目前我国大多数物流业务就是这种模式，实际上这种方式比传统的运输、仓储业并没有太多优势。

(3)第三方物流模式。第三方物流是指由物流劳务的供方、需方之外的第三方去完成物流服务的物流运作形式。如,美国的 UPS 公司和日本的佐川急便都是国际著名的专门从事第三方物流的企业。

企业若满足以下四个条件可以考虑使用第三方物流:

• 较长距离干线运输。

• 需要专业技术的国际运输、笨重货物的运输。

• 企业产品季节性波动大且经营量小。

• 销售市场广阔,地区变动较大。

第三方物流有现成的比客户企业自己做得好的物流解决方案,其优劣势如下:

• 精于主营业务。企业可以实现资源优化配置,把有限的人力、财力集中于主营业务,进行重点研究、发展基本技术,努力开发新产品参与市场竞争。

• 节省费用。专业的第三方物流提供者利用规模生产的专业优势和成本优势,通过提高各环节的利用率减少费用,使企业能从费用结构中获益。

• 减少库存。原料和库存的无限增加将积压资金,尤其是高价值的部件要及时送往装配点以保证库存的最小量。第三方物流提供者借助精心策划的物流计划和适时运送等方式,最大限度地盘活库存,改善企业的现金流量。

• 提升企业形象。第三方物流提供者与顾客之间的关系,不是竞争对手而是战略伙伴关系。第三方物流提供者是物流专家,他们利用完备的设施和训练有素的员工对整个供应链实现完全的控制,减少物流的复杂性。他们还要通过遍布全球的运送网络和服务提供者极大地缩短交货期,帮助顾客改善服务,树立自己的品牌形象。第三方物流提供者通过"量体裁衣"式的设计,制定出以顾客为导向、低成本高效率的物流方案,为企业在竞争中取胜创造有利条件。

• 采用第三方物流要以顾客不在乎网上购买的时效性和高额的邮费为前提。其次,要处理可能出现棘手的由运输纠纷而产生的责任归属问题。

因此,要从正反两方面考虑是否实施第三方物流,在多大程度上使用第三方物流等问题。

(4)第四方物流模式。早在 1997 年美国埃森哲咨询公司就率先给出第四方物流的概念:"第四方物流是一个供应链的整合协调者,协调管理组织本身与其他互补性服务商所有的资源、能力和技术,提供综合的供应链解决方案。"从概念上来看,第四方物流和第三方物流是完全不同的。第四方物流是有领导力量的侧重于业务流程外包的中立物流服务商。它通过对整个供应链的影响,解决物流信息共享、社会物流资源充分利用等一系列问题,向客户提供可评价的、持续不断的客户价值。

第四方物流的运作方式主要有以下三种:

• 组建物流联盟,共同开发市场。第四方物流向第三方物流提供一系列的服务,包括技术、供应链策略技巧、进入市场能力和项目管理专长。

• 提供集成方案。第四方物流为客户提供运作和管理整个供应链的解决方案。

- 多行业参与。为多个行业开发和提供供应链解决方案,并以供应链整合和同步为重点。

第四方物流具有两个显著的特点:

- 提供一套完善的供应链解决方案。它能更加有效地适应需方多样化和复杂化的需求,集成所有资源为客户提出完美的解决方案。同时进行供应链再建、功能转化、业务流程再造和实施第四方物流。
- 通过影响整个供应链来获得价值。这主要包括利润增加、运营成本减少、工作成本降低和资产利用率提高。

【小链接】

据资料显示:在美国,大型制造企业使用第三方物流的比例占到69%;未来3~5年,美国第三方物流业的收入将以15%~20%的比例持续递增。相比之下,我国的第三方物流发展仍显缓慢。原因就在于企业都是单兵作战,无序竞争,不能整合力量,不能为客户提供规范的、全程的、一整套的物流管理和服务。如果我国单纯发展第三方物流企业,必然会遇到很多障碍并会形成许多弊端。但如果有第四方物流介入中国物流业的发展,那必然会提升中国物流发展的整体水平,迅速缩短与外国物流业的差距。

第四方物流企业应该具备的前提条件有以下六个:

- 有世界水平的供应链策略制定、业务流程再造、技术集成和人力资源管理能力。
- 在集成供应链技术和外包能力方面处于领先地位。
- 在业务流程管理和外包的实施方面有一大批富有经验的供应链管理专业人员。
- 能够同时管理多个不同的供应商,具有良好的关系管理和组织能力。
- 有对全球化的地域覆盖能力和支持能力。
- 有对组织变革问题的深刻理解和管理能力。

【小链接】

在欧洲,埃森哲公司和菲亚特公司的子公司 New Holland 成立了一个合资企业 New Holland Logistics S. P. A.,专门经营服务零配件物流。该公司由 New Holland 拥有70%的股份,埃森哲占20%的股份。New Holland 为合资企业投入了6个国家的仓库、775个雇员、资本投资和运作管理能力。埃森哲方面投入了管理人员、信息技术、运作管理和流程再造的专长。零配件管理运作业务涵盖了计划、采购、库存、分销、运输和客户支持。在过去7年的总投资回报有6 700万美元。大约2/3的节省来自运作成本降低,20%来自库存管理,其他15%来自运费节省。同时,New Holland Logistics 实现了大于90%的订单完成准确率。

在英国,埃森哲公司和泰晤士水务有限公司的一个子公司——Connect 2020,也进行了第四方物流的合作。泰晤士水务是英国最大的供水公司,营业额超过20亿美元。Connect 2020 成立的目的旨在为供水行业提供物流和采购服务。Connect 2020 把它所有的服务外包给ACTV——一家由埃森哲管理和运作的公司。ACTV年营业额在1 500万美元,主要业务包括采购、订单管理、库存管理和分销管理。目前的运作成果包括:供应链总成本降低10%,库存水平降低40%,未完成订单减少70%。

7.2.2.4 网络营销时代物流配送的特征

电子商务系统网络化的虚拟企业将散置在各地的分属不同所有者的仓库,通过网络连接起来,成为"虚拟仓库",进行统一管理和调配,服务半径和货物集散空间都被放大了。这样的企业在组织资源的速度、规模、效率和资源的合理配置方面都是传统的物流配送所无法比拟的。

在电子商务时代,信息化、现代化、社会化的新型物流配送中心可归纳为以下几个特征。

(1)反应速度快。在网络营销环境下,新型物流配送服务提供者对上游、下游的物流配送需求的反应速度越来越快,前置时间以及配送时间越来越短,物流配送速度越来越快,商品周转次数越来越多。

(2)功能集成化。新型物流配送着重于将物流与供应链的其他环节进行集成,包括物流渠道与商流渠道的集成、物流渠道之间的集成、物流功能的集成、物流环节与制造环节的集成等。

(3)服务系列化。网络营销环境下,新型物流配送强调物流配送服务功能的恰当定位与完善化、系列化,除了传统的储存、运输、包装、流通加工等服务外,还在外延上向上扩展至市场调查与预测、采购及订单处理,向下延伸至物流配送咨询、物流配送方案的选择与规划、库存控制策略建议、货款回收与结算、教育培训等增值服务,在内涵上增强了服务对决策的支持作用。

(4)作业规范化。网络营销的新型物流配送强调功能作业流程、作业运作的标准化和程序化,使复杂的作业变成简单的易于推广与考核的运作。

(5)目标系统化。新型物流配送从系统角度统筹规划一个公司整体的各种物流配送活动,处理好物流配送活动与商流活动及公司目标之间、物流配送活动与物流配送活动之间的关系,使整体活动达到最优化。

(6)手段现代化。电子商务下的新型物流配送使用先进的技术、设备与管理为销售提供服务,生产、流通和销售规模越大、范围越广,物流配送技术、设备及管理越现代化。

(7)组织网络化。新型物流配送具有完善、健全的物流配送网络体系,网络上点与点之间的物流配送活动保持系统性和一致性,保证了整个物流配送网络保持最优的库存总水平及库存分布,运输与配送快捷、机动,既能铺开又能收拢。

(7)经营市场化。新型物流配送的具体经营采用市场机制,无论是企业自己组织物流配送,还是委托社会化物流配送企业承担物流配送任务,都以"服务+成本"的最佳配合为目标。

(9)流程自动化。指运送规格标准、仓储货、货箱排列装卸、搬运等按照自动化标准作业、商品按照最佳配送路线等。

(10)管理法制化。宏观上,要有健全的法规、制度和规则;微观上,新型物流配送企业要依法办事,按章行事。

7.3 网络市场的中间商

7.3.1 网络市场中间商的概念

网络市场中间商就是基于网络提供信息服务中介功能的新型中间商。

7.3.2 网络市场中间商与传统中间商的区别

7.3.2.1 存在前提不同

网络市场中间商是对传统直销的替代,是中间商职能和功效在新的领域的发展和延伸。

7.3.2.2 交易主体、内容和方式不同

传统中间商是要直接参加生产者和消费者交易活动的,需要承担物质、信息、资金等交换活动,是交易的重心和驱动力;而网络市场中间商作为一个独立主体存在,它不直接参与生产者和消费者的交易活动,但它提供一个媒体和场所,同时为消费者提供大量的产品和服务信息,为生产者传递产品服务信息和需求购买信息,高效促成生产者和消费者的具体交易实现。

7.3.2.3 交易效率不同

网络市场中间商可以极大减少中间因信息不对称造成的无效交换和破坏性交换,最大限度降低交易成本提高交易效率和质量。

7.3.3 网络市场中间商分类

基于网络营销的虚拟性和互联网丰富的信息资源、快速的信息处理,网络营销中间商在搜索产品、提供产品信息服务和虚拟社区等电子服务方面具有明显优势,但在产品实体分销方面却难以胜任。所以,目前的网络中间商主要是指提供信息服务和虚拟社区中介功能的新型网络市场中间商。以提供信息服务和虚拟社区为核心的网络市场中间商主要有以下几种。

7.3.3.1 目录服务

当前主要有三种目录服务:一种是通用目录(如 Yahoo!)对各种不同站点进行检索,所包含的站点分类按层次组织在一起;另一种是商业目录(如 Internet 商店目录)提供各种商业 Web 站点的索引,类似于印刷出版的工业指南手册;最后一种是专业目录,针对某

个领域或主题建立的 Web 站点。

7.3.3.2 搜索服务

与目录不同,搜索站点为用户提供基于关键词的检索业务,站点利用大型数据库分类存储各种站点介绍和页面内容。搜索站点不允许用户直接浏览数据库,但允许用户向数据库添加条目。

7.3.3.3 虚拟商业街

虚拟商业街是指在一个站点内连接两个或两个以上的专业站点。虚拟商业街与目录服务的区别是,虚拟商业街定位于某一地理位置和某一特定类型的生产者和零售商,在虚拟商业街销售各种商品、提供不同服务。站点的主要收入来源依靠其他商务站点对其的租用。我国的新浪网开设的电子商务服务中,就提供网上专卖店店面出租。

7.3.3.4 网上出版

网络出版 Web 站点可以提供大量有趣和有用的信息给消费者,其内容丰富而且基本上免费,此类站点访问量特别大。

7.3.3.5 虚拟零售店(网上商店)

虚拟零售店不同于虚拟商业街,虚拟零售店直接销售产品给消费者。通常这些虚拟零售店是专业性的,定位于某类产品。它们直接从生产者进货,然后折扣销售给客户。目前网上商店主要有三种类型:第一种是电子零售型(e - Tailers),这种网上商店直接在网上设立网站,网站中提供一种或几种产品的信息供选择购买;第二种是电子拍卖型(e - Auction),这种网上商店提供商品信息,商品价格往往通过拍卖形式由会员在网上相互叫价确定,价高者就可以购买该商品;第三种是电子直销型(e - Sale),这类站点是由生产型企业开通的网上直销站点,它绕过传统的中间商环节,直接让最终消费者从网上选择购买。

7.3.3.6 站点评估

站点评估是指一些网站或网络评估机构根据各网站经营情况和顾客对网站的评价或投诉情况,按照一定的标准或指标进行等级评定。从事网络营销的企业越来越多,企业间的资信程度良莠不齐,消费者在访问生产者站点时,由于内容繁多站点庞杂,往往显得无从下手,不知道应该访问哪一个站点。提供评估的站点,可以帮助消费者根据以往数据和评估等级,选择合适站点访问,从而减少交易风险,而且也能够促进网络营销企业信用等级和服务质量的不断提高,改善社会信用环境。一般来说,一些目录和搜索站点也提供一些站点评估服务。

7.3.3.7 电子支付

电子支付系统是网络营销渠道五大流程之一,是实现网上交易的重要组成部分。电子支付工具从其基本形态上看是电子数据,它以金融电子化网络为基础,通过计算机网络系统以传输电子信息的方式实现支付功能。电子支付服务商通过提供支付服务收取佣金。现在授权支付系统主要是信用卡如 Visa,电子等价物如填写的支票,现金支付如数字现金,或通过安全电子邮件授权支付。这些电子支付手段,一般对每笔交易收取一定佣金以减少现金流动风险和维持运转。目前我国的商业银行也纷纷上网提供电子支付服务。

7.3.3.8 虚拟市场和交换网络

虚拟市场提供虚拟场所。任何只要符合条件的产品都可以在虚拟市场站点内进行展示和销售,消费者可以在站点中任意选择和购买,站点主持者收取一定的管理费用。

我国对外贸易与经济合作部主持的网上市场站点"中国商品交易市场"就属于此类型。当人们交换产品或服务时,实行等价交换而不用现金,交换网络就可以提供此以货易货的虚拟市场。

7.3.3.9 智能代理

智能代理是一种软件,它根据消费者偏好和要求预先为用户自动进行初次搜索,软件在搜索时还可以根据用户自己的喜好和别人的搜索经验自动学习优化搜索标准。用户可以根据自己的需要选择合适的智能代理站点为自己提供服务,同时支付一定的费用。

7.3.4 选择网络中间商的影响因素

企业在选择电子商务中间商时,必须考虑成本、信用、覆盖、特色、连续性五个方面的因素。这五个方面因素可以称之为网络间接营销的五大关键,也称为"5C"因素。

7.3.4.1 成本

成本指使用中介商信息服务时的支出。这种支出可分为两类:一类是在中介商网络服务站建立主页的费用;第二类是维持正常运行的费用。

7.3.4.2 信用

信用指网络信息服务商所具有的信用。每个服务商的信息服务都不同,但都标榜自己最优,企业应审慎准确地作出判断。

7.3.4.3 覆盖

覆盖指网络宣传所能涉及的地区和人数,即网站所能影响的市场区域。一般来说,覆盖面的宽窄和付费有明显的相关性,企业应结合产品与经营特点,选择合理的覆盖。

例如,有些产品辐射半径小(如啤酒、食物等),在地区性电视做广告的效果较好,而有些产品辐射半径很大(如药品、家电等),则非常适合于在全国性电视台做广告。

7.3.4.4 特色

任何一个网络服务站点都要受到网络服务中介商总体规模、财力、文化素质、服务态度、工作精神的影响,在设计、更新过程中表现出各自不同的特色,因而有不同的访问群(即顾客群)。因此,企业应当研究这些顾客群的特点、购买渠道和购买频率,为选择不同的电子商务交易中介商打下一个良好的基础。

7.3.4.5 连续性

如果企业想使网络营销稳定而持续地进行下去,那么就必须选择具有连续性的网络服务站点,这样才能在用户或消费者中建立品牌信誉、服务信誉。

开阔视野——还有你所不知道的

雅芳的网络营销渠道策略案例

作为"全球最有价值的100个品牌"之一的跨国公司,雅芳公司于2000年底自主开发了一套基于互联网的经销商管理软件系统,简称为DRM系统,雅芳称这套系统为"直达配送"。该系统是由雅芳公司帮助雅芳专卖店拓展业务而设计的电子商务系统软件,它利用互联网赋予的强大功能,将企业的顾客、零售商与企业各个部门联系起来,覆盖了公司销售策略、促销、订货、配送、销售、客户服务等整个交易过程。使经销商足不出户,就能实现与企业之间的信息流、资金流和物资流准确、顺畅的流通和运转。通过DRM系统,经销商可以在互联网上查询产品信息,了解最新的市场促销活动。此外,借助DRM系统中的支付功能,经销商可以在网上订购产品,并通过银行的网上支付业务实行网上结算。此时,雅芳的供应链体系转变为"工厂生产—区域服务中心—送达经销商"模式。住在新疆南门和川地区的经销商,如今进货时,再也不需要长途跋涉、肩扛手提了,只需要在互联网下订单,在线通过银行网上支付业务付款,然后就可以等着第三方物流公司在72小时内将货物送到店里,最后在网上签收就可以了。

(资料来源:http://abc.wm23.com/zhaolianghui/166600.html)

案例学习——看看你的分析能力

案例分析——网上营销渠道的设计

ABC公司是一家综合型企业,其主营业务主要有计算机整机和配件、数码产品、手机等产品,以及计算机软件、信息技术解决方案等。该公司产品的营销主要是通过网下的分销商进行,在全国设置八个大区级经销商,其下再细分为省、市二级代理商。近两年来,公司经营层明显感到产品销售额有下降的趋势,信息技术解决方案类产品也很少有人问津,而产品成本和营销费用却居高不下。

在过去的一年里,公司增加了广告投入,在电视、报刊、互联网等媒体上加大宣传和推广的力度,但销售状况并没有太大的改观。同时,不少客户反映,公司的产品价格相对较高,产品的性能、型号、外观等方面不能完全满足自己的个性化要求,而且不论距离多远,购买时都要到经销商那里,很不方便。

ABC公司面临营销渠道的改革。

从公司的角度看,由于营销渠道过长,必然导致人员、仓储、中介等费用的增加,从而间接带动产品成本上升,同时,过长的渠道还使公司与顾客的沟通效率降低,把握顾客需求的速度较慢;从顾客的角度看,单一的营销渠道,不能充分获得产品及其生产者的信息，购买不方便，只能“有什么买什么”，个性化要求无法得到满足。综上所述，ABC公司的问题主要是渠道方面的原因造成的。为改变这一现状，该公司必须根据产品和销售对象的特点，结合自身经营实际，对其营销渠道进行重新设计。

我国电子商务和网络营销发展处于初级阶段，传统的网下营销渠道还占据着重要地位，而且该公司已经有比较健全的网下分销渠道和成熟的经验，因此，要继续发挥这些渠道资源的作用和优势。但考虑到公司的产品大多与计算机和互联网相关，其顾客或潜在顾客也必定多为“网上一族”，所以应在整合传统的网下营销渠道的基础上，将重点放在构建灵活高效的网络营销渠道上。

（资料来源：编者整理于中国劳动社会保障部教材编写办公室组织编写的《网络营销》）

班级讨论——加深你的知识理解

（1）国内网络营销渠道做得好的企业有哪些？分析其特色和不足之处？

（2）企业在设计营销渠道的过程中，一方面应考虑网络直销、网络间接销售及两者并用的方式，开展营销活动；另一方面要通过对地理市场、产品品种的需求、消费者订货类型等分布状况加以分析和研究，以确定在不同的地区采取不同的渠道或销售形式。你认为应该如何确定网络营销的渠道策略？

自己动手——锻炼你的实践能力

（1）为某企业设计一个网络直销产品的订单。

（2）针对一个制造企业设计一个第三方物流解决方案。

本章复习——牢记本章主要内容

（1）网络分销渠道与传统分销渠道相比具有哪些优点？

（2）影响企业选择网络中间商的因素有哪些？

（3）网络订货系统的设计应该考虑哪些方面？

（4）如何理解物流是“第三利润大陆”？

（5）简述第三方物流与第四方物流的特点及其适用条件。

（6）物流配送具有哪些特征？

8

网络营销广告策略

【本章要点】

- 网络广告概述
- 网络广告的发布
- 网络广告策略

【学习要求】

通过本章学习，能够掌握网络广告的概念和特点，区别各种网络广告的形式；掌握网络广告的各种发布模式，了解网络广告的收费方式；掌握各种网络广告策略。

引导案例——打开知识的大门

“中粮生产队”开启中粮游戏营销

2010年元旦过后，一款名为“中粮生产队”的社区游戏在都市白领之间疯狂传播，成为白领们茶余饭后的重要娱乐之一，其势头直逼去年火爆一年的开心网“偷菜”（见图8－1）。

图8－1

●"靠谱"的产业链:"中粮生产队"走红

2010年1月,结束元旦假期的楚天忽然在MSN上收到同事小龙发来的邀请:"我加入了中粮生产队,你靠谱不?来帮我玩吧!"当楚天抱着试一试的态度点开链接后,意外发现这个游戏并不像通常的小游戏那么简单。

3分钟后,自甚游戏高手的楚天终于将游戏中的优质玉米和劣质玉米成功移入到加工厂和回收站,小龙在MSN上再次发来消息:"你太靠谱啦!"

经过研究,楚天发现这只是中粮集团推出的"中粮生产队"游戏中的一个环节,即福临门玉米油生产过程的"采收"环节,而种植、照料、采收、压榨、运输构成了福临门玉米油完整的产业链游戏。当朋友们帮助小龙完成所有环节后,生产出来的一瓶瓶福临门玉米油也送到了消费者的餐桌上。

除了福临门玉米油,"中粮生产队"目前还包括另外4个中粮旗下的产品游戏,分别是福临门大米、长城葡萄酒、金帝巧克力、五谷道场方便面,每款产品各个环节的游戏并不相同,并且实时更新。通过"中粮生产队",中粮集团不仅将旗下丰富的产品植入游戏内,更将每一款产品"从田间到餐桌"的产业链过程巧妙融入其中,寓教于乐地让玩家了解中粮集团的产品生产过程。

当楚天拥有"土地"成为一名"生产队长"后发现,与传统社区游戏不同的是:在"中粮生产队"中,队长只能完成"种植"农作物的环节,其余4个环节都需要朋友协作才能进行。游戏界面中赫然设置着"靠谱生产率"的属性,如果帮助楚天的所有玩家能够成功过关,那楚天生产队的"靠谱率"即为100%,如果失败了,"靠谱率"则会相应下降。因此,办公室里常常充斥着"你太靠谱了"或"你真不靠谱"的声音。

短短几天,楚天和身边朋友们相互帮助完成了"中粮生产队"里不同环节的游戏,在此过程中加深了对中粮品牌的了解。如果不是玩"中粮生产队",楚天甚至不知道长城葡萄酒、金帝巧克力这些享誉全国的品牌都是中粮旗下产品。

●勇敢的尝试:游戏内置广告营销

"中粮生产队"游戏,不仅是中粮集团创新的营销举措,也是近年来最为流行的游戏内置广告营销案例。但对于外界来讲,实在很难将这样全新的营销模式与老牌国企中粮集团联系到一起。事实上,在很多场合这种意外的反差往往会带来意想不到的成功。

作为一个新兴的广告领域,游戏内置广告拥有针对性强、形式多样、与受众群体的互动密切等诸多优点。而依托SNS社区的兴起,游戏内置广告的针对性和高互动性的特点更加明显。利用这些特点,"中粮生产队"面对都市白领展开了一场游戏营销。

正如楚天所感受到的:"中粮生产队"难度并不低,有些环节甚至可以说极具挑战性。但正是这些富有挑战性的游戏,引发了"靠谱"一词在办公室大行其道。靠谱?不靠谱?中粮给消费者留下了这样的印象:中粮全产业链模式生产的食品很靠谱。

所谓中粮的"全产业链",是指以服务消费者为最终目的,包括种植与采购、贸易与物流、食品原料与饲料原料生产、养殖与屠宰、食品加工、分销与物流、品牌推广、食品销售等8个环节。只不过在“中粮生产队”中，中粮将其精简为5个阶段。在真实的食品生产过程中，中粮集团对全产业链中的任何一个环节都提出了近乎于苛刻的要求，保障所生产食品的安全、可信赖。但这其中需要克服的障碍和需要进行的严格把控，也许并不为消费者所知。

如何让消费者设身处地了解“全产业链”的优势？2009年，中粮集团在户外、影视、平面、网络都进行了铺天盖地的传播，但这对于一个不断创新的品牌而言远远不够。据微软的“中粮生产队”开发团队透露，本款游戏的创意与开发，均来自中粮集团的原创理念。“中粮对新型营销模式的理解，对如何通过游戏轻松有效地传达品牌理念，都展示出了专业而大胆的创新精神。”游戏上线后，消费者不但在娱乐中深入浅出地理解中粮“全产业链”这一抽象概念的实际构成，并切身体会到了“全产业链”的消费者价值与内涵。

事实上，通过中粮生产队，中粮集团不仅宣传了产品和品牌理念，还借助游戏中的协作互动，增强了都市中日渐疏离的人际关系。仅就这点而言，“中粮生产队”已经超越了广告本身的意义。

- 创新：为品牌注入无限活力

中粮集团介绍说，在“中粮生产队”游戏中，除现有的5条产品链外，还将逐渐加入包括蒙牛、中茶在内的其他子品牌产品。届时，用户可以完整了解中粮集团旗下的所有产品的产业链构成。在游戏过程中，经由抽奖平台赠送的产品头像也将活跃在玩家的MSN上。但这款游戏并不限于MSN用户，通过链接的形式，无论是在QQ上、论坛上或是邮件里，每个人都可以随时玩游戏。活动的最后一期是要评选出人气最火爆、靠谱生产率最高的“生产队”，邀请队长与队员一同畅游上海世博会。

通过游戏让用户了解自己的产品、认识产业链，甚至从游戏中体验到企业对其产品认真负责的品牌理念，这种效果在广告营销中极其少见。与微软合作开发“中粮生产队”，让年轻用户在一次次挑战中，自我体验到每个游戏环节不是能够轻易通过的，不是一个人能完成的，才能理解“产业链”为何等于“好产品”。这无疑是中粮品牌在营销之道上的一次自我挑战和创新。

对于历史悠久的中粮来讲，创新并不意味着标新立异，而是实实在在从消费者的需求出发，对产品或品牌做出对应宣传。2009年，中粮就推出了电子商务网站——我买网，让消费者足不出户便可以购买到中粮的放心产品。在开心网流行初始，中粮集团便主动与其展开合作，推出中粮“悦活”种植大赛，让自己的新产品“悦活果蔬汁”为上千万的白领用户熟知。而“中粮生产队”，则是对SNS社区游戏营销的一次超越。

随着80后甚至90后消费群体的崛起，企业经营环境和消费者需求都在不断变化。如何运用新型的营销方式既传达自己的品牌理念，又前瞻性地引领消费者兴趣，这是每一个基业长青的企业都需要考虑的问题。“中粮生产队”上线的火爆，是通过用户积极主动的分享造就的。体验式营销的新型技术手段,为年轻一代更高效地进行分享提供了有力支持,为品牌与消费者更亲近地互动沟通建立了桥梁。从这个意义上讲,中粮与微软合作的"中粮生产队"游戏,也是老牌国企如何向消费者有效传递其时尚化、年轻化的新品牌个性的典范。

(资料来源:http://www.trends.com.cn/info/entertainment/2010-01/247207.shtml)

信息产业的发展极大地改变着人们的生活,同时也对传统的广告媒体产生深远的影响。一个拥有庞大广告和行销潜力的新兴媒体——网络媒体正在我们面前茁壮成长。

8.1 网络广告概述

从1994的商业化运作开始,互联网就以非常规的速度发展,它只用四年时间就成为拥有5 000万用户,区别于传统媒体(报纸杂志、无线电广播、电视)的"第四类媒体"。报纸达到同样规模用了一个世纪,无线广播经过38年发展才有同样规模,连现代的电视媒体也经历了13年发展才达到5 000万人规模。目前,以互联网为传播媒介的网络广告已成为当今欧美发达国家最热门的广告形式,我国广告公司和广告主也开始涉足网络广告的新空间。

8.1.1 网络广告的定义

广告是广告主以付费方式运用大众传媒劝说公众的一种信息传播活动。网络广告是广告主以付费方式运用网络媒体,以数字代码为载体,劝说公众的一种信息传播活动。它主要采用多媒体技术,提供文字、声音、图像等综合性的信息服务,不仅能做到图文并茂,而且可以双向交流,使信息准确、快速、高效地传达给每一位用户。

与传统广告一样,在网络广告的定义中,涵盖了网络广告的五大要素。

8.1.1.1 广告主

广告主指发布网络广告的企业、单位或个人。在法律、法规许可的范围之内,任何人都可以自行上网或通过他人在网上发布各类广告。

8.1.1.2 广告费用

广告费用指在网上发布广告所需的一切资金投入。

8.1.1.3 广告媒体

广告媒体指发布网络广告所使用的载体,对网络广告而言,广告媒体就是互联网络。更具体地说,网络广告的载体就是一个个Web页面。

8.1.1.4 广告受众

广告受众是网络广告指向的广告对象或称网络广告信息的接受者。所有在网上活动的人都是网络广告的广告对象。据CNNIC2009年1月公布的《中国互联网络发展状况统计报告》显示,我国网民数已达到2.98亿人,手机网民数则首次超过1亿人。伴随网民数的增长,我国互联网普及率达到22.6%,这意味着每不到5个中国人当中就有1人是网民,该比例也首次超过21.9%的全球平均水平。

8.1.1.5 广告信息

广告信息指网络广告的具体内容,即网络广告所传达的具体产品或服务的信息。可能是文字,也可能是一个图标或是一段视频。网络广告信息的特点主要是更新快、容量大和可附带检索功能。

追本溯源,网络广告发源于美国。1994年10月14日,美国著名的Wired杂志推出了网络版Hotwired(www.hotwired.com),其主页上开始有14个客户的广告Banner Ads,这标志着网络广告的诞生。中国的第一个商业性的网络广告出现在1997年3月的Chinabyte,广告表现形式为468×60像素的动画旗帜广告。Intel和IBM是国内最早在互联网上投放广告的广告主。我国网络广告一直到1999年初才稍有规模。历经多年的发展,网络广告行业经过数次洗礼已经慢慢走向成熟。

据iResearch(艾瑞咨询)的研究报告,2007年中国品牌广告市场实现快速增长,总值达77.1亿元人民币,与2006年相比增长65%,另据美国Forrester市场调研分析公司的调查显示,未来几年内,网络广告市场将增加10余倍。

8.1.2 网络广告的特点

8.1.2.1 网络广告的特点

传统的广告媒体只能单向交流,强制性在一定区域内发布广告信息,受众只能被动地接受,不能及时、准确地得到或反馈信息。以互联网为载体的网络广告,是在传统广告的基础上发展起来的,有传统广告的特点,同时网络的开放性和互动性使得网络广告与传统广告相比,也有其更具优势的特点。

(1)互动性。网络广告最为显著的优势就在于其互动性。与传统广告的推式策略不同,网络广告是一种推拉互动式的信息传播方式。企业把相关产品的信息放在网上,需要受众主动搜寻和链接,消费者成为双向交流的主动方。由于点阅信息者即为有兴趣者,所以可以直接命中潜在用户,并可以为不同的受众推出不同的广告内容。如果受众对产品感兴趣,还可以通过E-mail向该公司进行更详细的查询或者直接订货,在单一媒体上可以实现整个购买过程。厂商一般在很短的时间内就可以收到受众发来的信息,并根据受众的要求和建议及时做出反馈。网络广告的这种互动性,使广告由单向式沟通变为双向式沟通,使得广告传播由大众沟通模式向"一对一"的个体沟通模式转变成为可能。正如人与人之间交往,只有通过交流和沟通才能拉近彼此的关系一样,互动方式由传统广告从企业角度出发的宣传和劝说,转变为从消费者角度出发的沟通与交流,大大增加了目标群体对广告的欢迎程度和接受程度。

(2)无时空限制。传统的广告媒体在传播上往往有时间和空间的局限性,报纸杂志等纸介媒体在很大程度上要受到空间限制,广播、电视则要受到播出时段和播出时间长度的限制,传递的内容及范围有限且易受干扰。广告主可能还需要花费很高的费用购买广告时段或广告版面。互联网将广告信息 24 小时不间断地传播到世界各地,只要具备上网条件,任何人在任何地点都可以获得这些信息,而且可以随意查询,不受时间与空间的限制,体现了沟通无时不能、无处不在的特点。一个网站的信息承载量是很大的,广告主可以花很少的钱提供关于企业和产品的各种信息,并且可以根据消费者对信息的不同要求灵活设计信息内容,以适应每一位访问者的个性化要求。

(3)内容翔实生动。传统媒体由于受到时段和版面等因素的限制,难以详尽展开,充实其内容。网络广告突破了时空的限制,一个网站的信息承载量一般可以大大超过传统媒体,在网络上能够提供的信息内容更加具体、全面,可以涵盖企业概况、各类产品信息、企业的促销活动、企业的公关活动等详细信息,同时浏览者可随时在相应的网页上查到所需产品的具体信息。通过运用多媒体技术,网上信息可以以声音、文字、动画、全真图像、三维空间和虚拟现实等多种形式,更加生动形象的展现在受众面前,为网络浏览者创造了身临其境的感觉,吸引消费者注意力,激发他们的购买欲望,从而达到传统媒体无法具有的效果。受众上网的基本目标就是为了搜集详尽的信息,这使得内容翔实生动成为网络广告的主要优势之一。

(4)受众数量可准确统计。传统媒体广告的发布者无法准确测定有多少人接触过该广告的信息,更不能准确的统计出有多少人受广告的影响而做出购买决策。而网络广告的发行者可通过受众发回的 E-mail 直接了解受众的反应,还可以通过一些软件对企业信息的浏览情况进行监测和跟踪,从庞大的用户跟踪信息库中找到各种有用的信息,如企业网站的访问人数、用户查询的时间、地域分布(IP 地址或域名)等。从而有助于广告主随时了解广告发布的效果,及时对广告的投入效益做出正确的评估,审定广告的投放策略,及时采取顺应消费者的措施,进一步提高广告的效益。

(5)易于实时修改。在传统媒体上发布广告后就很难更改了,即使可改动,一般也需要付出很高的经济代价。而网络广告可根据需要及时对内容进行调整,且改动成本低廉,只需对即有的程序作出修改,广告发布者可以随时更改诸如价格调整等方面的信息。

【小链接】

Double Click 的网络跟踪器

无论消费者浏览了哪些网页,他们都会留下自己的许多相关信息,我们称为电子指纹,这样在网络上营销人员就可以比较简单地收集到关于消费者行为习惯的信息,还有一些比较成熟的跟踪软件也可以给在线营销人员提供大量的数据。当消费者访问某个网站的时候,是很容易检测出消费者所使用的操作系统以及浏览器类型(Netscape or IE)、消费者浏览过的页面及以前浏览过的页面或者从哪个页面离开本网站的(据此很容易了解消费者是不是去了竞争者的网站)等等。

一些在线广告网络(例如DoubleClick,Flycast和ValueClick)会在网络上跟踪用户,了解他们浏览网页的习惯和爱好。其中DoubleClick是最大的在线广告网络,拥有将近11 500个网站。当用户访问其中任何一个网站时,DoubleClick会在用户的计算机上放置一个Cookie文件(一种文本小文件,存储类似用户的ID号等信息)。Cookie文件可以存储关于用户爱好、购买记录、浏览过的网站、浏览过的网页、经常浏览的网页和曾经点击过的旗帜广告等信息。

之后,DoubleClick又宣布它将在跟踪用户信息的基础上进一步将跟踪客户的在线数据与客户的个人信息联系起来,如地址、年龄、性别、收入、信用卡和购买信息,此举引起了轩然大波,因为一旦将这两种信息联系起来的话,也就说明DoubleClick不仅知道了用户的爱好和购物习惯而且很清楚地知道这样的用户是谁,网络上的匿名性已经彻底消失。

(资料来源:《网络营销与案例分析》)

(6)广告成本低廉。传统媒体的收费标准是按照刊登版面、时段、频次等要素进行的,而这些要素与目标群体的实际暴露程度和对广告的接受程度之间存在着较大差别,广告主无法监控目标群体,无法确切地知道究竟哪些人观看了广告,而哪些人没有,广告主却必须为所有的这些人支付广告费。网络广告与传统广告相比,在价格上有较低的标准,在网上做广告,每CPM(Cost Per thousand Impression,每千人印象成本,即广告主购买1 000个广告收视次数的费用或者是广告被1 000人次看到所需的费用)的费用是报纸的1/5、电视的1/8。这使得原来无力购买广告媒体的小企业,也可以通过价格相对低廉的网络广告进行全球性传播。

8.1.2.2 网络广告与传统广告的比较

网络广告与传统广告(报纸、杂志和电视广告)相比,在时间、空间、反馈效果等方面均有显著的区别,具体如表8-1所示。

表8-1 网络广告与传统广告的区别

	报纸、杂志	电视	网络
时间	制作周期长,播出时间限制大	制作周期长,播出时间限制大	制作周期短,无时间限制
空间	版面限制大	画面限制大	无空间限制
反馈效果	及时反应能力弱	及时反应能力弱	交互性强,反馈及时
检索能力	差	无	强,并能保证资源重复利用
宣传形式	文字、画面	画面、声音	多媒体,文字、画面、声音相结合
可统计性	不强	不强	强,统计结果及时、准确
价格	中	高	低

由表8－1,我们可得出结论:网络广告与传统广告相比具有跨越时空、统计准确、价格便宜、互动交流、图像生动等功能,所以,尝试网络广告已成为一种必然趋势。随着网络的发展与普及,网民人数的日益增加,网络广告也将进入一个高速发展的时期,其效益将越来越得以显现。这是否就意味着传统媒体应该被摒弃了呢？绝对不是,至少现在不是。虽然尝试网络广告已经成为一种必然趋势,但网络媒体只是营销活动的一环,正确的态度应该是将传统媒体与网络媒体整合运用,相互补充,只有如此才能实现广告效应的最大化。

8.1.3 网络广告的形式

由于采用先进的多媒体技术,使得网络广告的形式丰富多彩。当今网络广告界常用的一些网络广告形式有以下几种。

8.1.3.1 文字链接广告

文字链接广告是一种最简单的广告形式,它对浏览者干扰最少,但却是最有效果的网络广告形式。它是在Web页面上出现的文字广告,这些文字可以是企业或产品的名称,点击后链接到广告主的主页上,可以用来扩大企业或产品的知名度。这种文字链接形式的广告通常出现在网页的一些分类栏目中,不同网站的分类办法也不尽相同。

8.1.3.2 图标广告

图标广告(Button)又称按钮广告,尺寸一般比较小,有的就是一个按钮的形状。图标广告属于纯提示型广告,一般由一个标志性图案构成,可以是企业的标志,也可以是一个商标,没有广告标语,只具一定的提示作用,可以出现在Web页面上任何地方。常用的图标广告的尺寸有四种:125×125、120×90、120×60、88×31像素,一般都采用超链接的方式,用鼠标点击时,就会链接到相关信息或广告主的页面上。

8.1.3.3 旗帜广告

旗帜广告(Banner)也称横幅广告、网幅广告或标志广告,是最早的网络广告形式,也是我们在Web上最常见的广告形式。旗帜广告分为静态、动态和交互式三类。静态的旗帜广告就是在网页上显示一幅固定的图片,它也是早年网络广告常用的一种方式。通常是一些色彩艳丽,位于页面顶部、底部或醒目处的矩形图片。动态网幅广告拥有会运动的元素,或移动或闪烁,原理就是把一连串图像连贯起来形成动画。交互式广告的形式多种多样,比如游戏、插播式、回答问题、下拉菜单、填写表格等,这类广告需要更加直接的交互,比单纯的点击包含更多的内容。建有自己网站的企业通常都采用这种互动式旗帜广告,直接与企业自身站点的有关信息实现超链接。对还没有建立自己网站的企业则可以采用非互动式的旗帜广告,广告中包含有企业的产品、地址、电话、传真等信息,能随时随地地查阅,非常方便。

8.1.3.4 弹出式广告

弹出式广告又称插入式广告或插播式广告,在打开一个网页时,会自动弹出一个窗口,用于展现广告。窗口可以是全屏的也可以是很小的,窗口内可展现文字、图片或动画,互动的程度也可不同,点击可直接进入广告主的网站或相关产品介绍。弹出式广告的出现是没有任何征兆的,它们是强迫受众浏览的,尽管受众可以通过关闭窗口不看广告,但可能也会引起反感。为避免这种情况的发生,许多网站都使用了较小窗口的弹出式广告,这样可以不影响受众的正常浏览。

8.1.3.5 移动广告

移动广告是在网页上出现的不断移动的小图片。通过移动,可以吸引更多的注意,也不会影响受众的正常浏览。有一些移动广告设计成独立窗口,受众可以随时关闭该窗口,从而减少广告带来的反感。

8.1.3.6 E-mail 广告

调查表明,E-mail 是网民最经常使用的网络工具。只有不到 30% 的网民每天上网浏览信息,但却有超过 70% 的网民每天使用 E-mail。广告主根据搜集到的用户 E-mail 地址,通过 E-mail 形式发布广告,针对性强(除非肆意滥发)、费用低廉,且广告内容不受限制。这种广告属硬性广告,容易使用户反感,但一旦有用户点击,就会得到回报,投入越多,效果也就越好。

在提到 E-mail 广告的时候,人们往往容易联想到垃圾邮件(spam)。垃圾邮件现在还没有一个非常严格的定义。一般来说,是指凡是未经用户许可就强行发送到用户的邮箱中的任何电子邮件。艾瑞咨询根据 eMarkete 发布的关于垃圾邮件的数据发现:2007 年,美国 52% 的被调研用户选择将非订阅邮件直接放入垃圾邮件箱;41% 的被调研用户将无法引起他们兴趣的邮件视为垃圾邮件;另外,收到的邮件数量太多也会促使用户将部分邮件拖入垃圾邮件箱。

8.1.3.7 BBS 广告

BBS 是一种以文本为主的网上讨论组。通过网络,在 BBS 上可以与别人聊天、发表文章或观点、阅读信息、讨论问题。现在越来越多的商务站点开设了 BBS,企业可以选择合适的 BBS 发表自己的公告。

除了上面列出的网络广告的主要形式外,还有许多新的广告形式,正得到越来越多人的关注。比如,屏保广告、指针广告和通过软件连带安装、在用户使用的软件上做广告。屏保能在计算机空闲时以全屏的方式播放动画,并且能配上声音。许多知名品牌都制作了自己的屏保程序放在网上供用户下载。Comet systems(www. cometsystems. com)公司开了指针广告之先河,通过使用他们的软件,用户可以指定任何图片成为鼠标的指针,用户所浏览的网页也可指定特定的图片成为指针的形状。比如,一家网上花店,可以把鼠标设定成一朵花,当用户点击她所要订购的花卉时,鼠标指针又变成“打 X 折”的字样。

【小链接】

中国广告主投放行为越发趋于理性，精准和效果成为越来越多广告主广告投放重要的考虑因素之一。因此，在有限的广告费用预算基础上，搜索引擎以其精准性吸引了越来越多的广告主。根据艾瑞咨询发布的《2009 年第二季度中国网络广告市场监测报告》数据显示，中国搜索引擎市场发展迅速，2009 年第二季度中国搜索引擎广告市场规模为 17.2 亿元，环比增长 32.4%；品牌图形市场规模为 18.4 亿元，环比增长 24.7%。艾瑞咨询认为，随着中国网络广告市场的不断发展，搜索引擎广告市场规模将会超过品牌图形市场规模。如图 8 – 2 所示。

（资料来源：http://itcpn.zjol.com.cn/a/9053083.shtml）

2007Q4-2009Q2中国不同形式网络广告市场规模

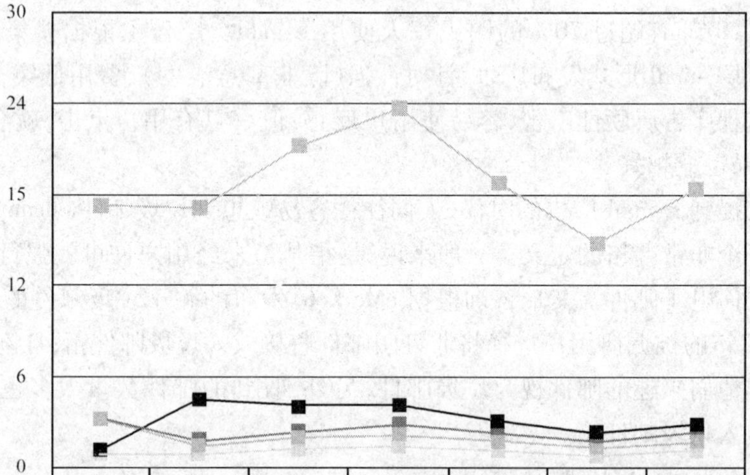

单位：亿元	07Q4	08Q1	08Q2	08Q3	08Q4	09Q1	09Q2
品牌图形	17.3	17.2	21.2	23.7	18.8	14.8	18.4
富媒体	3.3	1.8	2.4	3.0	2.4	1.8	2.4
文字链	1.0	1.0	1.4	1.5	1.2	0.9	1.4
分类广告	3.3	1.6	2.1	2.2	1.9	1.5	1.8
搜索引擎	9.7	9.8	12.7	14.2	14.1	13.0	17.2
其他广告形式	1.2	4.5	4.0	4.1	3.1	2.4	2.9

Source:综合上市公司财报及访谈，为预估值，仅供参考，具体数据将在艾瑞咨询09Q2网络广告季度报告中修正。

©2009.7 iResearch Inc.　　www.iresearch.com.cn

图 8 – 2

8.2 网络广告的发布

8.2.1 网络广告的发布模式

网络广告的发布途径有很多,企业可以根据自身的需要,从中选择一种或几种形式。

8.2.1.1 利用自己的网站发布广告

利用自己的网站发布广告是最常用的发布网络广告的方式之一。对于大多数企业来说,进入网络广告领域的第一步就是建立自己的企业网站。

企业网站本身就是一个活广告。根据目前网站的运作实践来看,如果一个企业网站只提供广告,而不能同时提供其他信息的话,肯定不会有很多受众。因此网站这种特殊的广告形式,应定位在树立企业的整体形象上。企业的网站上除提供广告信息外,还应该提供一些受众感兴趣的非广告信息,如企业文化、企业新闻、各种咨询以及可供受众免费下载的软件、资料等等。总之,必须能给受众带来一定的利益,才能使其成为网站的常客。

8.2.1.2 借助他人的网站发布广告

这是目前最重要、最有效的网络广告发布方式。由于互联网上广告内容繁多,即使公司建有自己的网站,但是需要用户主动通过大量的搜索查询工作,才能看到广告的内容。为达到尽可能好的效果,可以选择合适的网站来投放自己的广告,选择投放广告网站的基本原则如下。

(1)选择访问率高的网站。互联网上有许多访问流量较大的网站,它们一般都是搜索引擎或较有影响的ICP(互联网内容提供商)。ICP由于提供了大量的互联网用户需要的感兴趣的免费的信息服务,因此网站的访问量非常大,是网上最引人关注的站点。国内有许多知名的ICP,如新浪、搜狐、网易等。目前这些网站是网络广告发布的主要阵地,在这些网站上发布的网络广告主要形式是旗帜广告。

选择访问率高的网站投放广告,受众覆盖面广,数量大。但由于这些网站所提供的信息具有较强的综合性,广告内容繁多,信息泛滥,网站上很多受众可能与你无关。很有可能一千万乃至更多数目的人能去提供内容,但只有万分之一或者更少的机会被发现。而且在这些网站上发布广告的费用也较高。

(2)选择有明确受众定位的网站。互联网上还有许多专业性的网站,其特点是访问人数较少,覆盖面也较窄,但访问这些网站的受众可能正是广告的有效受众。从这个角度看,有明确受众定位的网站的有效受众量不一定比访问率高的网站少。

随着广告主越来越看重广告的效果营销,提高广告的性价比,广告联盟这种联合国内中小型网站来铺设广告的模式于2005年初如雨后春笋般地冒了出来,显现出勃勃生机。联盟营销广告(Affiliate Marketing)是一种源于美国亚马逊网站的营销模式,此模式的主要优点在于采用按照广告效果付费的营销方式,花多少广告费用,带来多少广告展现次数、点击次数或注册人数,相对于门户广告具有更精确的可衡量性和更好的定向性。当然,联盟模式也存在着恶意点击、投放站点品牌力度不如门户强大等弊端。但联盟广告也从侧面反映了广告主在网络广告的投放时更趋于理性化。国内著名的广告联盟有:好耶(www.allyes.com)、麒润(www.keyrun.com)、弈天(www.unionsky.cn)等。

在互联网上也有许多免费的服务,如 www.sina.com 提供免费发布广告功能;http://www.hotmail.com 提供免费的 E-mail 服务,它能帮助公司将广告主动送至使用该免费 E-mail 服务,又想查询此方面内容的用户手中。

8.2.1.3 建立虚拟社区和 BBS

虚拟社区和 BBS 是网上比较流行的交流沟通渠道,任何用户只要遵循一定礼仪都可以成为其成员。BBS 可以提供新闻讨论、下载软件和聊天等功用,任何个人只要愿意都可以免费参与讨论和交流,发表自己看法。如果发表与公司产品相关的正面评论和建议,可以起到良好的口碑宣传作用,而且是免费的。在 BBS 中发布信息要短小精悍,主题要鲜明且与讨论组的主题相符,要遵循一定的规则,相互尊重,互通有无等,否则将适得其反。此外,BBS 作为讨论交流的园地,讨论话题和发表信息一般都是实时的,与当时的热点问题相关的,而且 BBS 上的内容是按照时间更新顺序来排序的,因此在 BBS 上讨论内容要注意信息的发布频率,及时更新文章,这样才会被关注。

【小链接】

美国一名为"STILLFREE"的网站为推广自己,花了近 100 万美元搭场景拍摄了一段美国总统座机"空军一号"被人涂鸦的视频图像。由于高逼真度,这段视频立即被人广为传播,以几何级数被下载,相关的 BBS 和链接地址创下超高点击量,后来惊动了权威媒体,连 CNN 都特别向白宫求证。

(资料来源:http://www.xzsem.com)

8.2.1.4 利用广告交换服务网络

广告交换是指两个不同的站点为相互扩大站点的知名度,协商同意互相交换广告位放置对方的广告,以达到零费用的双方互惠互利。如果要在多个网站上发布广告,加入广告交换服务网络也是一种十分重要的途径。在互联网上有一些专门从事全球范围内广告自由交换服务的网络,它能为加盟者之间提供互惠互利、互为免费的广告交流空间。凡拥有自己主页的用户,都可以加入这个网络。

8.2.1.5 E-mail 广告

利用电子邮件列表发送广告信息也是一种常用的广告发布方式。E-mail 列表也叫邮件组,相当于一份地址清单,由于每个邮件组中的客户都是按某一主题编排的,因此邮件组可以为企业提供精确细分的目标市场,所产生的回应率是比较高的。此方式具有针对性强、费用低廉且内容不受限等优点。

发布电子邮件广告，首先要确定发布对象，也就是收集发布对象的E-mail。广告主可以建立或通过正常渠道购买他人的邮件列表，定期向这个邮件组发送广告信息。现在网上有些邮件组还不允许做广告，因此要想利用邮件组做广告，首先要弄清楚这个邮件组是否允许做广告。制作E-mail广告时要注意，开篇的一些词语应该要符合读者追求的品位，唤起读者的兴趣。在写信件时要注意语气亲切，对有可能收到的不太礼貌的回信，要平心静气地回信。在信件的结尾应要求客户定购，再次重申产品的优点以及如何订购等。发送电子邮件广告切记不要引起受众的反感，使广告主信誉受到损失，失去大批现实和潜在顾客。

8.2.1.6 使用新闻组

新闻组（Newsgroup）是个人向新闻服务器所张贴邮件的集合，在网络广告发布中也是一种常见的方法。众多有共同兴趣与话题的参与者彼此通过电子邮件进行讨论与交流，就构成了一个新闻组，它与BBS相似。目前，新闻组已经成为互联网上一个重要的组成部分，每天都吸引着全球众多的访问者。其中包含各种不同类别的主题已经涵盖了人类社会所能涉及的所有内容。一些著名公司，如Microsoft、Sun等都建立了自己的新闻组。人人都可以订阅新闻组，成为其中的一员。成员可以在其上阅读大量的公告，也可以发表自己的公告，或者回复他人的公告。与BBS一样，新闻组发布信息也是免费的，同样也要遵守相应网络礼仪。使用新闻组的人们主要是为了从中获得免费的信息，或相互交换免费的信息。他们对新闻组中的内容非常敏感，并对张贴消息也非常小心。因为他们不愿意因透露过多的个人信息，而受到垃圾邮件的侵害。

8.2.1.7 博客广告

博客广告，就是利用博客平台为企业推销产品和服务、塑造品牌、树立形象做广告。博客从2001年在国内落地以来，“全民博客”加上“名人博客”的火热创造了惊人的点击率，博客的发展具备了投放广告的可能。博客广告的出现意味着个人写博客有了商业价值，博客由此进入了商业化的探索阶段。

【小链接】

据最新调查结果显示，博客已经成为了一种可信的广告载体。其可信度甚至高于电视广告。路透社报道，据国际调查机构Ipsos－MORI最新调查结果显示，24%的被调查者相信博客广告，而相信电视广告的比例只有17%；相信电子邮件广告的为14%。相比之下，报纸广告的可信度最高，获得了30%的支持率。调查数据还显示，1/3的欧洲人表示，曾因在网上看到某些产品的负面评价而放弃购买该产品。而52%的人表示，曾因为看到某些产品的正面评价而购买了该款产品。

（资料来源：http://www.myad.com.cn/）

此外，企业还可以采用黄页、借助网上报纸与杂志、列入企业名录和结合传统媒体等方式发布广告信息。公司在决定通过互联网做广告之前,必须认真分析自己的整体经营策略、企业文化以及广告需求,将其与公司从整体上进行融合,真正发挥互联网的优势。

8.2.2 网络广告的收费模式

网络广告是近几年来随着网络的兴起和普及才成长起来的新型广告模式,由于它借助互联网为媒体工具,因此在收费模式上有别于传统广告,网络广告的收费模式通常有下列几种。

8.2.2.1 千人印象成本

千人印象成本(Cost Per Impressions,CPM),即广告主购买1 000个广告收视次数的费用或者是广告被1 000人次看到所需的费用。由于互联网上的网站可以精确地统计其页面的访问次数,因此网络广告按访问人次收费是一种方法。比如说一个Banner广告的单价是10元/CPM的话,意味着每一千个人次看到这个Banner的话就收10元,以此类推,1万人次浏览了该广告就是100元。如果一个广告主购买了50个CPM,其所投放在广告商网页上的广告就可以被浏览5万人次。

和其他形式的广告收费形式相比,CPM的广告计费方式有两个好处:①它以访问次数为单位来计费,可以更加公平,科学地把主页广告与非主页广告区分开。如果以页面来计算,显然更多的广告主会争夺主页的广告权,非主页则由于受访问次数的限制,没有主页的传播效果好。即使对主页与非主页区别收费,也难以有科学的划分标准,更多的网站在实践中是同等对待,这就更加突出了主页广告而冷落了非主页广告。以访问次数为计算标准则解决了这一矛盾。②CPM的广告收费模式对网站也有激励,网站会想办法提高网页的浏览人数,这对加大广告效果非常有利。如果实行包月制或笼统付费方式。则广告的实际效果与网站没有直接关系,互相也不存在激励,广告效果会大打折扣。

8.2.2.2 每千次点击成本

每千次点击成本(Cost Per Thousand Clickd - Throughs,CPC)是以网页上的广告被点击并链接到相关网站或详细内容页面1 000次为基准的网络广告收费模式。比如,一则广告的单价是40元/CPC,表示40元可以买到1 000次点击。与CPM相比,CPC是更科学和更细致的广告收费方式,它以实际点击次数而不是页面浏览量为标准,这就排除了有些网民只浏览页面,而根本不看广 告的虚量。当然,CPC相应的成本与收费比CPM要高。尽管如此,CPC仍然比CPM更受欢迎,它能直接明确地反映出受众是否对广告内容产生兴趣。能点击广告的受众肯定是有这种产品兴趣或购买欲望的人。CPC也是目前国际上流行的广告收费模式。

传统广告的宣传测量中一般都基于印刷品的发行量或电视播出的预计观众数量,这些统计量只是一个经验数据,并不能代表真实的观众数量。虽然在基于互联网的广告测量中,很容易记录观众访问次数及点击广告的次数。但广告的测量还不能说非常完善,诸如访问者个人信息,以及旗帜广告是否被10个人观看了100次还是被100个人观看了

10 次等,用现有的测量手段和工具还不能完成。

8.2.2.3 每行动成本

每行动成本(Cost Per Action, CPA)是指广告主为了规避广告费用的风险,按广告投放实际效果,即按回应的有效问卷或订单来计费,而不限广告投放量。由于这种方式更加注重广告效果,所以其费用比其他收费方式的价格要高得多。

8.2.2.4 每购买成本

每购买成本(Cost Per Purchase, CPP)是广告主为防范广告费用风险采用的一种模式,也称销售提成收费模式,它是指广告主在广告带来产品的销售后,按销售数量付给广告网站较一般广告价格更高的费用。其好处就是把商品的购买与广告费用联系起来。当然,这必须借助于一些软件的支撑。国际上著名的 Value Commerce 公司利用其 ITrack 软件,构造了一个根据交易来收费的广告模式。它借助 ITrack 软件,当交易完成时,才开始计费,把广告与销售实际效果联系起来。

8.2.2.5 按业绩收费

著名市场研究机构福莱斯特(Forrerster)研究公司公布的一项研究报告称,互联网将从目前的广告收费模式——CPM 转变为按业绩收费(Pay - For - Performance, PFP)的模式。基于业绩的定价计费标准有点击次数、销售业绩、导航情况等。不管是哪种,可以肯定的是,这种计价模式将被广泛采用。福莱斯特公司高级分析师尼尔说:"互联网广告的一大特点是,它是以业绩为基础的。对发布商来说,如果浏览者不采取任何实质性的购买行动,就不可能获利。"

虽然基于业绩的广告模式受到广泛欢迎,但并不意味着 CPM 模式已经过时。相反,如果厂家坚持这样做,那么受到损失的只会是它自己。一位资深分析家指出,假如商家在谈判中不能灵活处理,而坚持采取业绩模式,将失去很多合作的机会,因为目前许多网站并不接受这种模式。

8.2.2.6 包月制

一些网络广告服务商还采用按月固定收费的模式,不管效果好坏,不管访问量有多少,一律一个价,不仅操作简单,对网站技术水平要求也低,不需要对浏览量,点击率进行统计,是许多技术水平较低的小网站普遍采用的方法。但是采用这种收费方式广告投入费用与实际效果脱钩,它难以调动网站加大广告宣传力度,也不利于广告主对广告效果进行测评,无法得到广告效果的有关数据。

【小链接】

网络广告与传统广告相比,在价格上有较低的标准,但在网站兴起之初,随互联网热浪迭起,网络广告的收费标准曾高居不下,直到后来,网络经济逐渐复归于理性化,网络广告的价格才呈下降之势。据美国《商业周刊》的统计数字显示,在 1999 年以前,每 1 000 次线上广告的平均价格是 37 美元,在 1999 年以后降至 35 美元左右,而且价格下降的趋势仍在继续,互联网广告的竞争也正加剧。

在收费的实践中,不同网站有自己的做法。

- Value Commerce 按交易收费的广告模式

在 Value Commerce 网站上它提供大量可选择的网站给供应商,并相应提供网站的背景数据,同时为供应商选定的网站提供软件作为计费的技术支撑。该广告方式就是把网站放于第三者的位置,网主提供广告及广告统计的技术,广告主或供应商按实际交易量为标准为网站付费。

- Excite 广告模式

Excite 的计价是以每千人成本为单位的。但对不同的对象价格不一定,对特定的地区有特定的价格,比如 40 美元每 CPM。另一种做法是确定一个中心价,比如,每千人 50 美元,然后根据行情与市场的情况予以修正。此外,还可以根据不同主题与内容,不同产品及推广难度来确定每千人的收费水平。

- "中国人才网"的收费模式

"中国人才网"以网上人才市场为主营方向,由中国深圳希捷尔人力资源有限公司制作。它对互联网的传播功能有充分的信息库支撑,是企业从事广告的良好媒体选择。

除了对位置的区别外,"中人网"对广告的大小也有不同的定价,一则 80×30 的"小仙子"图标广告一般为 200 元左右,一则 400×60 的网幅广告含动画制作、设计费在内共 300 元左右。

- 雅虎("Yahoo!")广告费用标准

雅虎是全球有名的门户网站,据统计,雅虎的每日访问人数在 2.35 亿。到目前,雅虎已在全球扩建了 14 个语种的站点,成为名副其实的全球性门户网站。雅虎广告的计算标准以 CPM 为主,在不同页面、不同时间,价格有所不同。雅虎网站要求广告主或供应商按照网站的统一要求来制作广告,这样有利于广告与网站在内容与形式上达成统一,在广告价格上一般也会因时间长短不同而稍有区别,时间越长越能获得 5%~10% 的优惠。

(资料来源:http://www.hackhome.com)

8.3 网络广告策略

网络的开放性和互动性使得网络广告能够将"拉引"和"推动"策略有机的融合在一起,使目标受众的主动性得到提高,大大增加了目标受众对广告的欢迎和接受程度。可是许多广告主却发现,在网络上通过热门网站、新闻组、电子邮件等方式发布广告,效果并不太理想。这些大都是不注意掌握和运用网络广告的具体策略和基本技巧所造成的后果。广告主如果要使网络广告的收效更大,可以采取以下几种策略。

8.3.1 采用旗帜广告来宣传企业网站

旗帜广告是最常见的网络广告形式，是互联网界最为传统的广告表现形式，其形象特色早已深入人心。实践证明，旗帜广告是宣传网址和网上广告发布最有效的方法之一。据统计，绝大多数人对旗帜广告有印象，Yahoo！的广告收入主要来源于旗帜广告。

广告主要使自己的旗帜广告有吸引力，在广告设计时必须考虑以下几点因素。

第一，要选择能抓住别人注意力的内容。在互联网中，信息的容量极其庞大，如何抓住受众的注意力是广告首要的任务。广告中使用的文字必须能够引起受众的好奇和兴趣，可以运用担心、好奇、幽默、郑重承诺或者提供使读者感兴趣的利益等主题。广告要能在几秒甚至是零点几秒之内抓住读者的注意力，否则网上漫游者很快就会进入其他链接。

第二，在广告中要告诉受众如何做。比如：在广告旗帜或图标中加上“Click”或“按此”的字样，否则访问者会以为是一幅装饰图片。

第三，一个旗帜广告只关注一个内容，只携带一条信息。如果在一则广告中携带多条信息，不仅不会吸引受众反而会使受众感到混乱。

还应该注意的是，即使有一个很好的旗帜广告，也要经常更换图片，因为研究表明，当同一个图片放置一段时间以后，点击率开始下降。而更换图片以后，点击率又会增加。所以保持新鲜感是吸引访问者的一个好办法。

8.3.2 选择合适的网站发布广告

选择一个合适的网站是广告成功的基础。衡量一个网站是否适合做广告要考虑以下因素。

第一，网站的质量与技术力量以及由此决定的网站信誉。任何一个广告主在从事网络广告时，都希望能找到一个较安全可靠的网站，否则，网站的破产倒闭也会殃及自己，这不仅浪费了广告费，而且有可能延误商机。尽管技术力量雄厚的网站广告费也较高，但仍不失其吸引力。

第二，要考虑网站的受众是否有许多潜在的客户，网站的受众一般与网站的特色相关，不同的网站受众的职业、年龄收入、地域色彩以及由此决定的消费偏好等因素都不同。比如，如果针对的是某个区域内的目标受众，则那些流量主要来自该区域以外的站点就不适合选择。

第三，要考虑网站是否能够提供详细的广告效果统计分析数据。单就数量而言，不同的统计单位反映出的情况也是不同的，目前国际上较常用的统计单位是印象，它与页面显示是同一概念，除此之外还有点击数。页面的每一个图标，链接点都产生点击。在对网站访问者进行统计时，明确其统计单位才能确切地反映一个网站的好坏。

一个适合做广告的网站往往有一些共同的特点，比如稳定的受众，良好雄厚的技术基础,受众有该种产品的需求意向,收费合乎国际通用规则(CPM,CPC 等),广告的可靠性与透明度有保证,网站有第三方的监测,网站有愿意从事广告的意向等。

8.3.3 避免过度投放广告

很多广告主喜欢采用各种形式发布广告,认为广告出现的频次越多,受众的注意力就会越强。然而,当受众被大量的广告所形成的信息海洋所包围的时候,反而会失去方向感和信任感,对广告的信任度就会下降。因为这些不断重复并且受众司空见惯的广告传播活动已很难引起持续的关注。特别是,当一个广告毫无创意,并且让受众感到恶俗,反而在网站上处处、时时出现时,虽然对于累加品牌知名度的价值是比较高的,但是对于品牌的美誉度和品牌的长期品牌价值的建设却是负面的,甚至是收益递减的效应。

8.3.4 企业网站要以受众为中心

企业建立自己的网站是一种最为昂贵的网络广告,其信息容纳量几乎可以包含整个企业的所有内容,让受众可以全面的了解有关信息。企业网站是与顾客实现互动式交流的最佳场所。

企业网站要有能把潜在消费者的受众变为最终消费者的能力和为客户服务的功能。比如,联邦快递公司的网站(www. fedex. com),为顾客提供了完善的货物跟踪检索服务,这样的服务可以看做是一种用来建立品牌忠诚的极好工具,在顾客心目中建立了完美的服务形象。

8.3.5 尽可能采用互动广告

网络虽然可以全方位展示产品的外形,向受众提供全部的理性购买依据,但它缺乏向受众提供亲身体验,感性的现场综合感受等,而很多潜在客户往往非常在乎这种亲身体验的感觉。即使产品的所有技术指标百分之百合格,受众也可能因为窗外的视野而放弃购买。

凯迪拉克公司的网站(www. cadillac. com)在互动性方面做得相当好。在该网站上,每一个受众都可以定制自己所要购买的汽车。在网上的陈列室里,受众可以选择自己中意的汽车型号,屏幕上就会显示出该型汽车的图片,接下来,受众可以选择想要的附件,从车身颜色到内部装潢都可以。每选择一次,屏幕上的图片就会作出相应的改变。当受众把整辆车拼装完成后,网页上会显示最终的价格,并可以让受众选择最近的供货商,便于顾客交易。这一切都在顾客的家中完成,随意舒适、方便快捷。

【小链接】

为推广旗下新产品“悦活果汁”,中粮创新食品有限公司与开心网合作,将悦活果汁的品牌推广植入到用户游戏的过程中,举办线上的种植大赛吸引用户参与。“线上种植、虚拟榨果汁”这种新奇的玩法在白领阶层掀起了一股狂热。尽管一瓶280毫升的悦活果汁标价5.8元，但仍有大批消费者追捧，中粮旗下的悦活果汁在一个月内销售业绩提升了30%。

（资料来源：http://info.food.hc360.com/2010/01/121425199987.shtml）

此外，在选择广告投放位置时，首页和位于网页最上方的大块版位也不见得是最好的选择，广告内容若能与广告置放点四周的网页资讯紧密结合，效果可能会更好。广告尺寸大小也并非是决定广告效果的标准，尺寸小（例如120×30、88×31等）但下载速度快的广告形态，也会受到商业服务或金融业客户的青睐。工具栏形态的广告有如网页中的分隔线，巧妙的安排在网页内容里，虽然空间有限只适于作简单的图像和文字的表达，但对预算有限的广告主而言也不失为一种选择。

总之，广告的最终效果是由广告主的意愿、广告受众、广告的表现方式以及广告媒体之间相互依存、相互作用的结果所决定的。广告主在投放广告时要从广告客户出发，以受众为基础，创新广告形式，广告效果才有法保证。

开阔视野——

还有你所不知道的

2008年度十大网络事件营销

• 开心网之抢车位和奴隶买卖

事件简述：有人说抄袭，有人说运气，但无论如何，开心网火了，开心网无疑是2008年的一件大事，其蹿红速度让人瞠目。如果说有什么案例是2008年SNS（社交网络服务）病毒传播营销的典型，一定非开心网莫属。但是如所有的“叫好不叫座”的Web 2.0网站，开心之余，有了超高人气的开心网如何才能找到自己的盈利之道，这个问题是下一步更严峻的新挑战。

• 王老吉亿元赈灾

事件简述：王老吉为地震捐款一亿。不管是谁都对王老吉交口称赞。精明的王老吉没有忘记宣传，在网络上打出了“每人一罐喝光王老吉”的口号，让王老吉在超市频频断货。而同样捐款一亿的日照钢铁，却没有得到这样的爱戴。既要有事实，也要有宣传，王老吉的成功简直就是水到渠成。不过一亿的捐款，得到再大的美誉都是理所当然的事情。

• 腾讯可口可乐奥运火炬传递

事件简述：能成为奥运会火炬手的人是少之又少，是被人羡慕的幸运儿。原本我们只能在电视里看到火炬传播的情形，但腾讯的奥运火炬传递却让我们体验了一回当火炬手的滋味。奥运时期的腾讯火炬传递也很火热，网友们的爱国热情空前高涨。腾讯可口可乐奥运火炬传递，这是所有奥运赞助商中最成功的事件营销。

• iPhone Girl 苹果女孩

事件简述：一个外国人买的中国产的iPhone手机中有几张打工妹的照片，这件事一度轰动网络。热度是有了，但是本质上说没有让人产生支持iPhone的冲动。

• 李宁奥运点火

事件简述:严格说,这件事并非网络事件,但从其网络影响力来看,也绝对算得上2008年最大的品牌网络事件之一。在打败了几个对手后,老将李宁成了奥运的点火之人。这件事不止让李宁再次称为网络上的热门人物,而且随着美誉度的增强,李宁品牌也得到了最佳的宣传。

- 淘宝封杀百度

事件简述:为了保护商业数据,淘宝封杀了百度爬虫,从而拉开了淘宝和百度的战争。这场战争让百度和淘宝都受到了创伤。

- 恒源祥"羊羊羊"贺岁片

事件简述:2008年春节期间,恒源祥一段广告雷翻了全中国的人们。"恒源祥,鼠鼠鼠……恒源祥,猴猴猴,恒源祥,鸡鸡鸡,恒源祥,狗狗狗,恒源祥,猪猪猪"。第一次听到这段广告的人,多半会去拍打电视,以为电视"死机了"。没多久,这段广告视频在网络上热传,有幸躲过了电视惊雷的人没躲过网络。

评论:恒源祥的广告是成功的。就像脑白金一样,不管你怎么痛恨它,它却依然给你留下了挥之不去的印象。有印象了就是潜在消费者。所以恒源祥的广告,不失为是一个让人关注的案例。

- 联想红本女

事件简述:2008年4月,在一个数码社区出现了一个帖子叫《7天7夜不吃不喝网络追踪红本女事件》。内容是一个男人在追踪一个美女,花了7天时间进行跟踪报道。这个美女最大的特征就是随身抱着一台 ideaPad U110 笔记本计算机,所以称之为"红本女"。此帖子一出来,"红本女"这个词,迅猛登上百度风云榜,成为被搜索最多的网络词汇之一。这年头,不怕炒作,就怕没人知。从这点来看,联想初试事件营销,虽不完美,但值得肯定和鼓励。至少我记住了联想红本,因为"红本女"。

- MSN:丰田彩虹捐款行动

事件简述:只要把MSN签名里加一个彩虹,丰田就会为灾区捐钱。这也是一次温暖人心的行动,举手之劳就能帮助灾区,网友都很积极。当时的MSN一片彩虹也很壮观。彩虹,承载了很多人的美好心愿。

- 神舟电脑董事长吴海军"滚蛋令"

事件简述:地震后神州组织捐款,神州电脑董事长吴海军在公司内部发布了一条"滚蛋令",让"不捐款的冷血员工及捐款后有抱怨的人渣从公司滚蛋"。

"滚蛋令"在网上被热传,网友情绪高涨,对吴海军赞不绝口。不仅企业得到了事半功倍的宣传效果,网友也都觉得痛快,很乐意接受。和其他企业相比,神州的200万捐款并不算多,但效果却远远超过了那些捐了2 000万的企业。地震是危机,危机就是商机。从纯粹的公关角度来看,"滚蛋令"无疑是非常成功的一次炒作。

(资料来源:http://www.xzsem.com)

案例学习——看看你的分析能力

点击率高达35.97%的“润妍”广告

网络广告的目标：提高“润妍”产品的知名度；增加“润妍”品牌网站访客量与注册用户数；增加线下推广活动（润妍女性俱乐部、润妍女性电影专场）的参加人数。品牌特色分析：“润妍”倍黑中草药洗润发系列产品是宝洁公司在全球推出的第一个针对东方人发质、发色设计的中草药配方洗润发产品，能为秀发提供全面的、从内到外的滋润，并逐渐加深秀发的自然黑色。

目标受众：追求自然美的少女和成熟女性。

网络广告主题：表现东方女性的自然之美。

创意设计：这次“润妍”的网络广告创意表现可谓独具匠心，利用了多种软件技术，新颖的网络广告创意表现形式，如鼠标触动的下拉banner、banner与移动logo和鼠标触动的结合等（如图8－3所示），收到了意想不到的广告效果。广告创意采用一个具有东方风韵的黑发少女来演绎东方黑发的魅力。通过flash技术，飘落的树叶（润妍的标志）、飘扬的黑发和少女的明眸将“尽洗铅华，崇尚自然真我的东方纯美”表现得淋漓尽致。

媒体选择：对于“润妍”网络广告的媒介选择，Media999根据“具有较高的目标受众比例”；“网站的知名度和声誉”；“广告表现形式的可承载性”；“广告效果的可监控性”；“合理的性价比”等多项指标对网站进行了评估。最终在综合门户网站、区域性门户站点、知名女性网站中选择了sina、netease、21cn、zhaodaola、yesee等网站进行投放。效果：本次网络广告投放收效不凡。其中在国内著名生活服务类网站投放的cascadinglogo广告的单日点击率最高达到了35.97%，该类网站的平均点击率为23.51%，各网站投放总平均点击率为9.29%。

图8－3 润妍广告

（资料来源：浙江经济职业技术学院网站）

■ 通过案例分析网络广告相对于传统媒体广告具有哪些优势？

■ 你认为“润妍”可以采用的网络广告形式有哪些？

■ “润妍”成功的网络广告案例给你的最大启示是什么？

班级讨论——加深你的知识理解

（1）雅芳想在中国的网站上做广告，广告公司推荐了中国排在前三名的网站，雅芳想知道什么样的人浏览这些网站，就通过调查公司进行调查，包括全中国有多少人到什么样的网站、男女性别分布如何、购买习惯怎么样、营业模式怎么样等。经过分析，找到了一个全中国排名200位的女性网站，在这个网站上浏览者70%都是女性，雅芳认为自己的广告理所应当应该投放在这里，效果当然非常好。请从网络广告以及网络广告定位等角度分析以上案例。

（2）大学毕业，面临的首要问题是求职，如果将自己作为营销对象在因特网上发布广告，有哪些方法？

（3）“快乐宝贝”是一家在线经营婴童用品的网站，同时拥有一所实体的经营门店。由于市场竞争的日趋激烈，网上销售业绩越来越差，网站决定进行网络广告，加大吸引力，该如何实施呢？

自己动手——锻炼你的实践能力

（1）列举你所知道的至少五种以上的广告类型，并在互联网上找一个示例。

（2）学习和实践网络广告的发布：①到BBS上发布消息；②利用E-mail发布广告；③登录新浪网站，利用该网站的“免费发布”发布免费广告（填写的内容要能够吸引浏览者的注意，激发他们的兴趣，使他们能主动和你联系，在发布前要仔细阅读“使用说明”和“法律声明”，详细了解新浪网发布分类信息的注意事项。）。

本章复习——牢记本章主要内容

（1）网络广告与传统广告相比有哪些优势？

（2）网络广告有哪些形式？

（3）简述网络广告的策略？

9 网络营销的其他应用

【本章要点】

- 许可 E-mail 营销
- 病毒性营销
- 网上商店与网上拍卖

【学习要求】

通过本章学习,能够理解许可 E-mail 营销的基本原理,了解 E-mail 营销的基本形式和开展许可邮件营销的基础条件,掌握获取内部列表用户资源的方法和邮件列表的内容策略及营销策略;能够理解病毒性营销的基本思想,了解成功实施病毒性营销的五个步骤,掌握基本病毒性营销工具及方法;能够理解网上商店的特点,了解网上开店的策略与难点,掌握网上拍卖的常见方式及应用。

引导案例——打开知识的大门

E-mail 营销案例:"新江南"公司的 E-mail 营销

"新江南"是一个旅游公司,为了在"五一黄金周"之前进行公司旅游项目促销,公司营销人员计划将网络营销作为一项主要的促销手段,其中将 E-mail 营销作为重点策略之一。由于公司在网络营销方面以前并没有多少经验,因此这次活动计划将上海作为试点城市,并且在营销预算方面比较谨慎,并不打算大量投入广告,仅选择部分满足营销定位的用户发送 E-mail 广告。目前暂时没有条件开展网上预订活动,主要是品牌宣传,并为网下传统渠道的销售提供支持。

"新江南"公司的网络营销现状为:公司网站已经建立两年多了,但是网站的功能比较简单,主要是公司介绍、旅游线路介绍、景点介绍等,网站上有一个会员注册区,有用户 1 000 多人,但是由于疏于管理,已经有半年多的时间没有向会员发送过信息了,最后一次发送是元旦前的促销信息,向会员发送新增的旅游线路。因此,公司内部的营销资源非常有限,还需要借助于专业服务来发送 E-mail 广告。

在服务的选择上,花费了比较多的时间,因为首先要对服务的邮件列表定位程度、报价和提供的服务等方面进行比较分析,在多家可提供 E-mail 营销服务的网站中,"新江南”最终选择了新浪上海站,该网站有一份关于上海市白领生活的电子周刊,订户数量超过300 000,这份电子刊物将作为本次E-mail营销的主要信息传递载体。为了确保此次活动取得理想的效果,计划连续四周投放E-mail营销信息,发送时间定为每周三,前两次以企业形象宣传为主,后两次针对公司新增旅游路线进行推广。接下来该公司的市场人员的主要任务是设计E-mail广告的内容,针对内部列表和外部列表分别制作,并且每个星期的内容都有所不同,他们仍然有许多工作需要准备。

E-mail营销活动结束后,当网络营销人员分析每个月的公司网站流量时,吃惊地发现,在进行E-mail营销期间,公司网站的日平均访问量比上个月增加了3倍多,日均独立用户数量超过了1 000人,而平时公司网站独立用户数量通常不到300人,尤其在发送邮件的次日和第三日,网站访问量的增加尤为明显,独立用户数量的最高纪录日达到了1 500多人。

从这次活动,公司的营销人员也发现了两个问题:一是内部列表发送后退回的邮件比例相当大;二是企业网站上的宣传没有同步进行,来到网站浏览的用户的平均停留时间只有3分钟,比活动开始前用户的平均停留时间少了2分钟。

- 新江南公司的E-mail营销形式是什么?
- 外部列表营销的步骤有哪些?
- 为什么新江南公司选择新浪作为其服务商?

(资料来源:编者整理于百度文库)

何谓许可E-mail邮件营销?开展许可E-mail的基础条件?如何把握邮件列表营销策略?何谓病毒性营销?如何成功实施病毒性营销?网上商店有哪些特点,如何进行网上开店?常见的网上拍卖的方式有哪些?本章主要讲述网络营销中的其他应用,着重在许可E-mail邮件营销、病毒性营销、网上商店和网上拍卖三个方面内容。

9.1 许可E-mail营销

9.1.1 许可E-mail营销的基本原理

电子邮件与我们的工作和生活已经密不可分,不仅私人通信和公司正常业务联系需要电子邮件,电子邮件对于企业营销的价值也早已得到证实,无论是企业的管理人员还是营销人员,或者是市场营销、电子商务等领域的人士,都无法忽视E-mail营销所带来的巨大影响。那么,究竟什么是许可E-mail营销,如何有效地开展E-mail营销呢?

9.1.1.1 许可E-mail营销概念

E-mail从普通的通信发展到营销工具需要具备如下的环境条件。

(1)一定数量的E-mail用户。

(2)有专业的E-mail营销服务商,或者企业内部拥有开展E-mail营销的能力。

(3)用户对于接收到的信息有一定的兴趣和反应(如产生购买、浏览网站、咨询等行为,或者增加企业的品牌知名度)。当这些环境逐渐成熟之后,E-mail营销才成为可能。

【小链接】

目前的网络空间中充斥着大量垃圾商业邮件,最早的E-mail营销也来源于垃圾邮件。互联网上最早的赚钱方式,既不是网上销售,也不是网上拍卖,当然也不是网络广告。最早赚钱的也不是什么著名网络公司,而是两个律师!在E-mail得到普遍应用之前,新闻组(newsgroup)是人们互相交流的主要方式之一,也是早期网络营销的主要场所,是E-mail营销得以诞生的摇篮。1994年4月12日,美国亚利桑那州两位从事移民签证咨询服务的律师Laurence Canter(坎特)和Martha Siegel(西格尔)把一封"绿卡抽奖"的广告信发到他们可以发现的每个新闻组,这在当时引起了轩然大波,他们的"邮件炸弹"让许多服务商的服务处于瘫痪状态。有趣的是,两位律师在1996年还合作写了一本书——《网络赚钱术》(How to Make a Fortune on the Internet Superhighway),书中介绍了他们的这次辉煌经历:通过互联网发布广告信息,只花费了20美元的上网通信费用就吸引来25000个客户,赚了10万美元。他们认为,通过互联网进行E-mail营销是前所未有几乎无需任何成本的营销方式。当然他们并没有考虑别人的感受,也没有计算别人因此而遭受的损失。1997年7月,Laurence Canter被吊销律师执照一年,其中部分原因为发送垃圾邮件。

到目前为止,E-mail营销环境并不完善,在应用方面也并没有完全正规化,不仅相关的法律法规很不完善,而且企业在应用E-mail营销时也存在大量的误区,这在很大程度上制约了E-mail营销价值的发挥,也造成了一定的混乱现象,很多垃圾邮件发送者还在声称通过定向收集的电子邮件地址开展"E-mail营销"可以让你的产品一夜之间家喻户晓。但现在的网络环境已经发生了很大变化,无论发送多少垃圾邮件,也无法产生任何神奇效果了。实际上,无论是Canter和Siegel,还是至今仍然在出售邮件地址或者发送垃圾邮件的人,也无论这些邮件是否起到了营销的效果,这种做法都不能称之为真正的E-mail营销。E-mail作为专业的网络营销工具,不仅仅是将邮件内容发送给一批接收者,而是要了解E-mail营销的一般规律和方法,研究营销活动中遇到的各种问题,还应遵循行业规范,讲究基本的网络营销道德。

那么,什么才是真正的E-mail营销呢?

如果发信人随意发送大量的商业邮件,即使可以达到自己的目的,却让他人或者社会的利益受到损失,因此这种行为不可能得到社会的认可,于是关于E-mail营销就存在是否首先经过收件人许可的问题,获得收件人的许可而发送的邮件,不仅不会受到指责,而且对邮件内容关注的程度也较高。从这点看出,我们可以按照发送信息是否事先经过用户许可来划分,将E-mail营销分为许可E-mail营销(Permission E-mail Marketing,

PEM）和未经许可的 E-mail 营销（Unsolicited Commercial E-mail，UCE）。未经许可的 E-mail 营销也就是通常所说的垃圾邮件（Spam），正规的 E-mail 营销都是基于用户许可的。收信人的许可正是 E-mail 营销与直邮广告的重要区别之处，也是 E-mail 营销与垃圾邮件的本质区别。

按照营销专家 Seth Godin 的观点，许可营销的原理其实很简单，也就是企业在推广其产品或服务的时候，事先征得顾客的“许可”。得到潜在顾客许可之后，通过 E-mail 的方式向顾客发送产品/服务信息，因此，许可 E-mail 营销也就是真正意义上的 E-mail 营销。许可营销的主要方法是通过邮件列表、新闻邮件、电子刊物等形式，在向用户提供有价值信息的同时附带一定数量的商业广告。例如一些公司在要求你注册为会员或者申请某项网络服务时，会询问你“是否希望收到本公司不定期发送的最新产品信息”，或者给出一个列表让你选择自己希望收到的信息。在传统营销方式中，由于信息沟通不便，或者成本过于高昂，许可营销很难行得通，但是互联网的交互性使得许可营销成为可能。

综合有关许可 E-mail 营销的研究，许可 E-mail 营销的定义是：

许可 E-mail 营销是在用户事先许可的前提下，通过电子邮件的方式向目标用户传递有价值信息的一种网络营销手段。这里关于许可 E-mail 营销的定义中强调了三个基本因素：基于用户许可、通过电子邮件传递信息、信息对用户是有价值的。三个因素缺少一个，都不能称之为有效的 E-mail 营销。

9.1.1.2 许可营销的基本步骤

Seth Godin 认为，实现许可营销有五个基本步骤，他把吸引顾客的注意到许可形象地比喻为约会，从陌生人到朋友，再到终生用户。

（1）要让潜在顾客有兴趣并感觉到可以获得某些价值或服务，从而加深印象和注意力，并且按照营销人员的期望，自愿加入到许可的行列中去。

（2）当潜在顾客投入注意力之后，应该利用潜在顾客的注意，比如可以为潜在顾客提供一套演示资料或者教程，让消费者充分了解公司的产品或服务。

（3）继续提供激励措施，以保证潜在顾客维持在许可名单中。

（4）为顾客提供更多的激励从而获得更大范围的许可，例如给予会员更多的优惠，或者邀请会员参与调查，提供更加个性化的服务等。

（5）经过一段时间之后，营销人员可以利用获得的许可改变消费者的行为，也就是让潜在顾客说，“好的，我愿意购买你们的产品”。只有这样，才可以将许可转化为利润。

当然，从顾客身上赚到第一笔钱之后，并不意味着许可营销的结束，相反，这仅仅是将潜在顾客变为真正顾客的开始，如何将顾客变成忠诚顾客甚至终生顾客，仍然是营销人员工作的重要内容，许可营销将继续发挥其独到的作用。

9.1.1.3 邮件列表

在有关 E-mail 的内容中，经常要用到“邮件列表”这一概念，邮件列表是 E-mail 营销的基本手段之一，在 E-mail 营销中具有重要作用。

邮件列表(Mailing List)的起源可以追溯到1975年,是互联网上最早的社区形式之一,也是互联网上的一种重要工具,用于各种群体之间的信息交流和信息发布。早期的邮件列表是一个小组成员通过电子邮件讨论某一个特定话题,一般称为讨论组,由于早期联网的计算机数量很少,讨论的参与者也很少,现在的互联网上有数以十万计的讨论组。讨论组很快就发展演变出另一种形式,即有管理者管制的讨论组,也就是现在通常所说的邮件列表,或者叫狭义的邮件列表。讨论组和邮件列表都是在一组人之间对某一话题通过电子邮件共享信息,但二者之间有一个根本的区别,讨论组中的每个成员都可以向其他成员同时发送邮件,而对于现在通常的邮件列表来说,是由管理者发送信息,一般用户只能接收信息。

因此也可以理解为,邮件列表有两种基本形式:公告型(邮件列表):通常由一个管理者向小组中的所有成员发送信息,如电子杂志、新闻邮件等;讨论型(讨论组):所有的成员都可以向组内的其他成员发送信息,其操作过程简单来说就是发一个邮件到小组的公共电子邮件,通过系统处理后,将这封邮件分发给组内所有成员。

邮件列表是互联网中非常有用的工具之一,它和BBS不同,我们可以从下面如何使用邮件列表的讲解中知道为什么它与BBS不同。

和互联网所有成功的服务一样,邮件列表(Mailing List)是以一个简单的想法为依据的。如果用户想要向一个人发出一封E-mail,那么就必须指定一个邮件地址。如果用户希望向不止一个人发送这一封电子邮件,那么就可以设置一个特殊的名字,我们称之为"别名"(alias)。在这里,别名代表的是一组人,这里的组我们称为"讨论组"。我们提供的两个邮件列表"讨论组A"与"讨论组B"就是两个别名,分别代表参与这两个组的所有组员。

【小链接】

让我们假设"讨论组A"有三个人参加,他们是小陈、小杜、小楼,那么这个别名"讨论组A"代表的是这三个人的邮件地址,不管在什么时候,如果用户发E-mail给"讨论组A",那么邮件程序就会自动地将这一E-mail发送给这三个人中的每一个。

我们可以想象一下这三个人是怎样利用别名来组成一个讨论组的。我们假设小李有了一个想法,现在他要和其他人共享。这样,他所需要做的一切就是将E-mail发给"讨论组A",随后,每个人都会收到这一E-mail的一个副本。现在让我们假设小陈希望在小李的看法中加上自己的不同意见,他也只需将自己的意见发电子邮件给"讨论组A";然后,这封E-mail就会自动地发送给列表中的每一个人。

下面,让我们考虑在更大范围内的情况。可以想象得出一个别名可能包含了几十个或者几百个用户的地址,并且他们都散布于互联网的各个地方。任何发送到别名中的信息都会自动地转发给组中的每一位成员。这样,在用户之间可以交谈、争论、帮助他人、讨论问题、共享信息等等。只要任何人发送了E-mail,组中的所有成员都会知道。

这就是邮件列表,它提供了与BBS不同的另外一种交流方式,只有您参与其中,成为组员,才能体会此中乐趣。

9.1.2 许可E-mail营销的基本形式与一般过程

9.1.2.1 许可E-mail营销的基本形式

E-mail营销按照E-mail地址资源的所有权分类可分为内部列表和外部列表。由于拥有的营销资源不同,因此,内部列表和外部列表两种形式所需要的基础条件和基本的操作方式也有很大的区别,如表9-1所示。

表9-1 内部列表和外部列表E-mail营销的功能和特点比较

主要功能和特点	内部列表E-mail营销	外部列表E-mail营销
主要功能	顾客关系、顾客服务、品牌形象、产品推广、在线调查、资源合作	品牌形象、产品推广、在线调查
投入费用	相对固定,取决于日常经营和维护费用,与邮件发送数量无关,用户数量越多,平均费用越低	没有日常维护费用,营销费用由邮件发送数量、定位程度等决定,发送数量越多,费用越高
用户信任程度	用户主动加入,对邮件内容信任程度高	邮件为第三方发送,用户对邮件的信用程度取决于服务商的信用、企业自身的品牌、邮件内容等因素
用户定位程度	高	取决于服务商邮件列表的质量
获得新用户的能力	用户相对固定,对获得新用户效果不显著	可针对新领域的用户进行推广,吸引新用户能力强
用户资源规模	需要逐步积累,一般内部类标用户数量比较少,无法在很短时间内向大量用户发送信息	在预算许可的情况下,可同时间向大量用户发送邮件,信息传播覆盖面广
邮件列表维护和内容设计	需要专业人员操作,无法获得专业人士的建议	服务商专业人员负责,可对邮件发送、内容设计等提供建议
E-mail营销效果分析	由于是长期活动,较难准确评价每次邮件发送的效果,需要长期跟踪分析	由服务商提供专业分析报告,可快速了解每次活动的效果

(资料来源:冯英健. E-mail营销. 北京:机械工业出版社,2003.
专业网站:http://www.E-mailmarketing.com.cn)

内部列表和外部列表各有自己的优势,对网络营销比较重视的企业通常都拥有自己的内部列表,但内部列表与采用外部列表也并不矛盾,根据需要,两种方式也可同时进行。内部列表包括企业自己拥有的各类用户的注册资料,如免费服务用户、电子刊物用户、现有客户资料等,是企业开展网络营销的长期资源,也是E-mail营销的重要内容。外部列表包括各种可以利用的E-mail营销资源,常见的形式是专业服务商,如专业E-mail

营销服务商、免费邮件服务商、专业网站的会员资料等。

内部列表和外部列表在是否拥有用户资源方面有根本的区别,因此开展 E-mail 营销的内容和方法也有很大差别。由表 9-2 可以看出,自行经营的内部列表不仅需要自行建立或者选用第三方的邮件列表发行系统,还需要对邮件列表进行维护管理,如用户资料管理、退信管理、用户反馈跟踪等,对营销人员的要求比较高,在初期用户资料比较少的情况下,费用相对较高,随着用户数量的增加,内部列表营销的边际成本在降低。这两种 E-mail 营销方式属于资源的不同应用和转化方式,内部列表以少量、连续的资源投入获得长期、稳定的营销资源,外部列表则是用资金换取临时性的营销资源。内部列表在顾客关系和顾客服务方面的功能比较显著,外部列表由于比较灵活,可以根据需要选择投放不同类型的潜在用户,因而在短期内即可获得明显的效果。

9.1.2.2 开展许可 E-mail 营销的基础条件

开展许可 E-mail 营销需要一定的基础条件,尤其内部列表 E-mail 营销,是网络营销的一项长期任务,在许可营销的实践中,企业最关心的问题是:许可 E-mail 营销是怎么实现的呢?获得用户许可的方式有很多,如用户为获得某些服务而注册为会员,或者用户主动订阅的新闻邮件、电子刊物等,也就是说,许可营销是以向用户提供一定有价值的信息或服务为前提的。可见,开展 E-mail 营销需要解决三个基本问题:向哪些用户发送电子邮件?发送什么内容的电子邮件?以及如何发送这些邮件?这三个基本问题将进一步归纳为 E-mail 营销的以下三大基础。

(1)E-mail 营销的技术基础:从技术上保证用户加入、退出邮件列表,并实现对用户资料的管理,以及邮件发送和效果跟踪等功能。

(2)用户的 E-mail 地址资源:在用户自愿加入邮件列表的前提下,获得足够多的用户 E-mail 地址资源,是 E-mail 营销发挥作用的必要条件。

(3)E-mail 营销的内容:营销信息是通过 E-mail 向用户发送的,邮件的内容对用户有价值才能引起用户的关注,有效的内容设计是 E-mail 营销发挥作用的基本前提。

当这些基础条件具备之后,才能开展真正意义上的 E-mail 营销,E-mail 营销的效果才能逐步表现出来。

对于外部列表来说,技术平台是由专业服务商所提供,因此,E-mail 营销的基础也就相应的只有两个,即潜在用户的 E-mail 地址资源的选择和 E-mail 营销的内容设计。利用内部列表开展 E-mail 营销是 E-mail 营销的主流方式。一个高质量的邮件列表对于企业网络营销的重要性已经得到众多企业实践经验的证实,并且成为企业增强竞争优势的重要手段之一,因此建立一个属于自己的邮件列表是非常有必要的。但是,建立并经营好一个邮件列表并不是一件简单的事情,涉及多方面的问题:一是邮件列表的建立通常要与网站的其他功能相结合,并不是一个人或者一个部门可以独立完成的工作,将涉及技术开发、网页设计、内容编辑等内容,也可能涉及市场、销售、技术等部门的职责,如果是外包服务,还需要与专业服务商进行功能需求沟通。二是邮件列表必须是用户自愿加入的,是否能获得用户的认可,本身就是很复杂的事情,要能够长期保持用户的稳定增加。

邮件列表的内容必须对用户有价值,邮件内容也需要专业的制作。三是邮件列表的用户数量需要较长时期的积累,为了获得更多的用户,还需要对邮件列表本身进行必要的推广,同样需要投入相当的营销资源。

9.1.2.3 开展许可 E-mail 营销的一般过程

开展许可 E-mail 营销的过程,也就是将有关营销信息通过电子邮件的方式传递给用户的过程,为了将信息发送到目标用户电子邮箱,首先应该明确,向哪些用户发送这些信息,发送什么信息,以及如何发送信息。具体说,开展 E-mail 营销有以下几个步骤。

(1)制定 E-mail 营销计划,分析目前所拥有的 E-mail 营销资源,如果公司本身拥有用户的 E-mail 地址资源,首先应利用内部资源。

(2)决定是否利用外部列表投放 E-mail 广告,并且要选择合适的外部列表服务商。

(3)针对内部和外部邮件列表分别设计邮件内容。

(4)根据计划向潜在用户发送电子邮件信息。

(5)对 E-mail 营销活动的效果进行分析总结。

这是进行 E-mail 营销一般要经历的过程,但并非每次活动都要经过这些步骤,并且不同的企业、在不同的阶段 E-mail 营销的内容和方法也都有所区别。一般说来,内部列表 E-mail 营销是一项长期性工作,通常在企业网站的策划建设阶段就已经纳入了计划,内部列表的建立需要相当长时间的资本积累,而外部列表 E-mail 营销可以灵活地采用,因此这两种 E-mail 营销的过程有很大差别。表 9－1 中曾对内部列表和外部列表 E-mail 营销的一般特点进行比较,下面的表 9－2 对两种列表 E-mail 营销的过程进行简单的比较。

表 9－2 内部列表和外部列表 E-mail 营销过程比较

E-mail 营销的主要阶段	内部列表 E-mail 营销	外部列表 E-mail 营销
确定 E-mail 营销目的	需要在网站规划阶段制定,主要包括邮件列表的类型、目标用户、功能等内容。一旦确定具有相对稳定性	在营销策略需要时确定营销活动目的、期望目标。每次 E-mail 营销活动的目的、内容、形式、规模等可能各不相同
建设或者选择邮件列表技术平台	邮件列表的主要功能需要在网站建设阶段完成,或者在必要的时候为网站增加邮件列表功能,也可以选择第三方的邮件列表发行平台	不需要自己的邮件发行系统
获取用户 E-mail 地址资源	通过各种推广手段,吸引尽可能多的用户加入列表。邮件列表用户 E-mail 地址属于自己的营销资源,发送邮件不需要支付费用	不需要自己建立用户资源,而是通过选择 E-mail 营销服务商,在服务商的用户资源中按照一定条件选择潜在用户列表。一般来说,每次发送邮件均需要向服务商支付费用

续表

E-mail 营销的主要阶段	内部列表 E-mail 营销	外部列表 E-mail 营销
E-mail 营销的内容设计	在总体方针的指导下来设计每期邮件的内容，一般为营销人员的长期工作	根据每次 E-mail 营销活动需要制作邮件内容，或者委托专业服务商制作
邮件发送	利用自己的邮件发送系统（或者第三方发送系统）根据设定的邮件列表发行周期按时发送	由服务商根据服务协议发送邮件
E-mail 营销效果跟踪评价	自行跟踪 E-mail 营销的效果，可定期进行	由服务商提供专门的分析报告，邮件发送后实时在线查询，或者一次活动结束后统一提供检测报告

（资料来源：冯英健. E-mail 营销. 北京：机械工业出版社，2003.
专用网站：http://www. E-mailmarketing. com. cn）

由表 9－2 可以看出，由于外部列表 E-mail 营销相当于向媒体投放广告，其过程相对简单一些，并且是与专业服务商合作，可以得到一些专业人士的建议，在营销活动中并不会觉得十分困难，而内部列表 E-mail 营销的每一个步骤都比较复杂，并且是依靠企业内部的营销人员自己来进行，由于企业资源状况、企业各部门之间的配合、营销人员知识和经验等因素的影响，在执行过程中，会遇到大量新问题，其实施过程也比外部列表 E-mail 营销复杂得多，但由于内部列表拥有巨大的长期价值，因此建立和维护内部列表成为 E-mail 营销中最重要的内容。

9.1.3 E-mail 营销的效果评价与控制

E-mail 营销的特点之一是可以对其效果进行量化评价，在 E-mail 营销活动中，通过对一些指标的监测和分析，不仅可以用来评价营销活动的效果，并且可以通过这些指标发现 E-mail 营销过程中的问题，并对 E-mail 营销活动进行一定的控制。

9.1.3.1 E-mail 营销效果的评价指标

E-mail 营销效果评价是对营销活动的总结，也是 E-mail 营销活动的重要内容之一。无论是采用内部列表开展 E-mail 营销，还是选择专业 E-mail 营销服务商的服务，无论是作为企业网络营销策略的一个组成部分，还是作为单独的一项网络营销方案来进行，都需要用一定的指标来评价其效果，因为每个企业都希望投入的营销资源可以获得“看得见”的效果。

与 E-mail 营销相关的评价指标很多，如送达率、开信率、回应率、转化率等，但目前在实际中并没有非常完善的 E-mail 营销指标评价体系，也没有公认的测量方法，但考虑到某些指标可以在一定程度上反映出 E-mail 营销的效果，这里将有关的指标罗列出来，以供在某些方面参考。按照 E-mail 营销的过程将这些指标分为四类，每一类中有一个或者若干指标,这四类指标如下。

(1)获取用户资源阶段的评价指标:有效用户总数、用户增长率、用户退出率等。

(2)邮件信息传递评价指标:送达率、退信率。

(3)用户对信息接收过程的指标:开信率、阅读率、删除率等。

(4)用户回应评价指标:直接带来的收益、点击率、转化率、转信率等。

与E-mail营销相关的评价指标远超过10项,但在实际中对E-mail营销进行准确的评价仍然有困难,有时甚至无所适从。例如,电子邮件回应率(如点击率)作为常用的一项评价标准,其他形式的网络广告和传统的直邮广告也一直用回应率来评价效果,许多广告主对E-mail营销也希望用这一指标。但是,回应率并不能完全反映出电子邮件营销的实际效果,因为除了产生直接反应之外,利用E-mail还可以有其他方面的作用。例如,E-mail关系营销有助于公司和顾客保持联系,并影响其对公司的产品或服务的印象,顾客没有点击E-mail并不意味着不会增加将来购买的可能性,同时也有可能增加品牌忠诚度。因此,对E-mail营销效果的评价最好采用综合的方法,既要对可以量化的指标进行评价,又要关注E-mail营销所具有的潜在价值,如对增强整体竞争优势方面的价值、对顾客关系和顾客服务的价值、在行业内所产生的影响等方面。

9.1.3.2 E-mail营销的效果控制

影响E-mail营销效果的因素很多,不同的行业、不同产品、不同的营销目的、不同的邮件内容和格式以及不同的用户背景等都会对E-mail营销效果产生影响,影响E-mail营销有效性的主要因素可分为三个方面,即:E-mail营销的经营环境(发送技术、服务商与经营者的关系、邮件接收服务器的问题)、E-mail营销经营者和邮件信息接收者。每一个方面,都有多种具体的影响因素。在这些影响因素中,有些因素是经营者无法改变的,但有很多是可以自己控制,或者在一定程度上控制的因素,例如,同样的用户资源、同样的邮件发送平台,但邮件的格式或者发送时间等差别就可能产生完全不同的最终效果。在具备了开展E-mail营销的基础条件之后,操作技巧等细节问题往往成为影响E-mail营销最终效果的主要因素。因此,无论开展哪种形式的E-mail营销,除了了解其基本原理和操作方法之外,还需要进一步研究其规律,通过对E-mail营销过程中影响效果的各种因素进行控制是提高E-mail营销整体效果的必由之路。

9.1.3.3 E-mail营销成功的关键因素

E-mail营销的成功就是达到了公司预期的营销目的,或者在同样资源投入的情况下,获得了比竞争者或者行业平均水平更好的效果。E-mail营销没有高深的理论,成功也没有秘密,如果认真对待E-mail营销活动中的每个问题,那么所有的企业都能取得成功。如果对于下列几个方面高度关注并认真执行的话,那么成功的机会就会更大一些。

(1)总是为用户着想。谁也不愿意收到无用的邮件,也不愿意收到让邮箱容量难以承受或者接收困难的邮件,但什么才是有价值的邮件,多大的邮件才算合适,并没有统一的标准,但是如果站在用户的角度上多考虑考虑,那么诸如此类的问题并不难找到答案。

(2)注意每一个细节。成功与失败之间常常只是某些细节的差异,要注意许多细节问题,如邮件列表确认邮件的内容、邮件发送时间、邮件主题等等。在网络营销中,专业与否往往取决于是否认真对待每一个细节问题。

(3)不要急功近利。E-mail 营销是一项长期的活动,E-mail 营销资源的获得和维持都需要付出很大的努力,不要指望通过发送几次邮件就能获得永久的成功。

(4)不断总结经验。E-mail 营销环境和方法都还在不断发展,注意积累实践经验,实践中总结出来的规律比理论更有价值。

9.2 病毒性营销

9.2.1 什么是病毒性营销

病毒性营销是一种常用的网络营销方法,常用于进行网站推广、品牌推广等。病毒性营销并非真的以传播病毒的方式开展营销,而是利用用户口碑传播的原理,在互联网上,这种"口碑传播"更为方便,可以像病毒一样迅速蔓延,传向数以百万计的受众,所以病毒性营销成为一种高效的信息传播方式,而且由于这种传播是用户之间自发进行的,因此几乎是不需要费用的网络营销手段。

病毒性营销的经典范例是 Hotmail. com。Hotmail 是世界上最大的免费电子邮件服务提供商,在创建之后的 1 年半时间里,就吸引了 1200 万注册用户,而且还在以每天超过 15 万新用户的速度发展,令人不可思议的是,在网站创建的 12 个月内,Hotmail 只花费很少的营销费用,还不到其直接竞争者的 3%。Hotmail 之所以爆炸式的发展,就是由于利用了"病毒性营销"的巨大效力。病毒性营销的成功案例还包括 Amazon、ICQ、eGroups 等国际著名网络公司。病毒性营销既可以被看做是一种网络营销方法,也可以被认为是一种网络营销思想,即通过提供有价值的信息和服务,利用用户之间的主动传播来实现网络营销信息传递的目的。

大型公司有实力提供各种免费资源以实现其病毒性传播的目的,很多病毒性营销方法对于小型网站可能并不适用,比如免费邮箱、即时通讯服务等,但病毒性营销的基本思想是可以借鉴的。对于小型网站,虽然难以在很大范围内造成病毒性营销的传播,但在小的范围内获得一定的效果是完全可以做到的。

9.2.2 病毒性营销的一般规律

新竞争力(www. jingzhengli. cn)将病毒性营销的一般规律归纳总结为下列五个方面。

第一,病毒性营销的"病毒"有一定的界限,超出这个界限的病毒性营销方案就成为真正的病毒了。病毒性营销的本质是为用户提供免费的信息和服务。

第二,成功的病毒性营销离不开六个基本要素。

美国电子商务顾问 Ralph F. Wilson 博士将一个有效的病毒性营销战略的基本要素归纳为以下六个方面。

- 提供有价值的产品或服务。在市场营销人员的词汇中,“免费”一直是最有效的词语,大多数病毒性营销计划提供有价值的免费产品或服务来引起注意,例如,免费的 E-mail 服务、免费信息、免费“酷”按钮、具有强大功能的免费软件。“便宜”或者“廉价”之类的词语可以产生兴趣,但是“免费”通常可以更快引人注意。“免费”吸引眼球,眼球会注意到你出售的其他东西,于是你才可以赚钱。眼球带来了有价值的电子邮件地址、广告收入、电子商务销售机会等。

- 提供无须努力的向他人传递信息的方式。携带营销信息的媒体必须易于传递和复制,如:E-mail、网站、图表、软件下载等。病毒性营销在互联网上得以极好地发挥作用是因为即时通信变得容易而且廉价,数字格式使得复制更加简单。从营销的观点来看,必须把营销信息简单化使信息容易传输,越简短越好,最经典的例子是:“Get your private,free E-mail at http://www. hotmail. com”。

- 信息传递范围很容易从小向很大规模扩散。为了像野火一样扩散,传输方法必须从小到大迅速改变,Hotmail 模式的弱点在于免费 E-mail 服务需要有自己的邮件服务器来传送信息,如果这种战略非常成功,就必须迅速增加邮件服务器,否则将抑制需求的快速增加。如果病毒的复制在扩散之前就扼杀了主体,就什么目的也不能实现了,只要你提前对增加邮件服务器做好计划,就没有问题。你的病毒性模型必须是可扩充的。

- 利用公共的积极性和行为。巧妙的病毒性营销计划利用了公众的积极性。通信需求的驱动产生了数以百万计的网站和数以十亿计的 E-mail 信息。为了传输而建立在公众积极性和行为基础之上的营销战略将会取得成功。

- 利用现有的通信网络。每个人都生活在一个 8 ~ 12 人的亲密网络之中,网络之中可能是朋友、家庭成员和同事,根据在社会中的位置不同,一个人的宽阔的网络中可能包括几十、几百或者数千人。网络营销人员早已认识到这些网络的重要作用,无论是坚固的、亲密的还是松散的网络关系。互联网上的人们同样也可发展关系网络,他们收集 E-mail 地址以及喜欢的网站地址。把自己的信息置于人们现有通信网络之中,就可以迅速地把信息扩散出去。

- 利用别人的资源进行信息传播。最具创造性的病毒性营销计划利用别人的资源达到自己的目的。例如会员制计划,在别人的网站设立自己的文本或图片链接;提供免费文章的作者,试图确定他们的文章在别人网页上的位置;一则发表的新闻可能被数以百计的期刊引用,成为数十万读者阅读的文章的基础。别的印刷新闻或网页转发你的营销信息,耗用的是别人的而不是你自己的资源。

根据这一基本规律,在制定和实施病毒性营销计划时,应该进行必要的前期调研和针对性的检验,以确认自己的病毒性营销方案是否满足这六个基本要素。一个病毒性营销战略不一定要包含所有要素,但是,包含的要素越多,营销效果可能越好。

第三,病毒性营销并不是随便可以做好的,需要遵照一定的步骤和流程。

第四,病毒性营销的实施过程通常是无需费用的,但病毒性营销方案设计是需要成本的。

第五,网络营销信息不会自动传播,需要进行一定的推广。

9.2.3 成功实施病毒性营销的五个步骤

病毒性营销的价值是巨大的,一个好的病毒性营销计划远远胜过投放大量广告所获得的效果。但是病毒性营销并不是随便可以做好的,有些看起来很好的创意,或者很有吸引力的服务,最终并不一定能获得预期的效果,如何才能取得病毒性营销的成功呢?尽管各个网站具体的病毒性营销方案可能千差万别,但在实施病毒性营销的过程中,一般都需要经过方案的规划和设计、信息源和传递渠道的设计、原始信息发布、效果跟踪管理等基本步骤,认真对待每个步骤,病毒性营销才能最终取得成功。

第一步,应该进行病毒性营销方案的整体规划,确认病毒性营销方案是否符合病毒性营销的基本思想,即传播的信息和服务对用户是有价值的,并且这种信息易于被用户自行传播。

第二步,病毒性营销需要独特的创意和精心设计的病毒性营销方案(无论是提供某项服务,还是提供某种信息)。最有效的病毒性营销往往是独创的。独创性的计划最有价值,跟风型的计划有些也可以获得一定效果,但要做相应的创新才更吸引人。同样一件事情,同样的表达方式,第一个是创意,第二个是跟风,第三个做同样事情的则可以说是无聊了,甚至会遭人反感,因此病毒性营销之所以吸引人就在于其创新性。在方案设计时,一个特别需要注意的问题是,如何将信息传播与营销目的结合起来?如果仅仅是为用户带来了娱乐价值(例如一些个人兴趣类的创意)或者实用功能、优惠服务而没有达到营销的目的,这样的病毒性营销计划对企业的价值就不大了,反之,如果广告气息太重,可能会引起用户反感而影响信息的传播。

第三步,信息源和信息传播渠道的设计。虽然说病毒性营销信息是用户自行传播的,但是这些信息源和信息传递渠道需要进行精心的设计,例如要发布一个节日祝福的Flash,首先要对这个 Flash 进行精心策划和设计,使其看起来更加吸引人,并且让人们更愿意自行传播。但是仅仅做到这一步还是不够的,还需要考虑这种信息的传递渠道,是在某个网站下载(相应地在信息传播方式上主要是让更多的用户传递网址信息)、还是用户之间直接传递文件(通过 E-mail、IM 等),或者是这两种形式的结合?这就需要对信息源进行相应的配置。

第四步,原始信息的发布和推广。最终的大范围信息传播是从比较小的范围内开始的,如果希望病毒性营销方法可以很快传播,那么对于原始信息的发布也需要经过认真筹划,原始信息应该发布在用户容易发现,并且用户乐于传递这些信息的地方(比如活跃的网络社区)。如果必要,还可以在较大的范围内去主动传播这些信息,等到自愿参与传播的用户数量比较大之后,才让其自然传播。

第五步,对病毒性营销的效果也需要进行跟踪和管理。当病毒性营销方案设计完成并开始实施之后(包括信息传递的形式、信息源、信息渠道、原始信息发布),对于病毒性营销的最终效果实际上自己是无法控制的,但并不是说就不需要进行这种营销效果的跟踪和管理。实际上,对于病毒性营销的效果分析是非常重要的,不仅可以及时掌握营销信息传播所带来的反应(例如对于网站访问量的增长),也可以从中发现这项病毒性营销计划可能存在的问题,以及可能的改进思路,将这些经验积累为下一次病毒性营销计划提供参考。

9.2.4 利用 eBook 作为病毒性营销工具

ICQ 和 Amazon 是成功利用病毒性营销的经典案例,在关于病毒性营销的介绍中也大都是出自著名的大型公司,他们有实力提供免费服务,有条件几年不盈利来吸引用户的眼球。那么,一般的小公司也可以利用这种营销方式吗?回答是肯定的。因为,病毒性营销只是一种原则,并没有什么固定模式。下面是一个利用电子书(eBook)作为病毒性营销工具来推广网站的成功案例。

【小链接】

Killerstandup. com 是圣地亚哥一家出版公司 Baquay 拥有并经营的网站,在网站建成之后,它们打算用几种方式进行推广,起初非常茫然,不知道什么手段最有效。一个偶然的机会,他们想到了一种非常简单的方法,在当时还没有别的网站使用同样的推广方式。为了推广 Killerstandup. com ,Baquay 公司的 Roye 和 Stoecklein 创建了第二个网站 FreeJokeBooks. com,这个网站提供可免费下载的笑话和幽默电子书,通过编辑人员的精心设计,这些电子书看起来像一个独立的网站,其中有 Killerstandup. com 和 FreeJokeBooks. com 的超级链接,在电子书通过电子邮件流传的过程中,一些用户通过链接访问到这两个网站。2001 年 3 月 3 日,Roye 和 Stoecklein 向他们的一些朋友发去了一本免费的笑话电子书,几天之内就获得了来自几个国家的 30 000 次点击,而且网站的访问量还在快速增加。很多电子邮件在用户阅读后往往被删除,相对来说,eBook 的流传和保存时间可以更持久一些,因而营销效果也就更加明显。

对于一些小企业或小型网站来说,病毒性营销不一定要很大规模,力争在小范围内获得有效传播是完全可以做得到的。很多病毒性营销的创意适合于小企业,比如提供一篇有价值的文章、一本电子书、一张优惠券、一个祝福卡、一则幽默故事、一个免费下载的游戏程序等等,只要恰到好处地在其中表达出自己希望传播的信息即可。

eBook 不拘形式、出版方便、传播发行快捷,而且,很多电子书都是免费的,优秀的电子书可以在网民中广为流传,于是,电子书成为病毒性营销的理想媒介。事实上,很多市场人员也都在利用这种营销手段。

9.3 网上商店与网上拍卖

9.3.1 网上商店

随着互联网在中国的进一步普及应用,网上购物逐渐成为人们的网上行为之一,2009年1月13日,CNNIC在京发布了《第23次中国互联网络发展状况统计报告》。报告显示,截至2008年年底,我国互联网普及率以22.6%的比例首次超过21.9%的全球平均水平,中国有网民2.98亿。在这种情况,各种类型的购物网站在经历了2000年以来的泡沫之后,重新恢复了活力,取得飞速的发展。同时,随着3G时代的到来,无线互联网将呈现出爆发式的增长趋势。网络购物等实用型互联网应用率大幅增长的同时,我国互联网正经历着由娱乐化应用向价值应用时代的转变,因此网上商店备受人们关注。

9.3.1.1 网上商店的概念

所谓网上商店(或称为网络商店、网上开店、网店),是指建立在第三方提供的电子商务平台上的、由商家自行开展电子商务的一种形式,正如同在大型商场中租用场地开设商家的专卖店一样。

在各种类型的购物网站中,提供网上开店服务的C2C、B2C网站以其服务的适用性与可行性,得到了诸多网民的认可,网上开店以其低成本、低启动资金、快捷的交易方式得到许多创业者的青睐,许多人在网上开店,通过网上销售商品赚取利润,而且越来越多的网友正准备加入到网上开店的队伍中来。

但是网上开店不只是在某个大型网上商场注册一个会员,上传几个商品进行销售那么简单。网上开店虽然投资不大,项目也不是太复杂,但是还是需要对网上开店的方方面面有一个了解。

9.3.1.2 网上开店的方式

目前,网上开店主要有以下三种方式。

(1)在专业的大型网站上注册会员,开设个人的网店。像易趣、淘宝、易购、一拍等许多大型专业网站都向个人提供网上开店服务,你只要支付少量的相应费用(网店租金、商品登录费、网上广告费、商品交易费等),就可以拥有个人的网店,进行网上销售。这种方式的网上开店相当于在一些大的商场里租用一个店铺或柜台,借助大商场的影响与人气做生意,我们目前所看到的网上开店基本都是采用这种方式。

【小链接】

目前中国提供网上开店服务的大型购物网站有上百家,真正有一定影响力的则数量不多,在此介绍几个主要的相关网站。

易趣网是中国最早提供网上开店服务的购物网站之一,注册网上商店免费,但是需要支付商品的底价设置费、物品登录费、交易服务费及广告增值服务费。

淘宝网是国内领先的个人交易(C2C)网上平台,2003 年 5 月 10 日由全球最佳企业(B2B)电子商务公司阿里巴巴公司投资 4.5 亿创办,致力于成就全球最大的个人交易网站。淘宝网目前提供免费注册、免费认证、免费开店服务。

一拍网是自 2004 年初新浪和雅虎两大互联网品牌成立的合资公司——北京新雅在线信息技术有限公司所建立的功能全面的全新优质网上买卖社区,将为中国中小企业及个人用户提供顺畅的交易平台及多种交易模式。一拍网目前提供免费的网上开店服务。

8848 网成立于 1999 年 5 月 18 日,曾是中国电子商务企业的旗舰,2003 年 9 月重新开始筹备新的业务发展规划,将业务重点转向建立中国第一个专业购物搜索引擎——8848 购物引擎,服务于中小商户的 8848 网上商店,以及为企业用户拓展业务提供电子商务解决方案。

(2)自立门户型的网上开店。经营者自己亲自动手或者委托他人进行网店的设计,网店的经营与大型的购物类网站没有关系,完全依靠经营者个人的宣传吸引浏览者。

自立门户型的网店的建设方式有两种:一是完全根据商品销售的需要进行个性化设计,需要进行注册域名、租用空间、网页设计、程序开发等一系列工作,个性化较好,费用较高;一是向一些网络公司购买自助式网站模块,操作简单,费用较低,但是缺乏个性化。

自立门户型的网店建设费用较高,同时还需要投入足够的时间与金钱进行网站宣传,优点是网店内容不需要像第一种类型的那样受到固定格式的限制,也不必交纳诸如商品交易费之类的费用。这一类网店相当于路边的小店,如何吸引浏览者进入自己的网店,完全依靠经营者自己的推广。

(3)前两种方式的结合,既在大型网站上开设网店,又有独立的商品销售网站。这种方式将前两者的优点集合,不足之处是投入会相对较高。

许多网下的商店经营者认识到网络的作用,开始通过网上销售商品,而一些网上开店取得不错收益的经营者也会考虑在网下开一个实体店,两者相结合,销售效果相当不错。

9.3.1.3 网上开店的优势与风险

显而易见,网上开店之所以大行其道,是因为网上开店具有一些优势,主要表现在以下几方面。

(1)开店成本极低。网上开店与网下开店相比综合成本较低:许多大型购物网站提供租金极低的网店,有的甚至免费提供,只是收取少量商品上架费与交易费;网店可以根据顾客的订单再去进货,不会因为积货占用大量资金;网店经营主要是通过网络进行,基本不需要水、电、管理费等方面的支出;网店不需要专人时时看守,节省了人力方面的投资。

(2)经营方式灵活。网店的经营是借助互联网进行经营,经营者可以全职经营,也可以兼职经营,网店不需要专人时时看守,营业时间也比较灵活,只要可以对浏览者的咨询给予及时回复就可以了。

网上开店不需要像开实体店那样必须经过严格的注册登记手续，网店在商品销售之前甚至可以不需要存货或者只需要少量存货，因此可以随时转换经营其他商品，可以进退自如，没有包袱。

(3)网上开店基本不受营业时间、营业地点、营业面积这些传统因素的限制。网上开店，只要服务器不出问题，可以一天24小时、一年365天不停地运作，无论刮风下雨，无论白天晚上，无须专人值班看店，都可照常营业，消费者可以在任何时间登录网站进行购物。网上开店基本不受经营地点的限制，网店的流量来自网上，因此即使网店的经营者在一个小胡同里工作也不会影响到网店的经营。网店的商品数量也不会像网下商店那样，生意大小常常被店面面积限制，只要经营者愿意，网店可以摆上成千上万种商品。

(4)网店的消费者范围是极广泛的。网店开在互联网上，只要是上网的人群都有可能成为商品的浏览者与购买者，这个范围可以是全国的网民，甚至全球的网民。只要网店的商品有特色、宣传得当、价格合理、经营得法，网店每天将会有不错的访问流量，大大增加销售机会，取得良好的销售收入。

网上开店虽然有许多的优势，但是作为一种需要投入资金与精力的经济行为，网上开店也存在着一定的风险，主要表现在：目前，中国的网上购物与网上销售市场还处于起步阶段，如果经营的产品不对路、价位不合理、没有良好的销售信用、解决不好支付与送货的环节的问题，网上开店很可能打不开销售局面，无法从网上开店中获利，反而要赔上时间、精力与投入。大家一哄而上开网店，但是并不是每一个开店的人都可以赚到钱，甚至有许多开店者是亏损的，所以在开店前一定要对经营的风险有足够的认识。

9.3.1.4 网上开店的流程

网上开店根据不同的类型有不同的开店具体手续。在大型网站里开店与建设独立的网上商店的具体手续是不一样的，而且在不同的网站也有不同的规则。在此我们讲讲网上开店的基本过程。

(1)选择适宜网上开店销售的商品。要在网上开店，首先就要有适宜通过网络销售的商品，并非所有适宜网上销售的商品都适合个人开店销售。根据业内人士的建议，合适网上开店销售的商品一般具备下面的条件：

- 体积较小：主要是方便运输，降低运输的成本。
- 附加值较高：价值低过运费的单件商品是不适合网上销售的。
- 具备独特性或时尚性：网店销售不错的商品往往都是独具特色或者十分时尚的。
- 价格较合理：如果网下可以用相同的价格买到，就不会有人在网上购买了。
- 通过网站了解就可以激起浏览者的购买欲：如果这件商品必须要亲自见到才可以达到购买所需要的信任，那么就不适合在网上开店销售。
- 网下没有，只有网上才能买到，比如外贸订单产品或者直接从国外带回来的产品。

根据以上的条件，目前适宜在网上开店销售的商品主要包括首饰、数码产品、电脑硬件、手机及配件、保健品、服饰、化妆品、工艺品、体育与旅游用品等等。所以，网上开店要放弃一些不适合个人网上销售的商品,同时也要注意遵守国家法律法规,不要销售法律法规禁止或限制销售的商品。

(2)网上开店的投入准备,选择开店平台、网站或者自行建设网站。网上开店需要一定的投入准备,主要包括:

• 硬件:可以上网的计算机、扫描仪、数码相机、联系电话,不一定非要全部配置,但是尽量配齐,方便经营。

• 软件:安全稳定的E-mail、有效的网下通信地址和网上的即时通讯工具(MSN、QQ等)。

(3)你要给自己的网店起个名字。你需要为自己的网店起个醒目的名字,起个域名。网友在列表中点击哪个店铺,更多取决于名字是否吸引人。网店显示个人资料,应该真实填写,以增加信任度。

(4)进货。可以从您熟悉的渠道和平台进货,控制成本和低价进货是关键。您可以先了解商品的价格成本,把商品的图片放到网上,等到有人要货时再去进货。这样就不用积压货物,降低成本风险。

(5)登录产品。需要把每件商品的名称、产地、所在地、性质、外观、数量、交易方式、交易时限等信息填写在网站上,最好搭配商品的图片。名称应尽量全面,突出优点,因为当别人搜索该类商品时,只有名称会显示在列表上。为了增加吸引力,图片的质量应尽量好一些,说明也应尽量详细,如果需要邮寄,最好声明谁负责邮费。登录时还有一项非常重要的事情,就是设置价格。假设卖家要出售一件进价100元的衣服,打算卖到150元。如果是个传统的店主,只要先标出150元的价格,卖不动时再一点点降低价格。但是网上不同,卖家先要设置一个市场价,再设个优惠价,这是吸引注意力的好办法。

(6)营销推广。网店运作起来了,下一步就要吸引浏览者进来浏览你的商品,才会有成交的机会,在此推荐如下的广告策略。

• 利用好网站内的收费推广。在易趣、淘宝等网站上开网店,网站本身提供了一些广告宣传方式,如粗体显示、图片橱窗、首页推荐位展示等,这些服务通常是收费的,但是可以为自己的网店带来浏览量,值得一试,注意的是,不需要将自己网店里的每一个商品都采用收费推广的方式,只需要选出一两件有代表性的商品进行推广,将买家吸引到自己的网店,自然也就会浏览其他的商品。

• 利用好网站内其他推广方式,比如多参加网站内的公共活动,为网站作贡献,可以得到一些关照,网店自然也可以得到相应的推广。

• 利用留言簿或论坛宣传自己的网店。注意一般不要采用直接发广告的形式,一般的论坛对于广告帖是格杀勿论的,可以采用签名档,将自己的网店地址与大概的经营范围包括在签名档里,无形中会引起许多阅读者的注意,进入你的网店,进而成为你的客户。

• 广开门路,广交朋友。通过认识许多朋友,介绍他们关注你的产品,争取回头客,更争取让你的客户为你介绍新的客户。

• 在各种提供搜索引擎注册服务的网站上登录网店的资料，争取获得更多的浏览者进入网店。

(7)售中服务。顾客在决定是否购买的时候，很可能需要很多你没有提供的信息，他们随时会在网上提出，你应及时并耐心地回复。

(8)交易。成交后，根据约定的方式进行交易，可以选择见面交易，也可以通过汇款、邮寄的方式交易，但是应尽快，以免对方怀疑你的信用。是否提供其他售后服务，也视双方的事先约定。

(9)投诉。信用是网上交易中很重要的因素，为了共同建设信用环境，如果收到客户投诉，应尽快处理，以免为自己的信用留下污点。

(10)售后服务。完善周到的售后服务是生意保持经久不衰的非常重要的筹码，与客户保持联系，做好客户管理工作。

9.3.2 网上拍卖

如今，人们除了可以上网购物，也可以到网上参加竞拍，买回心仪已久的物品，甚至还可以自己当卖主开一家自己的网上拍卖店铺。本书在第五章网络营销价格策略里曾简单提到过网上拍卖，这里将对网上拍卖作详细说明。

9.3.2.1 拍卖的概念

如果把拍卖称作“竞买”，这更便于理解拍卖的实质。简言之，拍卖就是卖者采用竞价的方式将待售物品出售给最高竞价者的交易过程。拍卖的最重要意义在于通过多人竞价，克服了一对一议价和仅由卖方给买方制定最终价格的缺点，经过价格的调整，使需求与供给达到均衡。传统的拍卖方式是将现货或样品陈列于现场，竞标人按规则在底价之上依次叫价，最后至无人叫价时，拍卖师用木槌一敲，表示与最高出价者成交，这是上增的方法。与此相反，还有一种下减法，即先由拍卖师喊出一个最高价，然后逐渐落价直至成交为止。

9.3.2.2 拍卖的常见分类

拍卖规则千变万化，因而拍卖的形式多种多样，其中最常见的拍卖有两种：英国式拍卖、荷兰式拍卖等。

(1)英国式拍卖。英国式拍卖是拍卖中最常见的拍卖方式。在拍卖中，投标者争相竞价，使价格逐渐升高，直到最后一个投标者的投标无人超越，那么这个最后的投标者就成了获胜者，得到物品，并支付他的投标额。拍卖中价格升高的过程，是通过拍卖师或者BBS不断报出更高的价格询问是否有投标者接受来实现的。在这一过程中不断有投标者退出，直到剩下最后一名投标者即获胜者为止。

英国式拍卖有四个特点：

• 拍卖中价格是逐渐升高的。
• 在任何时候，所有投标者都知道当前的最高投标。

- 一个投标者可以多次提交投标。
- 获胜者的支付额，就是他自己的投标值，或者是他接受的最终价格。

例如，利用英国式拍卖出售一瓶名酒，有 5 个投标者参与拍卖。拍卖起始价格为 1 000元，价格在经历了 1 100 元、1 500 元……十几步不同买家的升价之后，当一位买家投标 30 000 元时，其他投标者都放弃了竞争。这样，这位买家就成获胜者，得到了这瓶名酒，支付价格为 30 000 元。

（2）荷兰式拍卖。与英国式拍卖正好相反，荷兰式拍卖中的价格是逐渐降低的。拍卖师宣布初始的最高价格，而后逐渐降低价格，问是否有投标者愿意接受这个价格，直到有第一个投标者接受当前价格为止。第一个接受投标的投标者就成为了获胜者，他需要支付当前价格并得到物品。

荷兰式拍卖有三个特点：

- 拍卖中价格是逐渐下降的。
- 价格一直是公开的，所有的投标者都知道当前价格。
- 拍卖中，只有一个真正投标了的投标者，而该投标者就是获胜者，他支付的价格就是当前价格。

例如，利用荷兰式拍卖出售一瓶名酒，有 5 个投标者参与拍卖。拍卖起始价格为 50 000元。拍卖师逐渐降低价格，并且每次降价后询问是否有投标者愿意应标。价格在经历了 49 000 元、45 000 元……十几步不断的降价之后，在降到 30 000 元时，一位买家答应投标。这位买家是第一个投标者，成为获胜者，得到了这瓶名酒，支付价格为 30 000 元。

9.3.2.3 网上拍卖

互联网的出现，扩展了传统拍卖的时间和空间，互联网技术和传统拍卖机制的结合产生了网上拍卖。网上拍卖与传统的现场拍卖相比较，本质是相同的，但是在操作手段、方法和形式上有很大的区别。最大的区别在于网上拍卖是依托网络进行的一种无场地拍卖。它可以极大地突破时间和空间的限制，有效地实现买卖双方实时互动和交流。特别适用于通用型主流商品，例如家电、计算机、化妆品等标准化商品的购销业务。与传统拍卖相比，网上拍卖具有下列优点。

（1）通过互联网将传统的少数人参与的拍卖方式，变成每个网民都可参与的拍卖交易方式。这样既增加了买卖双方的便利性，也降低了交易的成本。

（2）传统拍卖需要竞买人在同一时间进行，而网上拍卖竞买人不需要同时竞价，竞价可持续数天或数周，这使竞买人在竞价时间上具有很大的灵活性。对于卖方来说，网上拍卖产生了更大的拍卖市场。

（3）网上搜索引擎可以使买方很方便地搜索到所需竞买的商品。

正是由于网上拍卖的这些优点，使目前网上拍卖已成为电子商务活动中的一个重要组成部分。

9.3.2.4　网上拍卖规则

网上拍卖的程序和规则因不同的网站会有所差异，对目前国内以及国外的十多家拍卖网站仔细地加以分析，其竞价形式实际上只有两种：即正向竞价和逆向竞价。而其交易方式则有三种：即竞价拍卖（大多数拍卖网站均属此类）、竞价拍买（如 Priceline、焦点网等）和集体议价（如雅宝、焦点网、酷必得等），有的网站可能还同时兼有几种交易方式。这其中，竞价拍卖为正向竞价模式，其他两种则为逆向竞价模式。

竞价拍卖是拍卖中最常见的一种，其基本规则就是后一个出价人的出价要比前一个高，最终没有人再出价时则成交。网上的竞价拍卖与传统的竞价拍卖实质是一样的，也是由买家一次或多次递交他愿意出的最高价。传统拍卖是由拍卖人询问在场的买家，一直到没有人愿意出更高价时成交，而网上拍卖由于没有“在场”的概念，所以要规定一个截止时间。到了截止时间后，出价最高的买家就可获得拍卖品，并按照这个最高价付款。超过拍卖截止时间后，即使有更高的出价也算无效，其过程如图 9－1 所示。

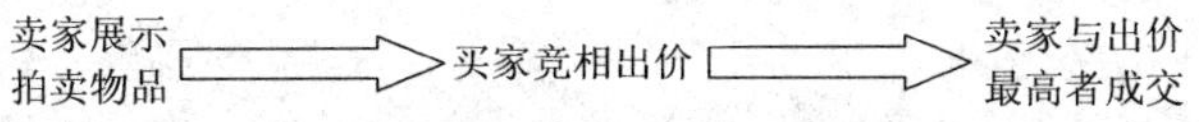

图 9－1　竞价拍卖流程

竞价拍买也被称为“反拍卖”，因为常见的买家作为出价人变成了卖家作为出价人。例如某个想买机票的人可以在网上发出通知，让机票代理或旅行社相互竞争，出价一直降到没有人出更低的价格或者买家接受了某个出价为止。如图 9－2 所示。很久以前这种形式在 BBS 上就已经出现了。当时实际上只是利用了互联网沟通信息方便的特点，后来有些拍卖网站把它做得更为正规化。这些拍卖网站设有买家求购栏目，如果卖家可以直接在这些栏目上出价，那么就可以算是一种反拍卖的形式。

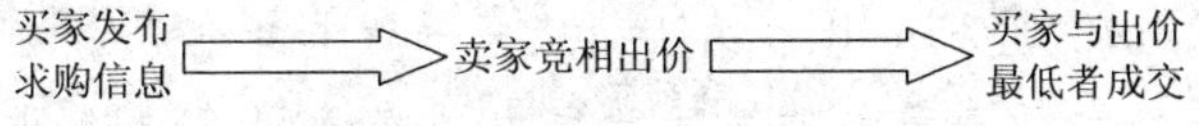

图 9－2　卖家竞拍流程

集体议价是从拍卖的反方面来说的，它是新出现的不同于传统拍卖的另一种拍卖方式。提供集体购买方式的网站会把某个物品的基准价格公布出去，由对这个物品有兴趣的人共同出价，当出价的人数增加时，网站张贴出来的物品价格就会有所下降。如图 9－3所示。采用集体购买方式的网站通常并不是当要求购买的人数增多时才去和物品的提供者谈判一个更低的价格，而是在卖家登记采用集体购买方式拍卖物品时，就要求卖家填写一个表格，注明购买不同数量等级时产品的单价。但通常会有一个最低价（有的网站称为“集合底价”），以便在投标者太多时不至于出现太低的价格。从这个意义上说，集体购买网站更像是替一些人去批发购买他们有兴趣的商品，就像找几个对同样物品有兴趣的人一起去和卖家砍价一样，只是平时只能寻找认识的人，而有了集体购买的拍卖网站，人们就可以利用互联网的优势，和不认识的人一起去砍价了。

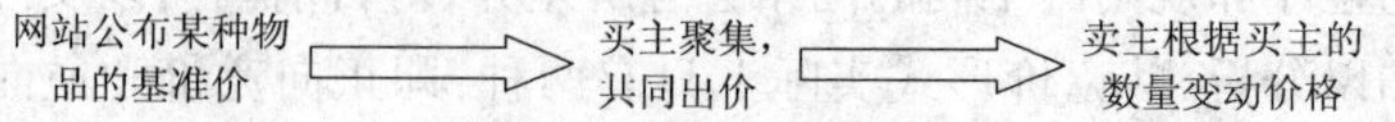

图9－3　集体议价流程

在我国上网用户中，有将近60%的网民愿意在未来一年里在网上购买商品，这说明，网上购物作为一种新的购物形式正在被我国越来越多的网民所接受和使用。这为网上购物和网上拍卖等网上交易形式提供了前提条件。近几年网上商店和网上拍卖的交易规模已呈现出快速上升的势头，逐渐成为了人们生活的一部分。

开阔视野——
还有你所不知道的

电子贺卡 E-mail 营销

近年来由于应用过多，电子贺卡营销的总体成效正在减弱。不过，如果运用得当，E-mail 电子贺卡仍然会收到很好的效果。

美国注册会计师协会旗下的经营性门户网站 CPA2Biz 的营销部高级主管 Melissa Rothchild 说，在其公司成立15周年之际，他们通过电子邮件给客户发送了15周年庆的电子贺卡，其中含有对会计师打折的业务促销信息。结果该电子贺卡邮件的开信率高达50%（行业的一般邮件打开率是30%左右），邮件中促销链接的点击率高达24%，CPA2Biz 这次 E-mail 营销活动直接带来6.6万美元销售收入。

Rothchild 在总结此次 E-mail 电子贺卡营销活动时，归纳了电子贺卡 E-mail 营销成功的关键因素是：客户们在完全没有预料的情况下收到这个年庆促销贺卡，因而取得了极大成功。

尽管从 Rothchild 的分析以及有关案例背景资料中没有该电子贺卡的详细资料，不过可以肯定的是，CPA2Biz 这次 E-mail 营销活动从电子贺卡的创意到电子邮件发送和效果跟踪的整个过程都是经过精心策划的。新竞争力网络营销管理顾问分析认为，CPA2Biz 所采用的电子贺卡 E-mail 营销成功案例带给网络营销人员的启示在于，即使被认为是常规的网络营销方法，只要操作水平专业，同样可以获得显著的效果。

（资料来源：http://wenku.baidu.com/）

案例学习——
看看你的分析能力

Cisco 公司成功的一对一电子邮件营销

当前，全球垃圾邮件泛滥不止，用户早已厌倦了邮箱中出现的各种公司发来的邮件，往往看也不看，随意就将邮件删除。这其中，可能包括订阅的某公司的新闻邮件，或已联系过的客户发来的重要信息。如何避免这种情况发生？专家建议，发件人如果是用户认识的某人，邮件被武断删除的可能性会显著下降。

正如当客户联系某公司时，往往更愿意联系具体的某个人而非一个笼统的营销部门整体。成功的 B2B 营销需要在销售人员与客户之间建立起有效的一对一联系关系。Email 营销利用这种一对一关系,可以大大提升 Email 营销效果。

Cisco——全球领先的互联网设备供应商,在这方面提供了一个很好的一对一 E-mail 营销案例。

一直以来,公司的现有客户和潜在客户都对 Cisco 公司的销售人员颇为信任,称之为"可信赖的顾问"。公司决定利用这一优势,以销售人员的名义而不是公司名义向客户和正在联系中的潜在客户进行电子邮件沟通。

Cisco 的销售人员通过一个网络服务应用工具,可在 24 种邮件模板中选择一个符合自己业务特色的模板,每个模版中都包含以下固定元素:Cisco 公司图标,可选内容如一个 3D 的产品模型,以及其他可以手动改变的内容,包括发件人姓名。之后填写收件人姓名(可以多个姓名),书写具有个性化内容的信息。值得一提的是,每条信息邮件都可以针对不同收件人的电脑环境,如操作系统、媒体播放器和带宽等条件的不同,进行发送调整,以确保邮件在每个收件人的邮箱里都能获得充分展示。可谓将"一对一"营销做到了家。

这样,收件人就可以收到来自 Cisco 公司某个熟识的销售人员的特色邮件,而不是笼统的 Cisco 公司发出的一对多邮件。

与此同时,Cisco 公司的销售人员还可以对已发邮件情况进行实时跟踪,包括邮件的打开率、回复率、收件人对 3D 模型的访问情况,以及所点击过的链接等。

根据 Cisco 报告的情况,采用这种方式后,公司的邮件打开率和回复率比过去增加了近 11 倍!Cisco 进一步将这一应用扩展到公司在北美和欧洲的业务拓展中,这两个区域各有数千名销售人员。

(资料来源:http://wenku.baidu.com/)

班级讨论——加深你的知识理解

(1)谈谈许可 E-mail 营销的作用及主要形式?

(2)如何增强许可 E-mail 营销的效果?

(3)病毒性营销与病毒有什么关系?

(4)讨论网上开店的流程以及注意事项,并让同学们分享经验。

自己动手——锻炼你的实践能力

(1)查找提供邮件列表服务的网站,熟悉邮件列表的订阅与退订方法。

(2)登录淘宝网,注册一个店铺,并完成商店的设置,争取销售一件商品。

(3)利用一个拍卖系统,进行商品拍卖练习,加深对网上拍卖的理解。

本章复习——牢记本章主要内容

(1)简述许可 E-mail 营销的基本概念和原理。

(2)简述许可 E-mail 营销的作用及主要形式。

(3)在邮件营销中,如何获得用户的许可?

(4)如何对邮件营销的效果进行评价?

(5)病毒性营销成功的关键是什么?

(6)网上拍卖和传统拍卖相比有哪些优点?

参考文献

[1]孔伟成,陈水芬,罗辉道.网络营销的理论与实践[M].北京:电子工业出版社,2009.

[2]邓平,郑秀平.网络营销[M].上海:上海交通大学出版社,2008.

[3]孙睿,宋冀东.电子商务原理及应用[M].北京:北京大学出版社,2008.

[4]陆川.网络营销实务[M].北京:对外经济贸易大学出版社,2008.

[5]闫建华,杨庆丰,吴伟.网络营销与策划[M].北京:人民邮电出版社,2006.

[6]苏梅.网络营销[M].北京:北京大学出版社,2006.

[7]符莎莉.网络营销[M].北京:电子工业出版社,2005.

[8]丁薇,彭欣.网络营销实用教程[M].北京:人民邮电出版社,2005.

[9]彭纯宪.网络营销[M].北京:高等教育出版社,2005.

[10]王耀球,万晓.网络营销[M].北京:清华大学出版社,北京交通大学出版社,2004.

[11]薛辛光.网络营销学[M].北京:电子工业出版社,2003.

[12]中国互联网信息中心:http://www.cnnic.cn/.

[13]万网:http://www.net.cn/.

[14]态度8调查网:http://www.taidu8.com.

[15]100调研网:ttp://www.datal00.com.cn.

[16]比特网:http://net.chinabyte.com/381/8309381.shtml,2008.09.16

[17]朱洁.拿什么拯救你,短命的网络品牌——网络品牌忠诚度塑造初探[J].新闻记者,2007(5).

[18]魏想明.网络营销[M].北京:机械工业出版社,2008.

[19]周玉泉、张继肖.市场营销学[M].北京:清华大学出版社,2007.

[20]钟强.网络营销学[M].重庆:重庆大学出版社,2002.

[21]冯英健.网络营销基础与实践[M].北京:清华大学出版社,2007.

[22]中国网络营销网.http://www.tinlu.com/n2685c42.aspx

[23]赵国君.网上拍卖秘籍[M].北京:人民邮电出版社,2005.

[24]网站:网络营销新观察
[25]王汝林.网络营销实战技巧[M].重庆:重庆大学出版社,2006.
[26]沈美莉,陈孟建,徐慧剑.网络营销与策划[M].北京:人民邮电出版社,2007.
[27]谭建辉.网络营销经典案例与实训教程[M].北京:中国电力出版社,2006.
[28]瞿彭志.网络营销[M].2版.北京:高等教育出版社,2001.
[29]邓平,郑秀平.网络营销[M].上海:上海交通大学出版社,2008.
[30]刘向晖.网络营销导论[M].北京:清华大学出版社,2005.
[31]企赢网络营销策划网:http://www.xzsem.com
[32]IRI网络口碑研究中心:http://www.iricn.com
[33]胡理增,许忠荣.网络营销[M].北京:中国物资出版社,2005.
[34]姜旭平.网络营销[M].北京:清华大学出版社,2003.
[35]缪启军.网络营销[M].上海:立信会计出版社,2007.
[36]尚晓春.网络营销策划[M].南京:东南大学出版社,2002.
[37]http://www.thdw.cn.
[38]http://baike.baidu.com.
[39]http://hi.baidu.com/.
[40]http://blog.sina.com.cn.
[41]http://www.it8g.com.
[42]http://tieba.baidu.com/.
[43]http://www.examda.com.
[44]http://www.tooec.com.
[45]http://www.chinabyte.com.
[46]http://zhidao.baidu.com/.
[47]http://blog.hc360.com/.
[48]http://www.wenzhouglasses.com/.
[49]http://www.liuhui.org/.
[50]http://www.hudong.com/.
[51]http://www.bokee.net/.
[52]http://www.yuloo.com/.
[53]里克·康利.走向成功之路[M].北京:轻工业出版社,1990.
[54]http://www.795.com.cn/.
[55]http://www.toedance.com.cn.
[56]刘晓敏.网络营销理论与实务[M].北京理工大学出版社,2009.
[57]俞立平.网络营销[M].北京:中国时代经济出版社.2006.
[58]浙江经济职业技术学院网站
[59]http://itcpn.zjol.com.cn